4,50

Glaubensfragen

Roger Schutz
Die Gewalt der Friedfertigen
Band 421 128 Seiten 3. Aufl.

Marc Oraison
Der Buchstabe tötet
Band 417 · · 192 Seiten

Johannes B. Lotz
Erfahrungen mit der Einsamkeit
Band 420 · 144 Seiten 2. Aufl.

Helmut Thielicke
Die geheime Frage nach Gott
Band 429 · 208 Seiten

Hans Urs von Balthasar
Klarstellungen
Band 393 · 192 Seiten 2. Aufl.

in der Herderbücherei

Herderbücherei

Band 396

„In diesen Predigten wendet sich Thielicke der Auslegung des Apostolischen Glaubensbekenntnisses zu, dem Bekenntnis der Christen, in dem die Konfessionen übereinstimmen. Insofern sind diese Predigten vom Thema her auch ein großer und wichtiger Beitrag zur ökumenischen Begegnung . . . Gewiß, der ‚Erfolg' der Predigten Thielickes liegt zu einem guten Teil darin, daß er den Hörer der Botschaft: den Menschen der Gegenwart, kennt und versteht, daß er um seine Situation und um seine Probleme und Interessen weiß, daß er seine Sprache spricht. Aber nicht weniger liegt er in der großen theologischen und kerygmatischen Meisterschaft, über die unverkürzte Botschaft des Glaubens nachzudenken."

Professor Dr. Heinrich Fries

Helmut Thielicke

Ich glaube

Das Bekenntnis der Christen

Herderbücherei

Veröffentlicht als Herder-Taschenbuch
Lizenzausgabe des Quell-Verlages, Stuttgart

1. Auflage Mai 1971
2. Auflage März 1973

Herder Freiburg · Basel · Wien
Herder Druck Freiburg im Breisgau 1973
ISBN 3-451-01896-9

Man versichert uns dauernd, die Kirchen seien darum so leer, weil die Prediger zu viel Gewicht auf die Lehre legten: auf das „langweilige Dogma", wie man zu sagen pflegt. Man lasse mich einmal sagen, daß genau das Gegenteil wahr ist; es ist die Vernachlässigung des Dogmas, die die Predigten so langweilig macht. Der christliche Glaube ist das aufregendste Drama, das der menschlichen Einbildungskraft je geboten wurde. Und gerade im Dogma ist er als dieses Drama verstanden und dargestellt . . .

Das muß man denen, die Christus an den Galgen brachten, zubilligen, daß sie ihn jedenfalls nicht etwa anklagten, langweilig zu sein. Im Gegenteil: Sie fühlten sich in ihrer Sicherheit durch seine Dynamik aufgestört . . .

Wir aber empfahlen ihn als geeigneten Hausliebling für bleiche Geistliche oder für fromme alte Damen. Denen jedoch, die ihn kannten, machte er in keiner Weise den Eindruck eines harmlosen Milchgesichts: sie widerstanden ihm als einem gefährlichen Feuerbrand. Ja, er war zart mit den Unglücklichen, geduldig mit den ehrlichen Suchern und demütig vor dem Himmel . . .

Er war als Mensch seiner Lebtage in der nachdrücklichsten Weise – kein langweiliger Mensch. Und wenn er Gott war, dann ist Gott wahrhaftig keine langweilige Angelegenheit.

DOROTHY L. SAYERS

Dies wäre Erneuerung der Kirche: daß unsere Gewissen vom Todesschlaf erwachen, daß wir Jesus hören, daß uns das lebendige, gegenwärtige Wort Gottes neu geschenkt wird.

JULIUS SCHNIEWIND

Christsein heißt vom Wort und von der überlieferten Botschaft her leben, deren Wahrheit sich im Leben, in der eigenen Gegenwart und Wirklichkeit von neuem bewährt.

HANS FREIHERR VON CAMPENHAUSEN

DEM GEDÄCHTNIS MEINER LEHRER
JULIUS SCHNIEWIND
RUDOLF HERMANN

INHALT

AN DEN LESER

„Glauben Sie, daß das Christentum sich in aufsteigender oder abfallender Tendenz befindet?" Dieser merkwürdigen Frage begegnete ich in den letzten Jahren immer wieder – und keineswegs nur in Deutschland. Merkwürdig ist diese Frage deshalb, weil sie im Grunde uninteressant und jedenfalls nicht sachgemäß ist. Denn dort, wo das Christentum seinen öffentlichen Kurswert verliert und in der gesellschaftlichen Struktur keinen Stellenwert mehr besitzt, kann es in der Substanz gerade gesund sein, kann es lebendige Gemeinden geben und kann die Stunde der Verheißung bevorstehen. Und umgekehrt: Dort, wo es von der Sonne öffentlicher Gunst beschienen ist und vielleicht das Privileg eines gesellschaftlichen Tabus genießt, kann es verfaulen, seiner Dynamik verlustig gehen und zu einer Hypothek werden, die nur kraft des Trägheitsgesetzes der Überlieferung weiter mitgeschleppt wird.

Was kann also jene unsachgemäße Frage nach Hausse oder Baisse des Christentums schon bedeuten? Und ist überdies nicht der bloße Begriff „Christentum" auch für sich schon sehr fragwürdig?

Wenn diese vordergründige Frage denn schon gestellt ist, kann man sie vielleicht auch vordergründig beantworten und dann am besten statistisch: Wenn nicht alles trügt, scheinen die Gottesdienste vielfach leerer und auch in ihrem Gehalt nicht selten gewichtsloser zu werden. Gegenläufig zu dieser Bewegung nimmt das sogenannte „religiöse Interesse" immer mehr zu: Fragen der Theologie und der Weltanschauung werden leidenschaftlich diskutiert. Besondere Stoßzeiten der Auseinandersetzung treten dann ein, wenn sachliche Fragen in religiöse Horizonte hineinragen und die Frage nach den Lebensfundamenten virulent werden lassen. Das ist etwa bei der Frage nach den thermonuklearen Waffen der Fall oder beim Problem der Bevölkerungsexplosion und ihrer Bändigung oder bei der biologischen Ingenieurkunst des Menschen und seinem vermeintlichen Recht, die Gene anzutasten. Überall dort, wo der elementare Charakter von Problemen sich in seinem religiösen Bezug zu erkennen gibt, wird die Diskussion feuerflüssig. Und gerade jugendliche Gesprächspartner machen keinen Hehl aus ihrem Engagement.

Diese merkwürdig gegenläufigen Bewegungen eines sinkenden und eines aufstrebenden Interesses sind gewiß nicht ohne kontrapunktischen und also gesetzmäßigen Zusammenhang: Daß die religiöse Diskussion derart belebt ist, hängt damit zusammen, daß die elementaren Schicksalsfragen ganz von selbst dafür sorgen, die ihnen entsprechende „religiöse" Frage – nämlich die Frage nach dem Sinn, nach dem Horizont menschlicher Existenz – laut werden zu lassen. Und umgekehrt: Daß die kirchliche Verkündigung weithin im Leeren verpufft und nicht „ankommt", mag darin gründen, daß ihr Sitz im Leben, daß ihr Existenzrang unerkannt bleibt und vielleicht auch nicht erkennbar gemacht wird.

Für den, der selber verkündigt und von Berufs wegen Theologie treibt, ist das eine Situation, die ihn zur Besinnung und möglicherweise zu harten Revisionen treiben muß. Vielleicht hat er, wie der Verfasser, dauernd mit der Jugend zu tun. Er freut sich, wie sie ihn brieflich und mündlich, einzeln und in Gruppen fragt. Er ist sogar beglückt darüber, daß trotz aller spekulativen Neigungen, wie sie dem unbefangenen und unbelasteten Fragen der Jugend eignen, kein bloß *intellektuelles* Interesse die sucherische Leidenschaft bestimmt, sondern wie sich die Unruhe der Existenz und also die Betroffenheit des Lebens selbst meldet.

Das, was den so Befragten aber bedenklich und vor allem selbstkritisch macht, ist dies: Wohin können Diskussionen überhaupt führen? Sind Gespräche nicht ihrem Wesen nach immer unendlich? Müssen sie nicht fortzeugend immer neue Gespräche gebären? Endet nicht jede ernsthafte Diskussion bei der Feststellung, daß man nun gerade erst anfangen müsse und daß man wieder einmal nicht bei einem Punkt, sondern nur bei einem Doppelpunkt angekommen sei? Ist aber der ständige Neubeginn nicht die Signatur der Kreisbewegung, der gekrümmten Linie ohne Ende? Das ist bedenklich, denn der Zirkel ist schließlich das Symbol der Unverbindlichkeit.

Betrachtet man die Gespräche Jesu, so enden sie stets in einer Verhaftung, in einer jähen Beendigung des Zirkulären. Sie laufen ohne Ausnahme in ein „hic Rhodus, hic salta!“[1] aus. Sie enden an der steilen Wand einer Botschaft, die durch keinen Umweg ausgespart werden kann.

Ich meine, man werde dem Suchenden nur gerecht, wenn man ihm keine Illusion darüber ließe, daß es diese steile Wand gibt und daß vor ihr die Entscheidung fällt. Er muß vor die granitne Größe einer Botschaft geführt werden.

Diese Überlegung war es, die mich zu den folgenden Reden veranlaßte. Ich sagte mir: Wenn deine Überlegung richtig ist, dann sollte die Wand, vor die du führst, auch so steil wie möglich sein. Es gibt aber keine ragendere, zerklüftetere Wand der christlichen Botschaft als die des „Apostolischen Glaubensbekenntnisses“.

An seinen monumentalen Sätzen kann die äußerste Probe der Selbstkontrolle gemacht werden: ob man nämlich die Botschaft des Evangeliums als Sperre und Hindernis zu tragen bereit ist, ob man also die zirkuläre Bewegung des ewigen Gesprächs zu stoppen wagt und alle Fluchtwege verlegt. Denn hier ist keine billige Planierung von Wegen mehr möglich. Hier geht es nicht um die Unverbindlichkeit eines „Wesens des Christentums“, sondern hier geht es um brutale Fakten: um das „Geboren von der Jungfrau Maria“, um das „Niedergefahren zur Hölle“ und um die „Auferstehung des Fleisches“. Entweder es gelingt *hier*, sichtbar zu machen, daß uns das angeht, von allen Seiten umstellt und einkreist, oder aber es gelingt *nirgends*. Hic Rhodus, hic salta! Hier muß Farbe bekannt werden.

Ich habe den Eindruck, daß gerade die ehrlichen und aufgeschlossenen Zeitgenossen im Grunde nichts dringlicher wünschen, als daß in diesem Sinne Farbe „bekannt“ wird. Man möchte ja im Grunde gar keine Spezialtraktate für die armen Neuheiden und faustischen Sucher, in denen die Botschaft mit Chemikalien vermischt wird, durch die sie genießbar gemacht werden soll. Die Lebendigsten unter uns sind von der Leidenschaft zur Substanz bestimmt. Man weiß sehr genau, daß Verständigungen an der Peripherie – dort etwa, wo es um das Problem des Verstehens oder des allgemeinen Wahrheitsbegriffs oder um existentielle Fragen oder um die Probleme „Christentum und . . . “ geht – nur zu einem faulen Frieden und zu einer

[1] Hier mußt du springen oder zurückgehen.

geistigen Nacht führen, in der alle Katzen grau sind. Man soll über den *Kern* miteinander reden und nicht über die Schalen diskutieren. Über Entmythologisierung und über zeitbedingte Aussageformen haben wir lange genug geredet. Die intellektuelle Neugier, die bei vielen dadurch angerührt wird (obwohl es den Entdeckern jener Probleme um sehr viel mehr geht), mag kein schlechtes Motiv sein, auf keinen Fall aber ist sie das einzige und ganz bestimmt nicht das wichtigste. Also: Laßt uns über die Sache selbst reden und möglichst über die auffälligste und ärgerlichste Gestalt ihrer Formulierung – laßt uns reden über das „Niedergefahren zur Hölle“ und über die „Auferstehung des Fleisches“, damit wir nicht in den Vorverhandlungen steckenbleiben.[2]

Ob es selbstquälerisch ist, diesen Versuch zu wagen? Ich möchte ehrlich genug sein, diese Bereitschaft zum Attentat gegen mich selbst nicht völlig zu bestreiten. Denn ich gestehe, daß die liturgische Ordnung, die mich das Apostolische Glaubensbekenntnis im Gottesdienst sprechen läßt, nicht ganz ohne Ärgernis für mich ist. Und wenn ich hier ein Buch darüber vorlege, soll das durchaus nicht besagen wollen, daß ich jene liturgische Ordnung für ideal hielte. Ich sehe mit einiger Sorge, wie das Apostolische Bekenntnis fast eine Atmosphäre von Mißverständnissen um sich verbreitet. Wird hier nicht fortgesetzt etwas aufgezählt, was wir glauben *müssen?* Darf man denn in dieser summierenden Weise überhaupt vom Glauben sprechen? Ist es erlaubt, mehr zu sagen als das Bekenntnis: „Ich glaube, lieber Herr, hilf meinem Unglauben?“ Gibt es denn so etwas wie Minimalgehalte des Glaubens, deren Besitz mich allein ermächtigt, mir den Rang eines Jüngers zuzuschreiben? Haben nicht die Menschen, denen Jesus einen großen Glauben zumaß, inhaltlich außerordentlich wenig geglaubt, und war das wenige – wie etwa beim blutflüssigen Weib (Matth. 9,20 ff.) – nicht obendrein noch sehr fragwürdig?

Ich bin in der Tat nicht sehr glücklich darüber, daß diese übersteile Wand des Apostolischen Bekenntnisses in unseren Gottes-

[2] Es hat mir zu denken gegeben (auch wenn es ja nur ein sehr äußerliches Symptom ist), daß bei den vorliegenden Reden die stärkste Überfüllung ausgerechnet herrschte, nachdem das Thema „Auferstehung des Fleisches“ angekündigt war, und daß gerade hierbei die Jugend besonders stark in Erscheinung trat.

diensten errichtet wird und daß mancher Hungernde und Dürstende, dem die Verheißungen des Glaubens gelten, plötzlich schwindlig zu werden beginnt und verstummt.

Und doch hat dieses Zeichen der Steilwand das *eine* Gute, daß es ein billiges Vorüberschleichen hindert und den Zirkeltanz der Diskussion unmöglich macht. Ich bin überzeugt: Viele Predigten sind nicht deshalb langweilig, weil sie zu*viel* mit diesen steilen Wahrheiten umgehen, sondern weil sie es zu*wenig* tun.

Jedenfalls sind wir dabei, die Probe aufs Exempel zu machen: Wer jene Wahrheiten intensiv genug befragt und wer bereit ist, sich vor keiner Schwierigkeit zu drücken, für den werden sie ein geheimnisvolles Leben gewinnen. Sie geben sich in einer Dimension zu erkennen, wo sie uns „angehen". Sie werden alles andere als langweilig sein.

Daß die folgenden Kapitel in Gottesdiensten vorgetragen wurden, mag den Willen zur Verbindlichkeit gestärkt haben. Denn der Stil der Verkündigung erlaubt es nicht, in ausschweifender Weise dem Diskussionsbedürfnis und dem Verlangen nach Sicherung Rechnung zu tragen. Er verlangt die thetische, „ungesicherte" Form des Sagens. Und er ermutigt zu diesem Wagnis, weil der Redende sich der Schußlinie ja auf geheimnisvolle Art entnommen sieht: Auf ihn kommt es nicht mehr entscheidend an. Seine Aussage ist eingefügt in das Gebet, in das Lob und das Lied der Versammelten. Darum lebt diese Aussage nicht von ihrer eigenen Leuchtkraft, sondern von der Verheißung dessen, der sich zu seinem Worte bekennen wird. Das hier gesprochene Wort will zwar „lehren" und muß dabei mancherlei Gedankenarbeit leisten. Es wendet sich auch nach verschiedenen Richtungen, denn die Schar der Hörenden ist bunt gemischt – genauso bunt, wie ich mir die Leser dieses Buches wünsche: Sie besteht aus Hafenarbeitern und Prokuristen, Schülern und Rentnern, Professoren und Gastwirten, Pietisten und Neuheiden, Bekehrten und Skeptikern. So mag sich der *eine* Lichtstrahl in den vielen Prismen vieler Fragen und Hörvoraussetzungen mannigfach brechen. Und doch lebt das, was so in breiter Streuung der Probleme „gelehrt" wird, weder von der Überzeugungskraft der Argumente noch von der Überzeugtheit des Redenden. Denn es geht um ein Reden im Auftrag, es geht um Dienste, wie sie einem Herold aufgetragen sind.

Der Verfasser weiß, daß es ein Wagnis ist, verkündigend zu

lehren, und er glaubt zu wissen, wie viele „Stilbrüche“ ihm auf diesem Neuland des Sagens unterlaufen sind. Er weiß aber auch, daß diese Form der Aussage, daß die „Lehrpredigt“ nun gewagt werden muß. Und er würde sich freuen, wenn sie Nachfolger fände, die der großen Aufgabe besser gewachsen sind.

Bei der Arbeit an diesem Buch dachte ich voll Dankbarkeit an die Gemeinde, die seit nunmehr zehn Jahren in unwandelbarer Treue zu diesen Predigtreihen in die große Michaelis-Kirche zu Hamburg kommt. Möchte die Botschaft dieses Buches manchem jenen Grund zeigen, „der seinen Anker ewig hält“, so wie der grüne, hoch über der Elbe ragende Turm des Michel die Seefahrer grüßt, wenn sie von fernen Meeren nach Hause kommen. Und wie dieser Turm ein Symbol für das „Tor zur Welt“ geworden ist, so möchte auch die Botschaft dieses Buches ein solches Tor sein: die Pforte zu einer Welt, die nicht von der Midgardschlange umringelt und allmählich erdrückt wird, sondern deren Luft von Verheißungen erfüllt ist, die fast niemand hört.

Ich glaube an Gott Vater, den Allmächtigen,
Schöpfer Himmels und der Erde.

Ich glaube an Jesus Christus,
Gottes eingeborenen Sohn, unsern Herrn,
empfangen vom Heiligen Geist,
geboren von der Jungfrau Maria,
gelitten unter Pontius Pilatus,
gekreuzigt, gestorben und begraben,
niedergefahren zur Hölle,
am dritten Tag wieder auferstanden von den Toten,
aufgefahren gen Himmel,
sitzend zur Rechten Gottes,
seines allmächtigen Vaters,
von dannen er wiederkommen wird,
zu richten die Lebendigen und die Toten.

Ich glaube an den Heiligen Geist,
eine heilige christliche Kirche,
die Gemeinschaft der Heiligen,
Vergebung der Sünden,
Auferstehung des Fleisches
und ein ewiges Leben.

WAS HEISST GLAUBEN?

Alsbald schrie des Kindes Vater und sprach: Ich glaube, lieber Herr, hilf meinem Unglauben!

MARKUS 9,24

Eine bekannte Zeitschrift bringt seit Jahren in jeder ihrer Nummern einen Artikel zu dem Thema „Daran glaube ich". Irgendeine mehr oder weniger prominente Persönlichkeit, deren Konterfei beigegeben ist, gibt darin zu erkennen, was sie für den Grund des Daseins hält und was sie als ihr Glaubensbekenntnis äußern möchte.

Häufig oder sogar meist ist es gar kein „religiöser" Glaube, den man dort bekennt, sondern es geht um irgendeine „Weltanschauung". Man sucht gleichsam das Band zu ergreifen und vor den Leser hinzuhalten, „das die Welt im Innersten zusammenhält". Die einen glauben an den Geist oder an die Freiheit oder an die soziale Marktwirtschaft; die andern an das Gute im Menschen. Wieder andere glauben an die Kampfgesetze eines faustisch zu bestehenden Lebens. Und hin und wieder fällt auch einmal der Name Jesus Christus.

Wenn die Redaktion dieser Zeitschrift nicht wüßte, daß die Leute in der Straßenbahn, daß die Damen unter der Dauerwellenhaube und die Jugendlichen nach Feierabend begierig gerade diese Rubrik studierten, hätte sie den jahrelangen Bandwurm dieser Artikelfolge sicher schon längst gekappt. Die Redaktion ist offenbar überzeugt, daß manche ihrer Leser den Artikel über das Glaubensbekenntnis eher aufschlagen als den über Soraya oder über die jüngste Scheidungsaffäre in Hollywood. Journalisten sprechen gerne von einem „Knüller", wenn sie ein besonders attraktives Thema gefunden haben. Sollte das Problem des Glaubens wirklich ein solcher „Knüller" sein?

Verwunderlich ist es jedenfalls, daß die Leute sich dafür interessieren, woran ein Minister, ein Automobilfabrikant oder ein renommierter Filmschauspieler glaubt. Das ist schon deshalb verwunderlich, weil die Leute heutzutage im allgemeinen doch ziemlich kühle Realisten sind, denen es um „facts", um das harte Metall von Tatsachen geht. Man wünscht, von der Presse exakte Informationen zu erhalten, was etwa die Repräsentanten von Rußland und Amerika miteinander ausgehandelt haben oder was im Schoße einer Bundestagsfraktion bebrütet worden ist. Würde ein Reporter nur schreiben: „Ich glaube" oder „Ich halte es für möglich, daß über dies und jenes gesprochen worden sein könnte", dann ist das für den Leser ziemlich uninteressant. Denn es ist eben ungewiß, es ist nicht fundiert. Vermutungen, Wunsch- und Angstträume produziert seine eigene Phantasie schon genug. Aus diesem Grund bedarf er keiner weiteren „Ich-glaube"- oder „Ich-vermute"- Lieferanten. Wie gesagt: er will das harte Metall der Tatsachen.

In der Artikelreihe „Daran glaube ich" erwartet man aber etwas ganz anderes als solche „Ich-vermute"-Lieferanten. Und es ist gut, einen Augenblick darüber nachzudenken, *was* man eigentlich sucht und erwartet. Ich meine, es sei zweierlei:

Erstens: Man will zweifellos keine exakte und belegbare Information über bestimmte Lebenserfahrungen, sondern man wünscht das Bekenntnis einer unbedingten Gewißheit, von der ein Mensch lebt, mit der er steht und fällt und die er dennoch nicht begründen kann. Es ist damit ähnlich wie mit einem Kinde, dem es eine *absolute* Gewißheit bedeutet, daß seine Mutter es liebhat. Und gleichwohl würde es sicher sehr hilflos dreinschauen, wenn irgendeine Intellektualbestie an das Kind das Ansinnen stellte: Begründe einmal, warum du annimmst, daß deine Mutter dich liebhat. Hast du dafür eindeutige Belege? Mit welchem Recht tust du das?

Wenn also ein Mensch in einem dieser Artikel schreibt – ich nehme bewußt einmal keine religiöse Antwort –: „Ich glaube an das Gute im Menschen", dann ist das eine Gewißheit, die er letztlich gar nicht begründen kann – genausowenig wie das Kind es zu begründen vermag, daß seine Mutter es liebt. Auch er hat ja im Lauf seines Lebens bestimmt einige mehr als fragwürdige Figuren erlebt, hemmungslose Ehrgeizlinge vielleicht oder Intriganten oder Neidhammel, die seinem Glauben an das Gute im Menschen zu widersprechen scheinen. Und doch hält er offenbar allem Augenschein zum Trotz an seiner Gewißheit fest, daß irgendwo in dem Schlamm einer verkommenen Psyche noch die Perle der Humanität verborgen sei.

Das zweite, was der Leser – bewußt oder unbewußt – bei solchen Glaubensbekenntnissen erwartet und voraussetzt, ist dies: Obwohl der Mann das, woran er glaubt, nicht begründen kann, steht es für ihn dennoch bombenfest, *so* fest, daß er sein Leben darauf zu gründen bereit ist, daß er sein ganzes Handeln danach ausrichtet. Denn selbstverständlich sieht das Handeln eines Menschen, sieht sein ganzer Lebensstil völlig anders aus je nachdem, ob er davon ausgeht, der Mensch sei gut oder aber der Mensch sei schlecht. Glaubt er etwa an das Gute, so wird er es einigermaßen gelassen hinnehmen, wenn er einen faulen, unzuverlässigen und drückebergerischen Angestellten hat. Er wird es dann immer *noch* einmal mit ihm versuchen, und er wird bemüht sein, sich durch keine enttäuschenden Erfahrungen mürbe machen zu lassen. Wenn er dagegen den Glauben hat, der Mensch sei eine Kanaille, dann wird er ständig auf unangenehme Überraschungen gefaßt sein. Er wird sich mißtrauisch absichern und sich mit niemandem mehr als unbedingt nötig abgeben. Er wird den andern höchstens für seine Interessen ausnutzen. Und wenn er einmal so etwas wie eine „gute Tat" beobachtet, wird er taktische Hintergedanken vermuten und ihrer nicht froh werden können.

Das, woran ich glaube – ganz gleich, was es ist: ob es einen religiösen oder nur einen innerweltlichen Sinn hat –, übt also einen elementaren Einfluß auf mein *Leben* aus. Und obwohl es nicht in exakt angebbaren Realitäten gründet, hat es in meinem Leben dennoch eine höchst reale Funktion. Denn es bestimmt zuletzt, wie ich mein ganzes Leben anfasse und gestalte. Es bewirkt also geschichtliche Realität. Auch wenn ich als *Christ* sage: „Ich glaube an Gott, den Schöpfer", „ich glaube an Jesus Christus" und „ich glaube an den Heiligen Geist", ist es ähnlich. Darum hat es einen Sinn, wenn ich das Wort Glaube auf ganz verschiedenen Ebenen, auf der religiösen und auf der weltanschaulichen, verwende.

Wenn ich etwa daran glaube, daß wir verlassene Waisen sind, daß das Nichts uns angähnt und daß wir nur der Spielball von Kraft und Stoff sind, dann ist unser Leben eine trostlose Fahrt ins Blaue ohne Sinn und Ziel. Jean Paul hat dieses Verstoßensein ins Nichts im „Siebenkäs" dargestellt: Im Schlafe träumend hat er die grausige Vision eines Christus, der an seinem himmlischen

Vater irre geworden ist und nun unter Tränen bekennt, daß er sich geirrt, daß er die Menschen zu einem falschen Glauben verführt und sie in falsche Sicherheiten eingelullt habe: „Wir sind alle Waisen, ich und ihr, wir sind ohne Vater", so bekennt er unter strömenden Tränen. Er ist durch das unermeßliche All gewandert und hat keinen Vater gefunden. Er stieß immer nur auf die entsetzliche Leere des Universums. Und erschüttert bekennt dieser enttäuschte Christus, dieser „Christus a. D." sozusagen, das Fazit seines vergeblichen Streifzuges durch den Kosmos: „Starres, stummes Nichts, kalte, ewige Notwendigkeit, wahnsinniger Zufall! . . . Wie ist jeder so allein in der weiten Leichengruft des Alls . . . O Vater! O Vater! Wo ist deine unendliche Brust, daß ich an ihr ruhe? – Ach, wenn jedes Ich sein eigener Vater und Schöpfer ist, warum kann es nicht auch sein eigener Würgengel sein?"

In der Tat: wenn ich nur an das Nichts glaube, wenn es keinen Schöpfer und Vater mehr gibt, dann bin ich nicht nur entsetzlich *einsam* („ich bin nur neben mir", sagt Jean Paul), sondern dann muß ich auch verzweifelt mein Leben selbst in die Hand nehmen, dann muß ich mein eigener Schöpfer, muß ich Selbst-Schöpfer sein. Und an die Stelle einer ewigen Autorität und unwandelbarer Gebote tritt dann das Programm, das ich selbst entwerfe, treten menschliche, allzumenschliche Ideologien und tritt schließlich das Dogma vom Übermenschen. Der Mensch aber, der sich selber schafft, nimmt logischerweise zugleich das Recht in Anspruch, sich selbst und seinesgleichen auch wieder *ab*-schaffen und liquidieren zu können. Der vermeintliche Übermensch hat immer noch den Untermenschen auf den Plan gerufen; er wütet und liquidiert, wie es in seine selbsterfundenen Programme paßt. „Wenn jedes Ich sein eigener Vater und Schöpfer ist, warum kann es nicht auch sein eigener Würgengel sein?", so hatte der irre gewordene Christus gefragt. Und wir sehen die grausige Antwort auf diese Frage ja überall dort, wo das Tier aus dem Abgrund emporgestiegen ist (Offb. 11,7), wo der wildgewordene Selbstschöpfer abgeschafft und liquidiert, wo er die Eltern wider die Kinder, die Kinder wider die Eltern aufreizt und an den Fundamenten des Weltgebäudes rüttelt.

O ja: das, woran ich glaube oder auch nicht glaube, verändert das Antlitz der Erde. Es wird mir und andern zum Schicksal.

Die schauerliche Vision Jean Pauls schließt damit, daß der Schläfer endlich aus seinem Angsttraum erwacht. Er hört die

Abendglocken läuten und sieht sich einer tröstlichen Welt zurückgegeben, über die der Vater Jesu Christi seine Arme gebreitet hält. Und so wird ihm der Glaube an jene „unendliche Brust" wieder zuteil, in der ein Herz für uns alle schlägt. Dieser Glaube aber an den väterlichen Weltgrund wird nun mit ihm gehen und sein Leben verändern. Wir müssen uns vorzustellen versuchen, was dieser Glaube bedeutet:

Wer es weiß und vertrauend damit rechnet, daß höhere und liebende Gedanken über seinem Leben gedacht werden, der gewinnt zum Beispiel ein neues Verhältnis zur Zukunft: Vorher – unter dem Alpdruck des bösen Traums vom Nichts – war ich mißtrauisch, wenn ich den morgigen Tag bedachte; und die vier grauen Weiber „Mangel, Schuld, Sorge und Not", die Fausts Weg begleiten, lauerten auch an meiner Straße. Ich glaubte ja zu wissen, daß „ohne Wahl der Strahl zuckt". Und wer konnte wissen, was schon morgen oder übermorgen der unheimliche Schoß der Zukunft hervorbringen würde? Jetzt aber, wo ich den Stern kenne, auf den ich schauen darf, und um die Hand weiß, die mich führt, bin ich mit der bergenden Gewißheit beschenkt, daß ich einen Vater habe, der weiß, wessen ich bedarf, und der mir Brot und keine Steine, der mir Fische und keine Skorpione geben wird. Ich weiß auch, daß er bei allem *dabei*sein wird, was in Zukunft auf mich zukommt.

Darum brauche ich nicht zu wissen, was dieses Kommende nun ist: ob es Heiterkeiten oder Schmerzen sein werden, die mich erwarten. Ich bin getrost, „daß beides aus seinen Händen quillt". Der Glaube, daß er es gut mit mir meint und daß er alle Widerfahrnisse, die mich treffen werden, in prüfenden Händen hin- und herbewegt, bis er sie für mich freigibt, diese Gewißheit ist viel elementarer, viel durchschlagender als die Ungewißheit, *welche* Schicksale es nun sein werden, die zu solchen Grüßen und Botschaften meines Vaters auserwählt wurden. Ich kann das jetzt gelassen auf mich zukommen lassen und bin sozusagen ein Abenteurer höherer Ordnung geworden, wenn ich diesen Glauben habe: Ich bin gespannt darauf, womit Gott mich überraschen, wie er die Fäden zusammenlaufen und wieder entknoten wird. Ich bin gespannt, wie er das große Thema anpacken wird, das er über mein Leben geschrieben hat: Jenes Thema, daß mir „alles zum Besten dienen" soll, wenn ich ihn nur liebhabe und dessen gewiß bleibe, daß er an mir festhalten und sich zu mir bekennen wird.

Auch das Verhältnis zu meinem *Gewissen* wird anders. Gerade wenn ich Gott sehr liebe, bekommt dieses Gewissen ja eine erhöhte Feineinstellung. Es wird viel zarter und reaktionsempfindlicher. Das ist auch kein Wunder. Denn nun ist mein Handeln ja nicht mehr bloß dadurch bestimmt, daß ich dies und das tun *soll* (zum Beispiel meine Pflicht!), sondern nun tue ich es ja *Gott* zuliebe. Zuerst ist es mir schwer (auch nachdem ich ein Christ geworden bin!), mit einem unsympathischen oder auch charakterlich fragwürdigen Gesellen zusammenzuarbeiten. Es widerstrebt mir, offen für ihn zu bleiben, ihm eine Chance zu geben und ihm durch ein gutes Wort Mut zu machen. Jetzt aber (wenn mir das auch nach wie vor gegen den Strich geht) muß ich daran denken, daß Jesus Christus selbst für diesen Menschen gestorben ist und daß Gott um ihn trauert und ihn retten möchte. Und weil ich Gott liebhabe, will auch *mein* Herz im gleichen Takt mit dem Herzen des Vaters schlagen. So kann ich denn nicht anders, als auch meinerseits für den dazusein, für den mein Vater selbst sich nicht zu gut ist. Wenn ich aber dabei versage, wenn ich es nämlich einfach nicht schaffe, dann stellt sich noch etwas anderes bei mir ein als ein bloßer „moralischer Kater", dann bin ich vielmehr traurig, weil ich *Gott* traurig gemacht habe. Wenn man jemanden sehr liebt, dann wird der Schmerz des anderen ja zum eigenen Schmerz. Das ist der Grund dafür, warum es kein feineres Gewissen gibt als das eines Menschen, der Gott liebt. Es registriert jeden Schatten, der über das Herz Gottes hinzieht, weil ich ihm weh getan habe.

So gibt es nichts, was nicht verändert und umgepflügt würde in meinem Leben, nachdem ich zu sagen gelernt habe: Ich glaube . . .

Es wäre doch Torheit, zu meinen, hierbei ginge es nur um den sogenannten „religiösen Sektor"! Wenn wir Gott gefunden haben, bleibt in unserem Leben – einschließlich seiner profanen Bezirke – kein Stein auf dem andern: Menschen, die uns begegnen, Landschaften, durch die wir fahren, Pechsträhnen und Kümmernisse, die uns treffen, aber auch die Sternstunden unseres Lebens, wo uns Glück und Wonne fast zersprengen: es gibt nichts, worauf nicht ein ganz neues Licht fiele, wenn uns das Glück des Glaubens zuteil wird und wenn der Hintergrund unseres Lebens beruhigt ist, weil wir den Frieden mit Gott gefunden haben. Darum ist es kein Wunder, daß wir uns alle nach dem Glauben sehnen.

Es stimmt freilich nicht, daß der Mensch ohne Glauben schlecht wäre und im Leben versagen müßte. Im Gegenteil: Es gibt großartige Ungläubige, die uns Christen beschämen. Und wer weiß, wie der Herr des Jüngsten Gerichtes sie einmal plazieren wird! Ich glaube, unsern Überraschungen sind hier keine Grenzen gesetzt. Ich erinnere mich einer ungläubigen Mutter, die seit Jahrzehnten mit der Kirche gebrochen hatte. Nun traf ich sie immer wieder am Bett ihres qualvoll sterbenden Sohnes und beobachtete, wie sie ihn mit stiller Gelassenheit pflegte, ihn bei seiner letzten Not in ihre Mütterlichkeit förmlich einhüllte. Sie ließ sich keine Spur davon anmerken, wie sie selber von Schmerz und Angst zerfressen war. Unter diesem Eindruck sagte ich ihr einmal spontan: „Ich bewundere Ihre Haltung." Da gab sie mir die verblüffende Antwort: „Na ja, Haltung vielleicht, aber schauen Sie bloß nicht dahinter. Ich habe überhaupt keinen Halt."

Dieses ungläubige und verzweifelte, aber doch sehr tapfere Wort ist mir lange nachgegangen. Mir wurde dabei überhaupt erst klar, was Glaube heißt. Glaube heißt nämlich, einen Halt haben und dadurch in jenem Fundament gründen, das Gott gelegt hat und das er letztlich selber ist. Das darf man sich freilich nicht so vorstellen, als ob der Glaube ein bequemes Polster wäre, auf dem ich mich selbstsicher breitmachen könnte. Dann wäre der Glaube ja nur die Religion der Spießbürger, und die Dogmen wären ein Bunker, in dem die Feigen sich verkröchen und vor den Unbilden des Lebens Schutz suchten. Wäre der Glaube wirklich so ein Druckposten für die Bequemen und Feigen – dann fände ich es sehr viel respektabler, an *nichts* zu glauben und in der Trostlosigkeit des Zufalls und des Nichts auszuharren, um ohne Illusionen wenigstens „mit Haltung" das Leben zu bestehen.

Der Grund, darauf ich gründe, und der Halt, von dem ich gehalten bin, sind aber gottlob etwas ganz anderes als das Gängelband der Schwachen und als das Ruhekissen der Bequemen. Wir brauchen nur einmal die großen Glaubenden anzusehen, die uns der Bilderbogen der Bibel vor Augen malt: War es etwa bequem für Noah, der Verheißung Gottes zu glauben, daß er ihn in einer Arche retten würde? Doch sicher nicht! Er machte sich eher lächerlich und zog sich den Spott der Leute auf den Hals, als er bei strahlendem Sonnenschein und auf dem platten Lande ein abenteuerliches Schiff zu konstruieren begann[1]. Und war es

[1] Vgl. das Kapitel „Noah – Das Abenteuer des Glaubens" in: „Wie die Welt begann" (Quell-Verlag).

für Abraham eine Kleinigkeit, aus seinem Vaterland und aus seiner Freundschaft in die ungewisse Fremde zu wandern, nur weil ihm die Verheißung zuteil wurde, daß die hohe und gute Hand ihn Schritt für Schritt ins Unbekannte geleiten und an Ziele bringen würde, um die sie allein wüßte? War es die pure Selbstverständlichkeit, wenn der Psalmist im Glauben sagen konnte: „Dennoch bleibe ich stets an dir?" Damit signalisiert er doch herüber: Es spricht alles dagegen, daß es eine Gerechtigkeit gibt, daß eine höhere Regie über der Welt waltet und daß es jemanden gibt, der sich für mich interessiert. Aber dennoch: Ich halte an dir fest, ich dringe im Blindflug durch den Nebel und weiß, daß du mich auf der andern Seite erwartest.

So ist das also: Der Friede Gottes, dem ich vertraue, ist nicht etwas, worauf ich sitze, sondern er ist etwas, wonach ich mich strecke. Der Halt, von dem ich gehalten bin, und der Grund, darauf ich gründe, ersparen mir nicht die Abgründe, aus denen ich rufe. Das Leben Gottes, das mir verheißen ist, erspart mir nicht die Wehen des Todes, durch die ich dringen muß. Und die Gewißheit, daß weder Tod noch Leben, weder Gegenwärtiges noch Zukünftiges mich scheiden können von der Liebe Gottes (Röm. 8, 38 f.), erspart es mir nicht, daß Angst nahe sein kann, daß Sinnlosigkeit mich umstellt und daß der morgige Tag wie der Berg ist, der über mich rollen will.

Darum gehört das „Dennoch" genauso zum Glauben wie der Kelch des Leidens zu Gethsemane und wie Golgatha zum Wunder des dritten Tages. Manchmal ballt es sich knüppeldick vor mir, und ich weiß nicht, wie ich hindurchkommen soll. Aber dann wird mir die Gnade des Dennoch geschenkt, weil plötzlich der neben mir ist, der ein Mensch war wie du und ich und der den Druck der gleichen Misere auf sich nahm. Dann ist mit ihm zusammen auf einmal die Schallmauer durchbrochen, und ich bin wieder im Weiten und erlebe das Wunder des Hindurch.

Mancher verbaut sich den Zugang zu diesem Abenteuer des Glaubens dadurch, daß er meint, er müsse irgend etwas Frommes *fühlen*, er müsse es an seinen Nerven spüren, wenn das Erlebnis des Glaubens mit seinen religiösen Schauern über ihn kommt. Wer aber die Glaubensrezepte der Bibel in Anspruch nimmt, wird von diesem Wahn einer falschen Erwartung kuriert. Es ist erstaunlich, daß das subjektive Erlebnis des Glaubens, daß das religiöse Fühlen überhaupt kein Thema ist, mit dem die Bibel sich abgibt. Für heutige Menschen, die psychologisch so lebhaft interessiert sind, ist das zweifellos verwunderlich. Und wenn wir gar an das Apostolische Glaubensbekenntnis denken, dann ist von Fühlen und Erleben schon gar nicht die Rede, um so mehr aber von dürren Fakten, von nüchternen Ereigniskatalogen, die von der Weihnachtsnacht bis zur Himmelfahrt reichen. Der „religiöse Mensch“ (und wer wäre das nicht?) sehnt sich nach Schauern frommen Erlebens und wird statt dessen mit „Dogmen“ abgespeist!

So *scheint* es jedenfalls. Und man möchte fragen, ob denn die Menschen der Bibel überhaupt Nerven, ob sie überhaupt so etwas wie emotionale Wallungen gehabt haben mögen oder ob sie nicht seelisch stumpf gewesen seien. Natürlich haben sie das alles erlebt und empfunden. Nur daß sie davon nicht reden! Die biblische Josephsgeschichte zum Beispiel ist sehr viel nüchterner und unpsychologischer als Thomas Manns breit ausladender Roman über die Josephslegenden. Warum ist das so? Ganz gewiß nicht deshalb, weil die Menschen der Bibel an übertriebener seelischer Keuschheit gelitten und innere Erlebnisse nicht gerne preisgegeben hätten. So zart besaitet sind diese Figuren ja gar nicht! Und wenn sie in einen heutigen Salon träten, würden die Teetassen sicher klirren und das gewienerte Parkett würde erblinden. Es hat durchaus sachliche und realistische Gründe, daß das Erlebnis des Glaubens und daß die frommen Nervenschauer hier keine Rolle spielen.

Ich möchte diese Gründe an einem ganz alltäglichen, fast banalen Vorgang verdeutlichen: Wenn ein Junge zum erstenmal ein Mädchen liebgewinnt, dann ist er ganz von dem Wunder dieses lieblichen Geschöpfes gebannt. Ihre Augen, ihre Gestalt, der Klang ihrer Stimme und der Charme ihrer Bewegungen, das alles fasziniert ihn. Und erst nachher, wenn er etwas zur Besinnung kommt, stellt er sich wahrscheinlich die Frage, ob das wohl die berühmte „Liebe“ ist, die er da gespürt habe, ob es das ist, was die Romane meinen, wovon die Erwachsenen tuscheln und was der Film in seinen Liebesszenen vorspielt? Sieht man genauer hin, dann ist es doch so: Der junge Mann *hat* sich ja gar nicht nach dem Eros gesehnt, er *hat* gar nicht gedacht: Ich möchte einmal das Gefühl der Verliebtheit erleben, sondern er hat ganz einfach das Mädel bezaubernd gefunden. Das war alles. Und das hat ihn dann so ausgefüllt, daß ihm seine Gefühle gar nicht mehr auffielen. Er merkte überhaupt nicht, daß er selbst ein Liebender war, sondern er wußte nur, daß er jemanden liebte. So ist das!

Und wenn er seinem Freunde davon erzählte, dann hat er nicht von seinen Gefühlen, sondern dann hat er von dem Mädel berichtet.

So alltäglich und weltlich-allzuweltlich das alles ist: Es zeigt in vereinfachten Linien genau das auf, was auch im Glauben geschieht. Als der ungläubige Thomas durch die Erscheinung des Auferstandenen überwältigt war und nur noch in die Worte ausbrechen konnte: „Mein Herr und mein Gott“, hat er gar nicht gemerkt, daß er plötzlich ein „Glaubender“ geworden war und daß ihm das Erlebnis einer erlösenden Gewißheit und ganz gewiß auch fromme Schauer zuteil wurden. Sondern er sah nur den Heiland vor sich, der ihn gesucht und nun gefunden hatte, der ihn aus aller Qual des Zweifels herausriß und der sein Leben von nun an mit Glanz und Freude, mit Ordnung und Zielsicherheit erfüllen würde.

Wer Christus findet, den füllt er so aus, daß er seinen Glauben förmlich vergißt. Er ist dann im strengen Sinne „selbstvergessen“ und hat keine Zeit, an religiöse Erlebnisse zu denken. Das ist der Grund, warum die biblischen Menschen ihren *Heiland* bezeugen und nicht ihren *Glauben*. Einem von ihnen war es sogar nicht einmal sicher, ob er überhaupt glaubte – vielleicht fühlte er noch nichts –, aber Jesus stand ihm groß vor Augen, und er sagte zu ihm: „Ich glaube, lieber Herr, hilf meinem Unglauben“ (Mark. 9, 24). Ob nicht gerade er vielleicht am tiefsten geglaubt hat, sehr viel tiefer womöglich als manche Kirchenchristen, die alle Dogmen des Katechismus auf einmal herunterschlucken und auf Verlangen auch herunterschnurren? Vielleicht weiß ich nicht, *ob* ich glaube, aber ich weiß, an *wen* ich glaube. Wer nur fromme Erlebnisse will, erlebt jedenfalls gar nichts. Er ist bestimmt der Geprellte. Aber wer Christus bei sich aufnimmt, der *erlebt* zwar etwas, doch er merkt es kaum noch. Denn das Wunder des neuen Lebens, das Glück der Vergebung und die Befreiung von Angst läßt ihn unausgesetzt auf diese Gestalt sehen, von der Ströme des lebendigen Wassers in sein Leben dringen, um die Wüste seines verlorenen Herzens urbar zu machen und das Wunder des Neubeginns zu schenken.

Indem ich von diesem Glück des Glaubens spreche, durchzuckt mich freilich eine Sorge: Ich könnte mir denken, daß der eine oder andere angesichts dessen, was ich so als Freude und Lebenserfüllung schildere, etwas melancholisch wird. Er sagt sich vielleicht: Nun ja, nach diesem Frieden sehne ich mich auch, und einen Gefährten wie den Nazarener möchte ich schon bei mir haben. Vielleicht könnte ich ihn sogar lieben; denn es rührt mich an, daß hier ein Mensch ist, der sich zu Tode geliebt hat, der für seine Menschenbrüder so da war, daß er ihr Leben teilte, ihre Schuldenlast auf seine Schultern lud und auch noch ihr Sterben mittrug. Das alles spricht mich sehr an, und ich wollte, ich hätte einen Zugang zu diesem „Trost im Leben und im Sterben". Wenn es nur um das Bildnis eines edlen Menschen ginge, dann brächte ich's möglicherweise auch fertig, ihn zu meinem Leitstern zu machen. Aber ich komme nicht über das Bleigewicht der Dogmen hinweg und all das Fremde, das mir unerschwinglich ist und das ich nicht verkraften kann. „Gelitten unter Pontius Pilatus": – nun ja, das ginge vielleicht noch; das schmerzvolle Antlitz des Gekreuzigten ist sehr menschlich und geht mir nahe. Aber all das andere: „geboren von der Jungfrau Maria", „niedergefahren zur Hölle", „auferstanden", „gen Himmel gefahren" – vor dem stehe ich hilflos und kapituliere. Wenn Jesus von Nazareth nur um *den* Preis zu haben ist, daß ich das alles *mit* einkaufe, dann ist mir die Rechnung zu hoch, da muß ich weiter meinen Weg ohne ihn gehen. Ich müßte meinen Verstand ja vergewaltigen und müßte unehrlich werden. Das aber wird und kann doch gerade *der* nicht wollen und mir zumuten, der von sich gesagt hat, daß er die Wahrheit sei.

Das ist die Traurigkeit, die sich in dieser Stunde vielleicht auf den einen oder anderen herabsenken mag. Und sicher sind es nicht die Schlechtesten, deren kritische Ehrlichkeit ihnen hier ein Halt zuruft.

Deshalb möchte ich all dies schwerverständlich Erscheinende in den folgenden Kapiteln behandeln, eins nach dem andern. Es soll nichts dabei geben, vor dem wir uns drücken. Vielleicht wird es uns dann wie Schuppen von den Augen fallen, und wir werden uns wundern, daß manches nahe und vertraut erscheint, was uns eben noch in fremder Maskierung erschreckte. Möglicherweise kann es auch umgekehrt gehen: daß manches uns steil und fremd wird, das bisher einen sicheren Platz in unserem Gemüt hatte. (Ob zum Beispiel „Weihnachten" dazu gehört?)

Der Glaube ist jedenfalls nicht etwas, das fix und fertig vom Himmel fiele. Und unsere Geschichte mit Gott beginnt durchaus nicht so, daß wir den ganzen Katechismus mit allen seinen Paragraphen unterschreiben und „für wahr halten" müßten. Gott ist viel zu barmherzig und zu generös, um das Ansinnen an uns zu stellen: „Wenn du Jesus nicht als meinen Sohn und damit als ‚Gottmenschen' anerkennst, gehörst du noch nicht dazu, dann bist du des Titels ‚Christ' noch nicht teilhaftig. Ich kann dich so bestenfalls auf die Liste der Anwärter setzen, und du mußt zusehen, wie du langsam vom Ende der Schlange nach vorne rückst." So denken vielleicht manche menschlichen Eiferer; Gott aber denkt nicht so.

Ich weiß noch, wie das war, als ich auf das Gymnasium kam. Ich hatte die Aufnahmeprüfung bestanden und war von Stolz geschwellt, daß ich nun „dazugehörte". Da waren die Oberprimaner, die – aus meiner kindlichen Perspektive gesehen – vor Gelehrsamkeit fast zu bersten schienen, während ich kümmerlicher Dreikäsehoch noch kein lateinisches Wort kannte. Sie besaßen auch tiefe Männerstimmen, denn sie waren schon erwachsen, während ich noch einen Knabensopran hatte. Mochte ich denn noch eine unreife Traube am Stock und mochten die Primaner schon alter und abgeklärter Wein sein: immerhin gehörte ich nun dazu. So ist es auch mit der Gemeinde Jesu: Daß Jesus von Nazareth ein Mensch ist wie du und ich und daß er zugleich nocht etwas *anderes* ist – eben das, was das Wort „Gottes Sohn" etwas hilflos daherstammelt –, das erfahre ich vielleicht, wenn ich lange in seiner Schule gewesen bin. Aber ich gehöre schon *zu* ihm, wenn ich nur den ersten Hunger und Durst nach der Gerechtigkeit in mir habe. Und wenn ich auf ihn zutrete und zu ihm sage: „Herr (wer du auch immer seist, du weißt ja besser als ich, wie sehr ich noch im Dunkeln tappe), Herr, hilf mir!", dann bin ich schon in seine Scharen eingereiht und gehöre „dazu".

Darum lassen Sie die Gottessohnschaft Christi, lassen Sie Ostern und Himmelfahrt ruhig auf sich beruhen. Denn jede Lehre, so hat Luther einmal gesagt, hat ihr Alter, ihre Zeit und ihre Stunde. Gieren Sie nicht nach der Reifeprüfung, wenn Sie noch ein Sextaner sind! Nehmen Sie Jesus so, wie er Ihnen zunächst erscheint: als einen edlen Menschen, der nur geliebt hat. Nehmen Sie ihn so, wie Sie irgendeinen Menschen nehmen, der Sie durch Seelengröße anrührt. Wenn Sie das tun, haben Sie zweifellos sein Geheimnis noch nicht begriffen. Sie gleichen dann jener seltsamen und doch eindrücklichen Gestalt des Neuen Testamentes, die unter dem Namen des blutflüssigen Weibes bekannt ist (Matth. 9, 20ff.). Sie trat „von hinten" an den Herrn heran und rührte seine Kleider an, um gesund zu werden. Doch sie hatte das Geheimnis Jesu noch nicht begriffen. Sie sah nur einen Magier, einen Zauberer in ihm und war der abergläubischen Meinung, daß der Kontakt mit seiner Ausstrahlung ihre Krankheit wegzaubern würde. Jesus für einen Magier zu halten, ist sicher eine primitivere Ausgabe des gleichen Mißverständnisses, wie wenn ich ihn für einen edlen Menschen, für einen Albert Schweitzer in Großformat halte. Und doch drehte sich Jesus zu diesem kümmerlichen Weiblein herum und sah sie an und rühmte ihren Glauben und ließ sie wissen: Du gehörst dazu, obwohl du noch eine Anfängerin bist und obwohl es bei dir von Mißverständnissen nur so wimmelt. Du gehörst dazu.

Wenn Sie Jesus zunächst so nehmen, wie er Ihnen Eindruck macht, wenn Sie ihn also ganz „menschlich" verstehen und in ihm einen Menschenbruder sehen, der uneigennützig liebt, der ganz aus Liebe besteht und der seinen Auftrag, Menschen mit einem neuen Sinn ihres Lebens zu beschenken, so ernst nimmt, daß er dafür stirbt – wenn Sie ihn so verstehen, haben Sie ihn zwar noch nicht von Angesicht zu Angesicht gesehen, aber Sie haben wenigstens den Zipfel seines Gewandes in die Hand genommen. Und wer ihn so festhält am äußersten Ende, wer ihn so an der Peripherie erfaßt hat, zu dem wendet er sich um und sagt zu ihm: „Du gehörst zu mir, und nun begleite mich. Und wenn du mit mir gehst, wirst du von Tag zu Tag mehr merken, wer ich bin."

Wer Erfahrungen mit dem Glauben gesammelt hat, der weiß, wie man in dieser Schule vorankommt. Gerade die johanneischen Schriften verraten uns diese Rezepte: Es geht hier nämlich nicht um theoretische Exerzitien, die unsere Erkenntnisorgane trainieren sollen. Bloß intellektueller Scharfsinn kann dieses Pensum nie bewältigen. Die Aufgabe, um die es geht, liegt in einer ganz anderen Richtung: Nur wer liebt, kann den erkennen, der die Liebe ist. „Wär' nicht das Auge sonnenhaft, die Sonne könnt' es nie erblicken", sagt Goethe. Um „die Sonne, die mir lachet", um „meinen Jesus Christ" erkennen zu lernen, muß ich selber sonnenhaft werden. Das klingt ein bißchen romantisch und meint doch eine ganz simple Wahrheit. Sonnenhaft bin ich nämlich dann, wenn ich es wage, im Namen Jesu für meinen Nächsten dazusein; wenn ich um einen Menschen trauern lerne, weil Jesus um ihn trauert; wenn ich ihn suche, weil Jesus ihn sucht; und wenn ich eine Antipathie überwinde, weil dieser vielleicht fragwürdige Bursche dem Manne aus Nazareth lieb und wert ist.

An diesem Ende muß ich beginnen. Es ist eine höchst praktische Aufgabe. Jesus stellt *immer* vor praktische Aufgaben. Nur Liebende erfahren, wer er ist. Nur Liebende sprengen das Gefängnis der Einsamkeit und des Nichtigen, in das sie verschlossen sind. „Weißt du, was das Gefängnis verschwinden läßt?", so fragt Vincent van Gogh in einem seiner Briefe und antwortet dann: „Jede ernste, tiefe Neigung, Freund zu sein, Bruder zu sein, zu lieben: das öffnet das Gefängnis mit souveräner Macht, mit übermächtigem Zauber. Wer aber das nicht hat, verharrt im Tode. Dort, wo die Liebe entsteht, ersteht das Leben." Und wir dürfen hinzufügen: da ist auch der Fürst des Lebens ganz nahe. Da ist er näher als alle Angst und als alle Schuld. Da wendet sich mein Leben, weil er sich zu mir wendet.

DER VÄTERLICHE WELT-
GRUND

ICH GLAUBE AN GOTT, DEN VATER

So nun ihr, die ihr doch arg seid, könnt dennoch euren Kindern gute Gaben geben, wieviel mehr wird euer Vater im Himmel Gutes geben denen, die ihn bitten.

MATTHÄUS 7,11

Paul Cézanne, der große Maler, hatte sich während seines schweren, lange erfolglosen und sehr einsamen Lebens einen stereotypen Stoßseufzer angewöhnt: „Das Leben ist schrecklich." Mit dieser Anklage gegen das Leben meinte er wohl weniger die Lasten, die es ihm aufbürdete, etwa das Unverständnis der Zeitgenossen, seine mißglückte Ehe und die Verachtung durch seine unmusische Familie. Sondern es war vor allem die Sinnlosigkeit, die aus dem Hintergrund des Lebens kalt hereinwehte: Warum wird im Leben nicht die größere Leistung belohnt? Warum fällt der Erfolg immer wieder denen zu, die ihn nicht verdienen, während andere unverdient im Schatten bleiben? Warum sitzen die kalten Rechner und Realisten immer am längeren Hebelarm, während die Menschen selbstloser Güte oder die Vertreter ideeller Werte höchstens unter „ferner liefen . . ." rangieren? Hat dieses Leben denn überhaupt so etwas wie einen plausiblen Verteilungsschlüssel für die Schmerzen, die es zufügt, und für Gaben, die es verleiht? Ist nicht alles so entsetzlich sinnlos und vom wirren Zufall gezeichnet?

O ja, das Leben kann schrecklich sein, weil es so rätselhaft ist, meint Cézanne. Ist es folglich nicht eine Illusion der Schwachen, wenn sie von einem väterlichen Weltgrund der Welt und von höheren Gedanken träumen, die über uns gedacht werden? Ist das alles nicht eine tröstliche Hilfskonstruktion, die sie sich zurechtbasteln, weil sie sonst das Leben nicht ertrügen?

Damit habe ich schon angedeutet, wie es kommt, daß wir Menschen immer wieder nach dem Sinn unseres Lebens fragen und daß auch ganz naive Gemüter und keinesfalls nur philosophische und nachdenkliche Leute an dieser Frage nach dem Sinn interessiert sind.

Ich weiß noch genau, wie Joseph Goebbels, als die Stalingrad-Katastrophe passiert war und der Schock der kommenden Niederlage nach den Menschen griff, in Artikeln und Reden immer wieder „vom Sinn des Krieges“ sprach. Der gewiegte Massenkenner wußte ganz genau, warum er das tat. Ihm war nämlich klar, daß die Menschen nur dann das Leben aushalten und nur dann Opfer bringen und das Letzte einzusetzen bereit sind, wenn sie vom „Sinn“ einer Sache überzeugt und dessen sicher sind, daß alles in eine höhere Ordnung hineingebettet ist. Sie wollen und müssen also wissen, daß es sich *lohnt,* im Rahmen jener höheren Zusammenhänge zu handeln oder auch zu leiden. Wer sich dagegen eingestehen muß: „Es ist alles sinn- und zwecklos“, verliert den Mut zum Handeln und sinkt in lähmende Resignation.

Darum ist der Glaube an den Sinn ganz einfach ein Lebenselixier, dessen wir bedürfen. Selbst die großen Skeptiker und Nihilisten wissen das. Ein Dichter wie Gottfried Benn hat sich an dieser Frage förmlich wund gerieben: Er sieht in der Geschichte – wie er sagt – ein sinnloses „Unaufhörliches“, einen ewigen Kreislauf kommender und vergehender Kulturen, unmenschlich gedankenlos wie die Gestirne, die nach mathematischen Gesetzen und unberührt von allem Menschlichen über uns dahinziehen. Aber auch er, dem der Weltverlauf so höchst fragwürdig ist, kann die Frage nach dem Sinn doch nicht zum Schweigen bringen – einfach deshalb nicht, weil ein Leben ohne jeden Sinn schlechthin unerträglich wäre. So beantwortet er denn für sich selbst diese Sinnfrage so, daß er sagt: Überall, wo der schöpferische Mensch ein Kunstwerk gestaltet, da gewinnt er dieser Wüste einer nichtigen und sinnlosen Welt wenigstens *eine* kleine Oase, einen ganz kleinen Bezirk sinnvoll gestalteten Lebens ab. Und um dieses winzigen Stückleins Sinns willen lohnt es sich dann weiterzuleben.

Warum erwähne ich das alles, wenn es mir um eine Untersuchung des Glaubens geht?

Ich glaube, die Christen dürfen nicht zu schnell sagen: „Für uns bestehen diese Probleme gar nicht. Denn wenn wir sagen: ‚Ich glaube an Gott, den Vater‘, dann ist die Sinnfrage für uns gelöst. Dann glauben wir doch an den *väterlichen* Sinn der Welt. Insofern *gibt* es für uns keine Sphinx des Lebens und keine Rätsel mehr."

Nun, wer den Glauben so simpel versteht, der kann böse Enttäuschungen erleben. Denn solch eine billige Lösung aller Lebensprobleme ist der Glaube ja gar nicht. Vielleicht stehen diejenigen, die so ernst und so hoffnungslos mit der Sinnfrage ringen wie Gottfried Benn und die alle vorschnellen Tröstungen verschmähen, dem Herzen Gottes sehr viel näher als viele selbstsichere Fromme. Deren sogenannter „Glaube" ist ja oft nur ein Zeichen dafür, daß sie ein Problem nicht bis auf den bitteren Grund zu Ende zu denken wagen. Darum hat Gott ein Herz für die geistlich Armen, für die Leute mit den leeren Händen, denen alles zerschlagen ist und die das auch eingestehen.

Man kann den Glauben an Gott, an den himmlischen Vater, tatsächlich dazu mißbrauchen, alle Probleme auf eine billige Art gelöst zu sehen. Kein Geringerer als *Hiob* hat es uns vorgemacht, wie diese Art fadenscheinigen Glaubens aussieht und wie man schließlich an ihm zerbricht:

Wir erinnern uns an die berühmte Szene im Himmel, in der Satan mit Gottvater um die Seele Hiobs wettet. Es ist jene Szene, die Goethe im „Faust" nachgebildet hat (Prolog im Himmel). Der große Verführer will mit Gott darum wetten, daß er den frommen Knecht Hiob an seinem Glauben irremachen könne.

Mit dämonischem Scharfblick hat er nämlich die schwache Stelle dieses Glaubens erspäht. Er weiß darum ganz genau, wo er mit seiner Attacke einsetzen muß. Hiob meint zwar – so rechnet der Versucher –, an Gott zu glauben. In Wirklichkeit hat er sich aber nur eine „Weltanschauung", eine bestimmte „Ansicht" über den Sinn seines Lebens und der Geschichte überhaupt zurechtgedrechselt. Er glaubt nämlich – oder muß ich nicht besser sagen: er bildet sich ein –, daß es im Leben *gerecht* zugeht: Die Guten werden belohnt, und die Bösen werden bestraft. Gott ist sozusagen das Prinzip einer gerechten Weltordnung. Gott ist nur der gute Regisseur im Hintergrund, der Lohn und Strafe gerecht verteilt. Das heißt dann ganz praktisch: Ein Mensch, der gut handelt und sich an die Weisungen dieses Weltregisseurs hält, kann damit rechnen, daß er im Leben besteht und daß sich Treue und Redlichkeit schließlich auszahlen werden. *Der Glaube lohnt sich,* so rechnet Hiob. Er ist ein vernünftiges Lebensrezept, und man kommt mit ihm am weitesten.

Auf diese Konstruktion hat der Satan nun seine strategische Überlegung aufgebaut. Er kalkuliert folgendermaßen:

Wenn es mir gelingt, diese Weltordnung über den Haufen zu werfen, dann bringe ich auch Hiob selbst durcheinander. Dieser gute Mann hat sich in die Illusion hineingesteigert, im Leben gehe es sinnvoll und gerecht zu. Und gerade weil er das meint, fällt es ihm ja so *leicht*, an Gott zu glauben. Liegt es nicht in der Tat sehr nahe – so stellt der Satan mit ironischem Lächeln fest –, an einen guten und intelligenten, vielleicht sogar väterlichen Weltregisseur zu glauben, wenn ich sehe, daß in Natur und Geschichte alles wie am Schnürchen funktioniert und daß es im Grunde leicht und ungefährlich ist zu leben, wenn man sich nur einigermaßen in diesen wohlgeordneten Ablauf fügt und sich bei seinem Regisseur lieb Kind macht?

Ich brauche folglich nur – das ist jetzt das taktische Resultat Satans – etwas total Sinnloses zu tun. Dann sackt diese ganze fromme Konstruktion in sich zusammen. Denn das Sinnlose, das Irrsinnige, wird Hiob dann auch an *dem* irre werden lassen, der doch den Sinn zu garantieren hat: nämlich an Gott. Wenn sich erst einmal die Frage in ihm festgefressen hat: „wie kann Gott das zulassen?“, dann habe ich schon halb gewonnen. Dann ist es nur noch *ein* Schritt, bis Hiob Gott für ungerecht hält. Und wenn es erst so weit ist, dann wird er in Kürze davon überzeugt sein, daß es überhaupt keinen Gott *gibt*, sondern daß alles nur blinder Zufall oder seelenloses Naturgesetz ist. Darum werde ich – so denkt Satan – diesen Hiob mit Unglück, Fehlschlägen und Katastrophen eindecken, so daß er die Welt nicht mehr versteht. Wenn er die *Welt* nicht mehr versteht, dann wird er auch *Gott* nicht mehr verstehen und an ihm irre werden. Quod erat demonstrandum – was zu beweisen war.

Gesagt, getan – und wir wissen ja, wie es nun weitergeht: Hiobs Kinder sterben nacheinander, sein Vieh krepiert, sein Besitz brennt ab. Alles, was er für den Segen Gottes gehalten hat, wird plötzlich in sein Gegenteil verkehrt. Der göttliche Sinn des Lebens, von dem er fest überzeugt war, ist zu einer Fratze geworden, und das Bild des gütigen, gerechten Vaters scheint zu einer höhnischen Karikatur zu werden.

Es ist nun sehr erstaunlich, daß diese erste Attacke der Sinnlosigkeit den Hiob gleichwohl nicht umwirft und daß er immer noch mit einem tapferen „Dennoch“ die Hand Gottes festhält. Hiob schaltet nämlich mit großer Entschlossenheit um. Er gibt trotz aller Schicksalsschläge noch immer nicht zu, daß das Leben aus sinnlosen Zufällen bestehe und daß der Glaube an einen gerechten Gott widerlegt sei. Sondern er sagt sich: Ich muß den Sinn des Lebens woanders suchen als bisher. Wo könnte er denn liegen?

Und schon meint er, die neue Antwort gefunden zu haben: Dieser Sinn liegt darin, daß Gott höhere Rechte hat als ein irdischer Richter, nach dessen Bild ich ihn mir vorstellte. Dieses höhere Recht Gottes besteht darin, daß er das, was er gegeben hat, auch wieder nehmen darf; denn ihm gehört ja alles.

So ringt sich Hiob schließlich zu einem *neuen* Glaubensbekenntnis durch: „Der Herr hat's gegeben, der Herr hat's genommen, der Name des Herrn sei gelobt." Hiob glaubt also immer noch an einen heimlichen Sinn des Geschehens. Vielleicht denkt er: Gott will dich *prüfen;* oder auch: er will dich im Leiden *reifen* lassen. Das ist dann freilich ein ziemlich verborgener Sinn, den man nicht mehr beweisen kann; aber immerhin: man kann doch noch wagen, darauf zu vertrauen. Man kann noch hoffen, daß *Gott* sich etwas dabei denkt, auch wenn *wir* es nicht verstehen. So gibt Hiob seinen Glauben an den Sinn immer noch nicht auf.

Nun schlägt Satan zum zweitenmal zu und bedient sich dabei eines Mittels, das auch diesen vertieften und verfeinerten Sinnglauben Hiobs erschüttern muß. *Er läßt das Leiden Hiobs endlos weitergehen, und er vergrößert es sogar noch.* Er tastet jetzt auch sein „eigenes Gebein" an, schlägt ihn mit Aussatz, unerträglichem Juckreiz, mit körperlichen und seelischen Qualen.

Dabei spekuliert er folgendermaßen: Bei „mittelmäßigen" Leiden kann sich der Mensch immer noch sagen: Ich soll geprüft und geläutert werden, ich werde in eine harte Schule genommen. So etwas kann einem ja immer noch als sinnvoll erscheinen. Das braucht einen noch nicht unbedingt an Gott irrezumachen. Aber wie gesagt: das klappt nur bei kleinem oder mittelmäßigem Kummer.

Doch der Trost mit dieser „Leidensprüfung" hört in zwei Fällen mit nahezu tödlicher Sicherheit auf: *Einmal,* wenn die Qual übergroß wird. Bei einem bestimmten Grad von Schmerz, bei irrsinnigen Qualen kann ich ja nicht mehr reifend zur Besinnung kommen, weil ich dann zu keinem Gedanken mehr fähig bin. Dann bin ich einfach betäubt durch die Übermacht des Schmerzes, und alle meine Nerven vibrieren. Der *andere Fall,* in dem aller sinnvolle Fortschritt aufhört, tritt dann ein, wenn die Anfechtung endlos weitergeht und gar nicht mehr aufhören will. Dann sage ich eines Tages: Nun habe ich alle Klassen dieser Leidensschule durchlaufen, nun habe ich meine Reifeprüfung gemacht. Mehr ist nicht drin. Wenn ich trotzdem immer weiter gepeinigt werde, dann ist es eben „sinnlos“. Dann bleibt mir nur die schauerliche Alternative, entweder Gott für einen Sadisten zu halten oder aber an die blinde Tücke eines Schicksals zu glauben, das von niemandem gesteuert wird. Und vielleicht ist dieser Glaube an die seelenlose Mechanik bloßer Abläufe dann noch das Barmherzigere von beiden.

Tatsächlich: bis in dieses äußerste Irrewerden wird Hiob schließlich getrieben. Wer unter uns schon schwere und endlose Qualen durchzustehen hatte, weiß, wie das ist, und hat vielleicht dieses Hiobschicksal an sich selbst durchlitten, jenes Schicksal, an dessen Ende er Gott abschwört, weil er keinen Sinn mehr sieht und weil der Glaube an einen Gott zerbricht, der das Sinnlose, das brutal Blödsinnige zuläßt.

Wie kann es aus dieser tiefsten Gefangenschaft der Seele noch einen Ausweg geben? Welcher Stern könnte über diesem Abgrund noch leuchten?

Manche der großen Leidenden haben sich mit jener Haltung geholfen, die die Philosophen den „amor fati“, die Ergebung in das Schicksal, nennen. Sie sagen sich: Das ewige Hadern mit sinnlosen Schicksalsmächten hat keinen Sinn. Man macht sich nur kaputt dabei. Am besten ist es, man sagt mit stoischer Gelassenheit „Ja“ dazu und läßt es geschehen. Man macht seinen Frieden mit dem Leben und kommt dann auch einigermaßen gut dabei weg. Denn wer immer nur opponiert und jammert und „Nein“ sagt, wird verbittert und von Groll zerfressen. Und was ihm das Schicksal nicht zerschlägt, das verwüstet er durch Selbstzerstörung.

Dieser Verzicht auf den Anspruch, überhaupt noch Sinn zu erkennen, diese Bereitschaft, sich klaglos mit allem abzufinden, ist natürlich eine Kapitulation vor dem Schicksal. Aber vielleicht ist diese Kapitulation für jeden, der Jesus Christus nicht kennt, immer noch das Klügste. Er erspart sich dann wenigstens die Strapaze eines nervenmordenden Haders. Er hat dann wenigstens so etwas wie einen gewissen Einklang mit dem Leben wiedergefunden, auch wenn dieser Einklang etwas melancholisch ist. Auf jeden Fall hat er eine gewisse Größe.

Äußerlich und etwas oberflächlich gesehen, scheint diese Haltung ähnlich derjenigen zu sein, zu der Hiob schließlich durchfindet und die auch dem Christen angesonnen wird. Auch Hiob lernt schließlich, „Ja“ zu sagen, und findet wieder Vertrauen zum Ratschluß seines Gottes, dessen Gedanken höher sind als unsere Gedanken. In diesem Ja kommt Hiobs unruhiges Herz zu neuem Frieden. Auch der Christ sagt „Ja“ – genau wie sein Herr, der in Gethsemane den bitteren Kelch des Leidens nicht mehr abwies, sondern ihn aus der Hand seines Vaters annahm. Dieses „Ja“ sprechen wir, wenn wir sagen: „Dein Wille geschehe“; er möge geschehen, auch wenn wir ihn nicht verstehen und wenn er uns gegen den Strich geht.

Jeder, der dieses Wort „Dein Wille geschehe“ einmal in einem sehr schweren Augenblick seines Lebens über die Lippen gebracht und sich zu ihm durchgerungen hat, der weiß, welche unaussprechliche *Erleichterung* es ihm schenkte. Er hat es vielleicht gesagt, als ihm der liebste Mensch genommen wurde oder als der Arzt ihm eröffnete, daß nun keine Hoffnung mehr sei. Und obwohl mit diesem Ja – ähnlich wie beim Stoiker und beim Heiden – der zermürbende Hader aufhörte, war es doch nicht ein Sichabfinden. Denn er wußte etwas, das der Mensch ohne Christus nicht wissen kann. Er wußte nämlich, zu *wem* er dieses „Ja“ sagte und in *wessen* Willen er sich dabei ergab. Er kapitulierte ja nicht vor einem *Schicksal,* sondern er ergab sich in den Willen seines *Vaters.* Er stürzte mit seinem Ja an ein Herz, das für ihn schlug und das mit ihm blutete, wenn es ihn Schmerzen leiden sah.

Freilich gibt es hier eine merkwürdige Feststellung zu treffen: Sicher kann ich dieses Wort „Dein Wille geschehe“, so fromm es auch klingen mag, zugleich ganz gottlos sagen, dann nämlich, wenn ich es schicksalsgläubig sage und dabei denke: Es muß doch alles kommen, wie es kommt; man muß es laufen lassen. So ist diese Bitte ja gerade *nicht* gemeint! Wer über Jesus Christus Bescheid weiß, sagt nicht zu Gott: „Mach nur, was du willst! Gegen deinen Willen ist ja doch kein Kraut gewachsen.“ Sondern er sagt dieses „Dein Wille geschehe“ gefaßt und vielleicht sogar heiter. Denn er weiß: Dieser mein himmlischer Vater, in dessen Willen ich mich da ergebe, meint es ja gut mit mir. Möglicherweise tut dieser Vater das allerdings nicht, was ich ihm betend vorschlage und was *ich* also für sinnvoll und richtig halte. Doch das macht nichts. Denn der Vater weiß besser als ich, was ich brauche. Darum kann ich seinem Willen die Entscheidung getrost überlassen. Darum kann ich das, was nun auf mich zukommt, auch aus seiner Hand annehmen.

Damit ist das Schlimmste im Grunde schon überstanden. Denn die schlimmste Strapaze ist mir ja nun erspart: daß ich nämlich mit meinem Schicksal hadere, daß ich unzufrieden und übellaunig bin und den Mut zum Leben verliere. Was der morgige Tag mir bringt, steht zwar in einem verschlossenen und versiegelten Brief. Ich weiß nicht, was dieser Brief enthält. Aber ich sehe den *Absender,* und ich weiß, wie der's mit mir meint. Darum sehe ich dem geheimen Marschbefehl getrost und frohen Mutes entgegen, auch wenn er mich genau in die umgekehrte Richtung schickt, als ich sie meinerseits für sinnvoll und wünschenswert halte.

Gerade die ehrlichen Nihilisten, die die Welt als so schrecklich und vaterlos empfinden, werden mich nun vielleicht fragen: Ist das alles nicht eine Illusion? Eine Illusion, die du erfunden hast, weil du sonst das Leben nicht erträgst? Ist deine Botschaft vom Vaterherzen nicht zu schön, um wahr zu sein?

Was soll ich darauf antworten? Vielleicht dies: Der „liebe Vater überm Sternenzelt" ist auch mir verdächtig. An so jemanden mag man glauben, wenn man in einem überschwenglichen Augenblick den Himmel voller Geigen hängen sieht. In der radioaktiv verseuchten Luft von Hiroshima dürfte keiner der Überlebenden mehr von ihm geträumt haben. Und für Wolfgang Borchert war er zu einem hilflosen Greis geworden, der das Elend der Menschen ohnmächtig bejammerte.

Der Vater, den *ich* meine, wohnt nicht überm Sternenzelt, sondern er war in einem Menschen, der gelacht und geweint hat wie du und ich, der angefochten und verzweifelt war wie du und ich, nach dem die Sinnlosigkeit griff wie nach dir und nach mir (sein ältestbezeugtes letztes Wort war: „Mein Gott, mein Gott, warum hast du mich verlassen?") und den die Wehen des Todes schüttelten, wie sie dich und mich einmal schütteln werden. Was geht mich der Vater überm Sternenzelt an! Der ist weit von dem Jammertal entfernt, in dem ich stecke. Und was er im ewigen Sonntag des Himmels treibt, hilft mir in meiner irdisch-alltäglichen Schinderei keinen Deut.

Dieser Vater meines Heilandes aber ist nicht „lieb", sondern er „liebt". Das ist etwas anderes. Wenn jemand liebt, dann ist er solidarisch mit dem, den seine Liebe meint. Ich lernte einmal die Mutter eines Zuchthäuslers kennen, die ganz in der Liebe zu ihrem unglücklichen, verirrten Jungen aufging. Und weil sie ihn in ihren Gedanken immer noch an der Hand hielt wie einst als kleinen Buben, und weil es für sie keine Stunde gab, in der nicht ihr Herz voll Angst und Fürsorge bei ihm gewesen wäre, so wird sie wahrscheinlich mehr um ihn gelitten haben, als er selber litt, wenn er die Qualen der Gefangenschaft und der Selbstvorwürfe seines verpfuschten Lebens trug.

Genau das begegnet mir in Jesus Christus: Der Vater, der sein Liebstes in ihm gab, leidet mehr um mich, als ich an mir selber leide. Jeder böse Gedanke und jede Hartherzigkeit gegenüber meinem Nächsten trifft ihn ins Herz, gerade weil ich ihm so lieb bin. Er weiß ja besser als ich, wie ich das zu verspielen drohe, wozu er mich „teuer erkauft" hat. Er sieht schärfer als ich, wie ich die Tür verschließe, durch die er einziehen und seinen Advent bei mir halten will, wie ich also den Weg meines Glückes verrammele.

Als Jesus vor dem Einzug in Jerusalem mit tränenerstickter Stimme ausrief: „Wie oft habe ich euch versammeln wollen, wie eine Henne ihre Küchlein versammelt; aber ihr habt nicht gewollt"–, da litt er in seiner wissenden Liebe Schmerzen, von denen Jerusalem selbst keine Ahnung hatte. Wer liebt, muß leiden um das, was dem Geliebten widerfährt, und er sieht es oft schärfer als dieser selbst. Nur wer das bedenkt, kann ermessen, was der sterbende Christus gelitten hat und was überhaupt das Geheimnis seines Leidens war. Seine wissende Liebe lud ihm die ganze Last seiner ahnungslosen und unseligen Menschenbrüder auf, während diese selbst unter dem Kreuze vergnügt becherten und würfelten oder den Nervenkitzel einer öffentlichen Hinrichtung genossen. Die physischen Schmerzen der zerstochenen Hände und die Qualen des Durstes waren ein Kinderspiel gegen dieses Wissen der Liebe, gegen die Lasten, die dieses Wissen ihm aufbürdete. Wer am meisten liebt, ist immer der Unterlegene, sagt Thomas Mann einmal im „Tonio Kröger". Gott ist der Unterlegene und der Leidende, weil er am meisten liebt. Das ist es! Er ist unterlegen bis zur Kreuzigung seines Sohnes.

Weil ich in Jesus dieser Liebe begegne, die an mir leidet und die bis in die Qualen von Golgatha, bis zur äußersten Angst und Verzweiflung mein Schicksal teilt (viel mehr noch als jene Mutter die Gefangenennot ihres Sohnes teilte!), darum wage ich zu sagen: „Unser Vater", darum wage ich getrost zu sprechen: „Dein Wille geschehe", und darum lehne ich es ab, von einem „lieben Vater überm Sternenzelt" zu sprechen. Nur wer in die letzten Tiefen gerissen wurde, kann ermessen, was er damit sagt und damit nicht mehr zu sagen vermag.

Conrad Ferdinand Meyer schildert in „Huttens letzte Tage", wie der streitbare Ritter in den Tagen des Glückes mit dem Kruzifix, jenem „Bild des Schmerzes und der Qual", kaum etwas anzufangen wußte. Doch nun liegt er todkrank, und in dieser äußersten Not bekennt er:

> Je länger ich's betrachte, wird die Last
> Mir abgenommen um die Hälfte fast,
> Denn statt des einen bleiben unsrer zwei,
> mein dorngekrönter Bruder steht mir bei.

Der dorngekrönte Bruder, der am meisten liebt und darum der Unterlegene ist: der macht mir das glaubwürdig, was ohne ihn Romantik und Illusion wäre; daß ich nämlich einen Vater habe, der meiner gedenkt und dem ich sein Gedenken glauben kann, weil er an mir leidet und um mich weiß. Der Name Jesus ist das Zeichen, das mich das glauben und mein Leben darauf bauen läßt.

Wer dahin durchgefunden hat, gewinnt eine neue Heiterkeit und beginnt den Jubel zu verstehen, den die Erlösten in ihren Liedern hinaussingen und der die Kirche voll Singen und Klingen sein läßt. Der „liebe Vater überm Sternenzelt" ist vielleicht nur das Produkt überschäumender Lebensfreude, eine Projektion dieses Überschwangs an den Himmel. Beim Vater Jesu Christi aber ist es umgekehrt: Die Gemeinschaft mit ihm schenkt zuallererst Freude, sie verleiht die Kraft zu jenem befreiten und trotzigen Lachen, das Johann Franck so mitreißend in seinem Lied „Jesu, meine Freude" hörbar gemacht hat. Hier spricht er von dem „Freudenmeister" Jesus und von den „weichenden Trauergeistern". Sollte es darum nicht auch den *Humor* des Christenmenschen geben, wo ich doch mit dem Überwinder im Bunde bin? Humor ist ja immer eine Weise der Weltüberwindung. Es ist höchste Zeit, daß wir nicht nur durch Predigen, sondern auch durch Lachen unsern Herrn bezeugen.

Natürlich gibt es mindestens so viele Arten des Lachens, wie es Rassen unter den Menschen gibt. Wenn ich die Hauptschwerpunkte in dieser Skala möglicher Heiterkeiten nennen sollte, dann würde ich sagen: Es gibt das Lachen der Ablenkung, und es gibt das Lachen der Erlösung.

Der Trick und der Trug der Ablenkung sieht folgendermaßen aus: Vielleicht bin ich bedrückt und melancholisch. Manchmal kann ich auch den Grund dafür angeben: Ein Lieblingsplan ist mir zerplatzt, oder ich habe eine Gemeinheit erlebt, mit der ich nicht fertig werde. Manchmal kann ich den Grund meiner Depression auch *nicht* angeben; ich schlage mich mit einer Verstimmung herum oder mit einem unbestimmten Angstgefühl. Und die verfahrene Weltpolitik mit ihren ziemlich bedrohlichen Aspekten tut das ihre, um diesen Vorrat an Melancholie mit weiteren Zufuhren zu versehen.

Dann lese ich die Ankündigung eines Filmlustspiels mit dem unwiderstehlichen Komiker X. und denke: Das wäre jetzt das Richtige für dich. Diese kleine Aufmöbelung wird dich ablenken und dir guttun. Tatsächlich ertappe ich mich dabei, wie ich schallend lache und mir auf die Schenkel schlage, als der Filmheld in seinem Sonntagsanzug ins Wasser fällt. Und doch ist dieses Lachen keine Befreiung. Ich spüre nämlich, daß wohl mein Zwerchfell und gewisse Partien meiner Lachmuskulatur engagiert sind, daß aber im Hintergrund des Herzens meine Traurigkeit festliegt wie das Tief über Europa im letzten Regensommer. Sobald das Licht wieder aufflammt, kriechen die Nebelschwaden der Trübsal wieder aufs neue über meine Seele.

Wenn ich aber den Vater bei mir habe, der mir in Jesus seine Hand reicht, dann ist das alles gerade umgekehrt: Im *Vordergrund* meines Lebens schlage ich mich genau mit alledem herum, was jeder Mensch an Bedrückendem in seinem Leben ertragen muß. Natürlich sind mir auch weiterhin viele Möglichkeiten zu Ärger, Verdruß und Traurigkeit geboten, und die ganze Klaviatur des Menschlich-Allzumenschlichen bleibt mir unverändert vertraut. Ich bin ja in der Nachfolge Jesu schließlich nicht zu einem Steinklotz geworden, sondern ich bleibe ein verwundbarer Mensch. Trotz und Verzagtheit liegen auch bei mir noch nahe beieinander.

Aber in dem, was ich soeben den „Hintergrund" meines Herzens nannte, sieht es jetzt anders aus. Wer in Jesus Gemeinschaft mit dem Vater hat, der weiß: Dieser Sektor kann von niemandem und nichts angetastet werden. Ich mag mich manchmal krümmen wie ein Wurm; an dieser Stelle aber werde ich gehalten, da ist das Unverrückbare, und zu diesem Frieden haben die Wetter keinen Zugang. „Wenn wir dich haben, kann uns nicht schaden Teufel, Welt, Sünd' oder Tod." Hier habe ich einen Halt, weil ich gehalten *bin;* hier ist der Ort der Weltüberwindung. Hier gibt es die Heiterkeit derer, denen die Misere des Lebens nichts mehr anhaben kann und die mit Paul Gerhardts Osterlied den geradezu tollen Vers riskieren können: „Die Welt ist mir ein Lachen mit ihrem großen Zorn. Sie zürnt und kann nichts machen, all Arbeit ist verlorn." Nicht wahr, hier hört man förmlich, wie das Grab meiner Gefangenschaft aufspringt und die Fetzen umherfliegen, weil der Sieger über die finsteren Gewalten von mir Besitz ergriffen hat. Manches, worein ich mich früher mit tierischem Ernst verbohrt habe, wird mir nun zu einem Schauspiel, das ich in Ruhe betrachten kann und bei dem es mich interessiert, zu welchem Ende der wirkliche Regisseur das Abenteuer meines Lebens führen wird. „Es macht Freude", sagt Pascal einmal, „in einem sturmgepeitschten Schiff zu sein, wenn man sicher ist, daß es nicht untergehen wird." Die Verfolgungen der Kirche seien von dieser Art. Darum verstummt auch das Lob Gottes selbst dort nicht, wo die Gemeinde Jesu unter den Schrecken der ideologischen Tyrannei lebt. Sie bleibt von den Raubzügen der Schergen im letzten unberührt, sosehr sich das Herz zusammenkrampfen mag.

Die mittelalterlichen Christen, die noch nicht von liturgischem Ernst versteinert waren, wußten, was sie taten, wenn sie nach der Verlesung der Ostergeschichte in den „risus paschalis", in das Ostergelächter ausbrachen, so daß ihre Kirchen dröhnten. Die Ostkirche tut das heute noch, obwohl sie eine verfolgte Kirche ist. Sie lobt mit diesem Ostergelächter den Vater, der seinen Sohn aus der Umklammerung durch den Tod herausreißt und der die Welt „mit ihrem Lachen und ihrem großen Zorn" zum Gespött macht.

Wie sollte es diese Fröhlichkeit, wie sollte es dieses große Ja zum Leben nicht geben können, wenn wir uns von den Schweinetrögen des Lebens abwenden und mit Entschlossenheit auf die erleuchteten Fenster des Vaterhauses zugehen, wo wir in Liebe erwartet werden?

Erwartet werden und nach Hause kommen heißt aber zugleich: bei sich selber ankommen und die Wahrheit des eigenen Ichs finden.

In jedem lebt ein Bild
Des, das er werden soll;
Solang' er das nicht wird,
Ist nicht sein Friede voll.

So ist das doch: Ich finde die Erfüllung meines Lebens nur, wenn ich mich selber gefunden habe. Dann ist mein Friede voll.

Das könnte ebenso auch ein „Weltmensch“, ein Humanist sagen. Und doch ist hier etwas anderes gemeint: Um mich selbst zu finden, muß ich wissen, wer ich bin und aus welchem Ursprung ich stamme. Nur dann weiß ich auch das Ziel meines Lebens. Ich bin aber niemand anders als der verlorene Sohn, der in der Fremde danach sucht, daß ihm das Leben gelingt, und der doch spürt, daß er immer weiter vom Thema abkommt. Mein Friede ist erst voll, wenn ich wieder daheim bin bei meinem Vater.

Denn eines steht fest: Nur wer Gott findet, findet auch sich selbst. Und wenn Jesus sagt: „Meinen Frieden gebe ich euch“, dann meint er damit nichts anderes, als daß er uns wieder an den Punkt zurückbringt, wo wir zu Hause sind, wo wir einen Vater haben, wo wir geborgen sein dürfen und wo unser Friede voll ist.

Wo Jesus Christus ist, wird deshalb alles verwandelt. Wo vorher Gespenster waren, ist nun das Antlitz des Vaters. Wo Unruhe war, ist Friede. Denn ich habe heimgefunden. Und selbst wenn ich ein vielfach „gebranntes Kind“ und darüber ein alter Skeptiker geworden bin, so kann ich wie ein kleiner Junge, der sein kindliches Nachtgebet aufsagt, doch das Wort der Geborgenheit nachsprechen: „Dies Kind soll unverletzet sein.“

ICH GLAUBE AN GOTT, DEN ALLMÄCHTIGEN, SCHÖPFER HIMMELS UND DER ERDE

Herr, wie sind deine Werke so groß und viel! Du hast sie alle weise geordnet, und die Erde ist voll deiner Güter.
Verbirgst du dein Angesicht, so erschrecken sie; nimmst du weg ihren Odem, so vergehen sie und werden wieder Staub.
Du sendest aus deinen Odem, so werden sie geschaffen, und du machst neu die Gestalt der Erde.

PSALM 104, 24.29.30

Irgendwann im Urlaub, wenn wir ein bißchen Distanz gewonnen haben und das Leben in uns aufschäumt, oder auch irgendwann beim Heimweg von einem Begräbnis, wenn die große Infragestellung des Lebens uns berührt, kann uns plötzlich die Frage nach dem Woher und Wohin unseres Menschseins überfallen. Meist ruhen Fragen dieser Art tief unter der Schwelle unseres Bewußtseins. Nur wenn wir besonders aufgelockert oder auch erschüttert sind, schießen sie plötzlich aus dem verhüllenden Wust der täglichen Plackerei hervor und setzen sich mit Widerhaken in unserm Gemüte fest. Dann kann es in einem Gespräch auch ganz spontan zu dem kommen, was man eine „religiöse Äußerung" nennt.

Wenn nun, indem wir so zusammensitzen oder dahinschlendern, mein Nebenmann weiß, daß ich ein Christ und obendrein noch Theologe bin, dann kann ich die erste Runde eines solchen Gesprächs mit ziemlicher Sicherheit voraussagen – so stereotyp pflegt sie zu sein. Der andere deutet nämlich allermeistens an, daß auch er an ein höchstes Wesen – „an einen Gott oder wie man es nennen mag" – glaube. Den *Schöpfer,* so gibt er kund, den könne er noch verstehen. Von irgendeiner höchsten Intelligenz müsse dieses Universum mit seinen sinnvoll ineinandergreifenden Naturgesetzen wohl doch gesteuert sein. Aber mit dem, was das Christentum die *Erlösung* nenne, mit Kreuz und Sühneopfer und Auferstehung und all dem „dogmatischen Kram", könne er nichts anfangen.

Es sind oft sehr ernsthafte Menschen, die so sprechen. Sie haben es sich auch nicht leicht gemacht. Man spürt sofort, ob ein windiger Schaumschläger so etwas sagt, der sich nur mit billigen Mätzchen aus der Affäre ziehen will, oder ob ein unglücklich Suchender, ob ein Gescheiterter sich zu Bekenntnissen dieser Art veranlaßt sieht.

Die Gegenfrage, die mir in solchen Fällen auf der Zunge liegt, lautet dann so: Ist der Schöpfer, den auch der Un- oder Halbgläubige so bereitwillig anerkennen möchte, denn wirklich so problemlos? Ist die Schöpfung wirklich so simpel zu begreifen, daß der religiöse Mensch diese Dinge im kleinen Finger hätte? Ich meine nicht! Ich möchte viel eher glauben, daß wir heute den Schöpfungs- und Naturliedern, wie sie etwa Matthias Claudius und Paul Gerhardt gedichtet haben, ziemlich verlegen oder – etwas liebevoller ausgedrückt – mit einer gleichsam hilflosen Sehnsucht gegenüberstehen. Wann regen denn die ruhenden Wälder unsere Sinne noch an, daß sie den Schöpfer loben? Wem werden denn Kleider und Schuhe, deren wir uns abends entledigen, noch zum Bild der Sterblichkeit, wen lassen sie nach dem fragen, was in Ewigkeit bleibt? Und wenn uns am Abend der Mond aufgeht: Wem wird denn die nächtlich erlöschende Welt *wirklich* zu „einer stillen Kammer, da ihr des Tages Jammer verschlafen und vergessen sollt"? Wer sieht denn den Mond noch? Wer *erlebt* überhaupt den Wechsel von Tag und Nacht im Feuerzauber unserer großen Städte, in der Grelle der Lichtreklamen und im ausgleichenden Komfort von Ölheizung und Klimaanlage? Ist uns das Wunder der Schöpfung nicht durch all diese künstlichen Kulissen, mit denen der Mensch sich umgeben hat, verstellt?

Doch ganz abgesehen einmal von alledem: Ist uns der Trost der heilen Schöpfungswelt nicht genommen, seit wir wissen, daß wir Menschen diese gute alte Erde in ein Nichts zerblasen können? Ist der Boden, auf dem wir stehen, sind die Fundamente des Weltgerüstes nicht wankend geworden?

Als mich vor kurzem ein bekannter Dichter besuchte, sprachen wir darüber, ob für uns Heutige das Schöpfungserlebnis von Matthias Claudius überhaupt noch nachvollziehbar sei, ob es nicht eine verlogene Romantik wäre, wenn wir vom Blick auf das sternübersäte Firmament das Erlebnis des Friedens und die

Läuterung unserer Unruhe erwarteten. Ist dieser Kosmos, in dem unser Stern mitteninne schwebt, so fragte mich mein Dichterfreund, nicht feindlich und voller Tod, durchwirkt von tödlichen Strahlen und Antimaterie? Erheben wir uns nur zwanzig Kilometer über den uns zugewiesenen Lebensraum, beginnt das Blut zu kochen, und wir ersticken. Gehen wir zwanzig Kilometer tief in die Erde hinein, dann verbrennt uns ebenfalls der Lebensfaden. Und selbst unter der unmittelbaren Haut unseres Planeten warten schlagende Wetter. Nur einen ganz schmalen Gürtel zwischen oben und unten hat der Schöpfer uns inmitten der tödlichen Zonen angewiesen, um uns Menschen einen Raum des Lebens auszusparen und die andrängenden Elemente der Vernichtung an unseren Grenzen aufzuhalten. Die Schöpfungsgeschichte drückt dieses Wunder der Bewahrung dadurch aus, daß Gott das Wasser „über der Feste und das Wasser unter der Feste“ voneinander scheidet und dazwischen die schmale Zone menschlichen Lebens ermöglicht. Wehe, wenn das Geschiedene sich berührt und die feindlichen Elemente aufeinanderprallen! Dann könnte die Schöpfung rückgängig gemacht werden und das Chaos der Urzeit über uns hereinbrechen. Die Sintflut ist das große Signal solcher Gerichtskatastrophen.

Wir leben sozusagen auf einer kleinen Insel der Bewahrung. Wir sind ein anfälliges und hinfälliges Gemächte, und unser Leben hängt an einem seidenen Faden. Wer die Zeichen des Atomzeitalters verstanden hat, weiß um die Illustration dessen, was die Bibel hier sagen will.

Das ewige Wort jedenfalls kennt keine Romantik und Vergötterung der Natur, auch wenn die Töne einer reichen lyrischen Poesie immer wieder in ihm laut werden, vor allem im Hiobbuch und im Psalter. Dieses ewige Wort weiß, daß wir nur von der Gnade der Bewahrung leben. „Verbirgst du dein Angesicht, so erschrecken sie; nimmst du ihren Odem weg, so vergehen sie und werden wieder zu Staub“, so drückt der 104. Psalm das aus.

Darum rühmt der Psalmist auch nicht die Natur; er weiß ja um die gefährlichen Potentiale, über die sie verfügt und die sie auf uns loslassen könnte, wenn die Gnade der Bewahrung sie nicht daran hindert. Das ist auch der Grund, warum der Psalmist nicht wie ein neuzeitlicher Lyriker den Mond oder den „Bruder Baum“ anspricht (ich denke an die innigen Verse Goethes an den Mond „Füllest wieder Busch und Tal still mit Nebelglanz ...“), sondern darum spricht er *den* an, der dies alles heraufführt und ordnet und mit dem Odem seines Mundes am Leben hält: „*Du* lässest Brunnen quellen in den Gründen ... *Du* läßt das Gras wachsen für das Vieh ... *Du* gründest das Erdreich."

Wer es einmal begriffen hat, daß wir inmitten der Bedrohung und der beklemmenden Möglichkeiten, die uns von allen Seiten umzingeln, nur und allein von der *Gnade* leben, dem wird alles darauf ankommen, daß er mit diesem Einen, dessen Macht und Gnade ihn leben lassen, in Kontakt kommt. Dem wird es dann ein unbeschreibliches Glück bedeuten, wenn er erfährt, daß dieser Eine nicht ein sogenanntes „höheres Wesen" und eine anonyme Allmacht ist, sondern daß er ein Herz hat und daß er die Lampen des Vaterhauses entzündete, damit wir ihn finden können.

Niemand hat das schöner und sachlich präziser ausgedrückt als Luther, wenn er seinen Kommentar zum Schöpfungsglauben mit den Worten beginnen läßt: „Ich glaube, daß mich Gott geschaffen hat samt allen Kreaturen." Mancher mag sich vielleicht die Frage stellen, ob das nicht ein bißchen größenwahnsinnig und ein bißchen pausbackig oder – mit einem Fremdwort ausgedrückt – ein wenig allzu anthropozentrisch sei, wenn Luther so die ganze Schöpfung auf den Menschen und sogar noch speziell auch auf „mich" hin angelegt sieht. Nimmt sich hier das kleine Menschlein nicht allzu wichtig? Ist es nicht ein Zeichen von Kleinkariertheit, von kosmischem Provinzialismus sozusagen, wenn man sich selbst in dieser Weise als den Nabel der Welt betrachtet? Wenn irgendein Negerstamm sich so für die Mitte des Kosmos hält, dann ist das noch einigermaßen verstehbar. Denn diese Leutchen sind ja nie aus ihrem Kral herausgekommen; ihnen fehlen Vergleichsmöglichkeiten. Aber kann man im Jahrhundert der Raumfahrt noch solche Scheuklappen tragen, daß man zu sagen wagt: Der Kern und die Pointe der Weltschöpfung bestünden darin, daß Gott „mich" geschaffen habe? Wer bin ich denn, an den Maßen des Universums gemessen? Da bin ich doch so klein und meine Lebenszeit ist so kurz, daß kein Elektronenmikroskop mich überhaupt zu fassen kriegte und keine Stoppuhr meine verwehende Lebenssekunde zu messen vermöchte. Müßte man nicht richtiger und angemessener sagen: Ich glaube, daß Gott die Welt geschaffen hat, daß er die Planeten und Fixsterne ins Leben rief, und daß er dann schließlich und endlich unter Millionen anderer Lebewesen auch noch an *mich* gedacht haben könnte (als das letzte und harmloseste Glied der unendlichen Kette)?

Es könnte sich allerdings sehr fromm und demütig anhören, wenn ich so spräche und wenn ich mich derart bescheiden in den hintersten Hintergrund des Kosmos verdrückte. Aber wäre es wirklich so fromm und demütig, wie es sich anhört? Und ehre ich Gott wirklich damit, wenn ich ihn so als den Regisseur der Milchstraße und den Beweger riesiger Massen rühme? *Was geht mich dieser Gott über den Sternen denn an?* Welche Verbindlichkeit könnte er als dieser Inbegriff einer riesigen Quantität oder einer kosmischen Intelligenz noch für mich haben?

Wer seinen Gott in der Natur und im Kosmos sucht, begegnet im Grunde einem unwirklichen Gespenst. Dieser Gott ist so groß und so fern, daß er mich kaum noch angeht. Wer hat denn schon (Hand aufs Herz!), wenn er eine sonnendurchflutete Waldlichtung betrat oder wenn ihn abends das Heer der Sterne mit ihren Lichtjahren überwältigte, wer hat da schon jemals gelobt, daß er sein Leben ändern wolle? Wem hat hier schon je das Gewissen geschlagen? Wer ist hier irgendwann einmal von seiner Erbärmlichkeit überwältigt worden und ist als eine neue Kreatur in seine Familie und an seine Arbeitsstelle zurückgekehrt? Ein paar fromme Schäuerchen, die einem da kommen können (das sei gerne eingeräumt), können die Weichen meines Lebens nicht umstellen. Und wenn sie verflogen sind, bin ich der gleiche alte Adam, und meiner Sünden Maienblüte duftet und wuchert wie eh und je. Sag mir, wie erhaben du dir Gott vorstellst, und ich will dir sagen, wie egal er dir ist. Das könnte ein theologischer Lehrsatz sein. Der Gott der Erhabenheit (so haben wir es schon früher in dem Buch über die Urgeschichte „Wie die Welt begann" festgestellt) ist auch erhaben über mein Privatleben.

Es ist ja merkwürdig, aber es ist so: Nur weil Gott sich *kleiner* macht als die Milchstraßen, weil er in meinem kleinen Krankenzimmer ist, wenn ich keine Luft kriege, weil er meine kleinen Sorgen versteht, die ich auf ihn werfen darf, weil ihm die Bitte eines Kindes um einen Roller mit Ballonreifen nicht zu gering ist, weil Jesus Christus mein bißchen Angst und meine persönliche Schuld auf sich lädt, *darum* wird Gott für mich etwas, das mich angeht.

Denn unser menschliches Leben besteht doch zu einem großen Prozentsatz aus Kleinigkeiten: aus Kopfschmerzen oder guter Laune, aus Müdigkeit oder Frische, aus netten oder bösen Kollegen, aus Glück beim Einkaufen oder aus Pech, wenn ich eine Bahn verpasse. Wenn nicht gerade ein Weltkrieg droht, interessiert mich der Lokalteil meiner Zeitung und die Begrüßung des Bundespräsidenten durch meinen Bürgermeister mehr als die Balkenüberschriften auf der ersten Seite, daß „fern in der Türkei die Völker aufeinanderschlagen".

Bilden wir uns doch ja nicht ein, daß die internationalen Mächtegruppierungen, daß die Großräume der Geschichte uns so furchtbar tief unter die Haut gingen! Wenn ein Kind in unserer Nähe überfahren wird, dann regt uns das sehr viel mehr auf. Selbst ein etwa drohender Atomkrieg wühlt uns nicht in erster Linie deshalb auf (seien wir doch ehrlich!), weil Millionen Menschenleben dabei auf dem Spiele stehen, sondern weil ich für die mir anvertrauten Menschen, für mein Eigentum, für Hamburg und schließlich auch für mich selber ernste Befürchtungen hege. So sehr bestimmt doch das Kleine und Persönliche unser Leben.

Wenn Gott für diese Zone des *mich* Angehenden, wenn er für die kleinen Mosaiksteine meines kleinen Lebens keine Bedeutung hat, geht er mich *überhaupt* nicht an, dann wirft er mich nicht um und wird mir nicht gefährlich, sondern würde allenfalls zum Komfort meines religiösen Gefühlslebens gehören. Denn es ist ja eigentlich ganz nett, hin und wieder ein bißchen andächtig zu sein und auch sein religiöses Gefühl zu aktivieren. Das sollte man *auch* noch mitnehmen; denn Innerlichkeit regt das Gemüt an, und auch das kann ein Genuß sein. Leider ist es aber nur Schaum, und mein Leben wird davon nicht anders. Was aber *so* elementar sein könnte, daß es mich aus den Angeln hebt, daß es mich wie ein Sturm ergreift und ganz und gar erfüllt: gerade danach sehne ich mich im Grunde. Ich warte auf das, was stärker ist als ich. Das ist die Sehnsucht jedes lebendigen und vor allem jedes jungen Menschen.

Doch gerade weil das so ist: weil also Gott nur mein *Herr* werden kann, wenn er in den hundert Kleinigkeiten meines Lebens bei mir ist, darum ist es so unbeschreiblich trostvoll, daß Jesus und sein Vater uns nicht nur in kosmischen Größenordnungen begegnen, daß wir nicht nur um so Erhabenes wie um das „Reich Gottes" bitten sollen, sondern daß wir eben auch mit der Bitte um das tägliche Brot kommen dürfen. Und wenn er unter die Menschen tritt, dann sagt er ihnen nicht nur: „Ich bin gekommen, ein Feuer anzuzünden auf Erden" oder auch: „Das Reich Gottes ist mitten unter euch" oder: „Sonne und

Mond werden ihren Schein verlieren und Sterne werden vom Himmel stürzen", sondern dann steht neben diesem Weltbewegenden auch das ganz Kleine: die Kinder, die er segnet, ein Aussätziger mit seinen Schwären oder ein Bettler, der nicht nur ohne Geld, sondern auch ohne Augenlicht ist. Es ist die Größe Jesu, daß seine Liebe ihn auch das Kleine mitumfassen läßt – jenes Kleine und Bedeutungslose, das in stillen Ecken leidet – und daß nichts so klein ist, daß er es übersähe.

Es ist ja sehr leicht, ein „Philanthrop" zu sein und sich für allgemeine Menschenliebe zu begeistern. Das braucht dann nur eine sehr oberflächliche, aufgeplusterte Scheinliebe zu sein, die mich nichts kostet: Ich brauche nur in einer Teegesellschaft für Albert Schweitzer zu schwärmen und in vielen Variationen das Thema „Seid umschlungen, Millionen" abzuwandeln. Ich brauche auch nur meiner Bank einen Dauerauftrag für irgendeinen guten Zweck zu erteilen. Wer aber wirklich liebt, der verfügt über Lupen, die ihn das Kleine und Verborgene in der Not des andern sehen lassen: daß er kalte Füße hat und ich ihn näher an den Ofen rücke; daß er schwerhörig ist und ich mehr auf sein Ohr hin sprechen muß; daß ihn eine geheime Angst quält; daß er sich nach einem guten Wort sehnt und was dergleichen Dinge mehr sind, die *zwischen* den Zeilen unseres Lebens ziemlich verborgen zu stehen pflegen.

Der allmächtige Gott – das ist das Wunder – liebt mich so, daß ihm alles in meinem Leben wichtig ist, nicht nur mein Seelenheil, sondern auch meine Zahnschmerzen und das Glatteis, wenn ich auf der Autobahn fahren muß; aber auch der Krokus im Frühling, der mir das Herz aufgehen läßt, und auch ein drolliger Brief meines jüngsten Kindes.

Wenn ich nur den Gott der Natur und den „Vater überm Sternenzelt" kennte, dann würde ich nur einige andachtsvolle und besinnliche Selbstgespräche führen können. Auch das ist ja schon etwas, und wir wollen es in einer Welt des Dösens und der tändelnden Oberflächlichkeit wahrhaftig nicht verachten. Aber solche Augenblicke besinnlicher Stimmung produzieren ja noch kein „Gebet"!

Wenn ich dagegen um den weiß, der mich liebend sucht und dessen Herz von allem mitbewegt wird, was mich erfüllt und umtreibt, kann ich auch zu diesem Herzen *sprechen,* und ich weiß dann, daß jedes Wort bei ihm ankommt und daß nichts verloren ist von dem, was ich ihm von meiner Freude und von meinen Kümmernissen – von meinen oft sehr *kleinen* Freuden und Kümmernissen – anvertraue. „Wenn du deine Hand auftust, so werden sie mit Gut gesättigt", so darf ich jetzt sprechen, und ich kann „Danke" und „Amen" dazu sagen.

Auch das Schwere darf mich dann nicht mehr von ungefähr treffen, sondern ich kann es nun aus dieser Hand empfangen. Dadurch ist es dann nur noch halb so schwer. Denn so ist immer ein Gruß dabei und eine Gnade und die Versicherung, daß er's gut mit mir meint.

In dem „Ostpreußischen Tagebuch" des Grafen Lehndorff (welches Glück, daß auch ein solches Buch und nicht nur die „Lolita"- und „Lady Chatterley"-Schmarren Bestseller sein können!) ist von Terror und Todesangst, von Frostbeulen und Hungerödemen und Leichenkellern die Rede. Aber plötzlich sieht der Autor einen blühenden Kastanienbaum oder fünf rote leuchtende Tulpen, die ihm zwischen Trümmern entgegenleuchten. Und da der junge Graf nicht nur das Grölen betrunkener Kommissare im Ohr hat, sondern auch angespannt auf das richtige und tröstende Wort seines himmlischen Vaters merkt, weiß er, *wer* ihn mit diesen kleinen Grüßen bedenkt.

So wickelt Gott seine Allmacht in die Freundlichkeiten des alltäglichen Nebenbei ein. So kann mir, wenn ich einmal sehr schlimm dran und vielleicht verzweifelt bin, eine blühende Rose dasselbe bedeuten wie der Regenbogen, den er nach schweren Wettern über die Erde spannt und der mir verkünden soll, daß diese fragwürdige und rebellische Welt unter seiner Gnade weiterleben soll, daß seine Hand diese Welt und uns alle weitertragen will und daß kein menschlicher Wahnwitz sie dieser bewahrenden Hand entreißen und sie kaputtmachen darf – selbst nicht teuflische Spiele mit atomaren Feuern.

Wie kommt es, daß dieser junge Christ die ostpreußische Katastrophe, daß er Terror und Schändungen, Blöße und angstvolle „Flucht im Winde" so ertragen kann, daß ihn fünf blühende Tulpen trösten? Lag das daran, daß er so naturliebend war und daß er Gott in der Natur fand, daß er also noch über genügende Kraftreserven verfügt hätte, um derart lyrische Empfindungen hervorbringen zu können?

Wäre es so gewesen, dann hätten die fünf Tulpen ihn nicht getröstet, sondern sie hätten ihn vielleicht beelendet. Sie hätten ihm dann nur den Kontrast zwischen dem „Jenseits-von-Gut-

und-Böse" der Natur auf der einen und von menschlicher Verruchtheit auf der anderen Seite verdeutlicht – auf sehr *schmerzvolle* Weise verdeutlicht. Vielleicht hätten ihm die fünf blühenden Tulpen auch nur gesagt: Die Blumen rührt es nicht, wie ich leiden muß. Sie sind völlig unbeteiligt an dem, was mich wahnsinnig macht. Sie haben kein Herz; sie sind seelenlos. Wir haben alle schon einmal Augenblicke erlebt, in denen wir so *keinen* Trost am Meeresstrand oder in der Waldeinsamkeit fanden und wo wir die Natur verfluchten, weil sie uns fremd war und keinen Anteil an uns nahm.

Daß die fünf Tulpen den jungen Grafen trösten konnten, das lag allein darin, daß er *vorher* schon um das Herz seines himmlischen Vaters wußte und Kontakt mit ihm hatte. Nur dadurch konnten die Vögel unter dem Himmel und die Lilien auf dem Felde auf einmal diese tröstenden Signale und diese Grußbotschaften des väterlichen Herzens werden. Hätte er es umgekehrt gemacht: hätte er nämlich Trost in der Natur gesucht und hätte er am Sternenhimmel und auf Waldlichtungen nach Spuren eines höheren Wesens gefahndet, so wäre er nur auf eine starre und seelenlose Allmacht gestoßen, auf eine Allmacht, die unberührt über unsere kleinen menschlichen Geschicke dahingeht, die uns allein läßt und in die Einsamkeit verstößt.

Wer nach dem schönen Wort Martin Luthers in Jesus Christus den Spiegel des väterlichen Herzens sieht, der geht tatsächlich mit neuen Augen durch die Welt. Wer dem Schöpfer aller Dinge ins Herz gesehen hat, der sieht dann auch (also erst nachher!) die *Dinge* anders. Dem werden die Lilien und die Vögel und der Mond und der Regenbogen tatsächlich zu Botschaften dieses Herzens. Wer es aber anders herum macht, wer also die Dinge oder die Naturgesetze oder den geschichtlichen Prozeß zu deuten sucht, um die Spuren göttlicher Mächte zu finden, der ist immer der Geprellte und ist schließlich nur dem seelenlosen Zufall und der eisigen Unendlichkeit überantwortet.

Die Bibel weist auf diese Reihenfolge schon dadurch hin, daß sie uns sagt: Gott sprach: „Es werde." Weil die Welt so auf das schöpferische Wort Gottes zurückgeht, kann ich sie nur erkennen, wenn ich eben dieses Wort höre – dieses Wort, in dem das Geheimnis der Welt gründet. Nur wer das Wort annimmt: „Ich will nicht immerdar hadern und nicht ewiglich zürnen, sondern ich will Frucht der Lippen schaffen, die da predigen Friede,

Friede ..." (Jes. 57, 16ff.), der versteht das Geheimnis der Geschichte in ihren Gnadenzeiten und ihren Gerichten, in ihren Friedensstunden und in ihren Heimsuchungen.

Es ist im Grunde ganz einfach: Wenn die Welt das Werk Gottes ist, dann kann ich dieses Werk eben nur von seinem Autor her verstehen. Vieles bleibt mir dann freilich *auch* noch rätselhaft. Ich werde es zum Beispiel nie verstehen können, warum Menschen, die ein Leben voller Liebe und Sinn gelebt haben, verkalkt und schauerlich reduziert in den Altersheimen dahindämmern müssen. Ich werde es nie verstehen, warum eine junge Mutter von ihren Kindern wegstirbt und ein großer Künstler mit seinem Wagen an irgendeinem Chausseestein zerschellt. Wenn ich nur das sehe und dann bemüht bin, aus solchen Rätseln einen göttlichen Sinn herauszuquetschen, kann mich nur Verzweiflung packen; oder aber ich flüchte mich in deutende Illusionen, weil ich die schreckliche Härte des Gegebenen nicht ertrage.

Mache ich es dagegen, wie gesagt, umgekehrt, wage ich also jenem *Herzen* zu vertrauen, das Gedanken des Friedens über uns denkt, dann ist mir zwar nicht verheißen, daß ich den Zusammenhang „verstehen" könnte, in dem diese Gedanken Gottes mit den Rätseln des Lebens und mit seinen dunklen Zufällen stehen. Wohl aber ist mir gesagt, daß ich diesem Herzen „vertrauen" darf und daß es sich selbst niemals untreu wird, daß es also Gedanken der Liebe und nicht des Leides sind, die über mir gedacht werden. *Ich weiß wirklich nicht, was Gott mit diesem oder jenem Rätselhaften will, aber ich vertraue dem, der es weiß.* Ich selbst weiß nur eines: daß er in allem, auch dem dunkelsten, der Liebende bleibt. Ich weiß es ganz einfach deshalb, weil dieser *eine* Mensch Jesus Christus keinen andern Gedanken als den der Liebe in sich trug.

Wenn wir so vom Herzen Gottes aus denken, dann gehen wir nicht nur mit andern „Augen" durch die Welt, sondern wir „handeln" auch anders. Gott verändert nicht nur unsern Aspekt des Lebens, sondern er greift auch durch uns in das Leben selbst ein. Er will es durch uns verwandeln, und er will, daß seine Christen die Revolutionäre der Welt sind.

Von den vielen Gesichtspunkten, die das verdeutlichen könnten, will ich nur einen einzigen herausgreifen: Wer bloß von der Schöpfung lebt und den Schöpfer selbst nicht kennt, wer also nur um die Natur und ihre Gesetze weiß, der kann eigentlich gar nicht anders, als nun alle Möglichkeiten ausnutzen, die in die Schöpfung investiert sind. Er wird dann eine große und prometheische Leidenschaft entwickeln, das ganze Potential der Natur – ihr physikalisches und ihr biologisches Potential – zu mobilisieren und alle in ihr schlummernden Kräfte nicht nur kennenzulernen, sondern sie auch technisch auszunutzen und seinem Willen dienstbar zu machen. Der Mensch als der Herr der Natur und der Regisseur ihrer Kräfte, der Mensch als der große Dirigent der Naturgesetze, der Mensch als das Ziel aller Dinge: das wird dann sein Pathos und seine Leidenschaft sein. Daß alles in der Welt „machbar" sei und daß er es sich gefügig machen könne, das ist dann sein Traum. Nicht nur physikalisch greift er in die Natur ein, um als Kosmonaut die Größe des Raumes zu überwinden und durch die Atomphysik die kleinsten Elemente nach seiner Pfeife tanzen zu lassen. Sondern auch biologisch manipuliert er an seinem Leben herum: er tastet die Gene an, er steuert das endokrine Drüsensystem und wirft Tabletten zur Empfängnisverhütung unter das Volk. Er kann durch Pillen und Eingriffe den Charakter verändern, er kann chemisch Depressionen und gute Laune erzeugen.

Kann er es nur? *Muß* er das alles nun nicht auch – solange er nur mit der Natur konfrontiert ist und wenn und solange er nicht unter der Zucht und dem Willen des *Autors* der Natur steht und nach seinen Absichten fragt?

Das Unheimliche an den politisch-ideologischen Atheisten ist doch dies, daß sie das, was sie physikalisch, biologisch, technisch „können", auch „wollen" müssen. Sie können die Ordnungen des Lebens (Familie und Gemeinschaft und Bande der Liebe) verändern; darum *wollen* sie es, darum *müssen* sie es wollen, und darum konstruieren sie die Schöpfung um im Sinne ihres Ideals der „Machbarkeit aller Dinge". Aber greift dieser titanische Wille, der die Fundamente der Welt umstülpen will, nicht nach uns allen, auch nach uns Bewohnern des sogenannten „freien Westens"?

Ob dieser furchtbare und zerstörerische Wille über uns mächtig wird, das hängt nun von *einem* ab, und dieses eine läßt sich in die Frage fassen: Sind wir bereit, nach den Absichten des Schöpfers zu fragen und uns seinen Geboten zu unterstellen – oder verstehen wir uns nur im Gegenüber zur Schöpfung und wollen dann selber die Allmächtigen sein, kleine Herrgötter also, die mit dem Verfügbaren schalten und walten, es blindlings ihrem technischen Vermögen unterwerfen und das Werk der

Schöpfung benutzen, als ob der Autor dieses Werkes keine Rechte anzumelden habe?

Wir stehen heute vor der furchtbaren und aufregenden Tatsache, daß Wissen zwar Macht ist und daß wir Menschen tatsächlich sehr mächtig geworden sind, daß wir *selbst* aber unserem Wissen und Können nicht mehr *gewachsen* sind und daß uns – wie dem Goetheschen Zauberlehrling – die ausgelösten Naturkräfte über den Kopf zu wachsen drohen. *Gott ist auch der Herr in der Welt des Wissens und der Technik.* Das müssen wir neu erkennen lernen. Wahrhaftig: Gott hat nicht nur mit unserer ewigen Seligkeit zu tun, sondern (indem er damit zu tun hat) auch mit Laboratorien, Reagenzgläsern und Elektronengehirnen.

Der Ungehorsame, der zügellos Wissen- und Machenwollende provoziert die Gerichte Gottes – nicht weil er so dumm und ahnungslos wäre, sondern gerade deshalb, weil er so viel weiß und kann. Die Pfunde wissenschaftlichen und technischen Wissens, die niemand anders als Gott verliehen hat, damit wir damit unter ihm leben und zu seinen Ehren „wuchern", diese Pfunde können uns in die Luft sprengen. So ist das Wort des Jesaja wohl zu verstehen: „Ich will zunichte machen die Weisheit der Weisen, und den Verstand der Verständigen will ich verwerfen" (29, 14). *Darum* hat Gott die Weisheit dieser Welt zur Torheit gemacht.

Schon die Art, wie ich mich zum Fernsehen verhalte – ob ich mich von meiner Bildgier verführen lasse, mich ohne Selbstkontrolle diesem Wunder technischen Könnens hinzugeben und jede Besinnung, jeden Frieden des Herzens, jeden Gedanken an den andern dabei zu opfern, *oder* ob ich mich dabei gehorsam in der Gewalt behalte: schon dies ganz alltägliche Verhalten zum Bildschirm hat damit zu tun, ob ich Gott gehorsam bin, ob ich die Technik in seinem Namen gebrauche oder ob ich mit seinen Gaben Schindluder treibe.

Mir liegt es ganz fern, hier allgemeine Gedanken zum technischen Zeitalter zu äußern, die niemanden ändern und keinen Menschen in den Frieden des Vaterhauses rufen. Darum habe ich dies kleine und sehr alltägliche Beispiel des Fernsehens genannt. Wenn Gott durch uns etwas ausrichten will, wenn seine Christen Revolutionäre der Welt sein sollen, dann fängt das nicht mit großen kulturkritischen Gedanken und Programmen an, sondern dann beginnt das in meinen eigenen vier Wänden, dann hebt es an mit der Art, wie *ich* mich mit den Meinen zu dem verhalte, worin mir das Technische begegnet; wie ich es mit dem Fernsehen halte und mit meinem Auto im Straßenverkehr und mit den Tabletten, durch die ich mich beruhigen oder aufputschen lasse. Mit alledem hat Gott zu tun: indem ich vor dem Fernsehschirm sitze oder hinter dem Steuer, stehe ich zugleich vor seinem Angesicht. Gott ist nicht nur auf den Kanzeln und den Altären; sein Wort ist nicht nur in Predigten und Chorälen, sondern es ist mitten unter die alltäglichsten Dinge gemischt. Er ist im Kino und auf der Straße, an den Fließbändern und unter den Neonleuchten. Die Gegenwart Gottes ist grenzenlos. Sie ist das Herz aller Dinge.

Und doch *finde* ich dieses Herz nicht in den Dingen selbst, sondern es ist so: *Wenn ich das Herz gefunden habe, dann verstehe ich die Dinge.* Und dann gehe ich mit neuen Augen durch die Welt. Auch meine Hände und meine Gedanken bekommen neue Programme und neue Aufgaben. Ich werde buchstäblich ein neuer Mensch – voller Glück und voll neuer Impulse. Was das Leben zu sein vermag, das wird mir *dann* klar. Das Herz Gottes ist der strategische Punkt, von dem aus ich mein Leben bewältigen kann und an dem sich entscheidet, ob mir dieses Leben gelingt (ob es mir selbst im Scheitern und Untergang gelingt).

Darum will ich noch einmal das „Ostpreußische Tagebuch" zitieren. Nicht nur, weil es ein besonders schönes und beglükkendes Zeugnis dafür ist, wie ein Mensch Frieden haben kann inmitten von Unruhe und Qual, sondern auch deshalb, weil unter dem äußersten Druck von Schmerz und Not alles Wortgeklingel erstirbt, alle Illusionen zerplatzen und nur noch das Echte in unsern Worten bleibt, so daß wir der Echtheit dieses Metalls trauen können:

„Leben wir nicht unsere Zeit wie eine zusammenhanglose Folge von Tönen und Mißtönen? Und doch ist eine Melodie darin. Gott allein kennt sie, und er spürt schon den letzten Ton, wenn er den ersten anstimmt. Und manchmal läßt er uns eine kleine Weile mitsingen."

Was sind also die Worte Allmacht und Allwissenheit für leere Begriffe und abenteuerliche Spekulationen, wenn wir das eine dabei übersehen: daß sich dahinter die höheren Gedanken und die höheren Melodien verbergen, jene Melodien, die alle um das eine Thema einer großen väterlichen und suchenden Liebe kreisen! Die Weisen und Philosophen werden zuschanden, wenn sie den Begriff eines allmächtigen Gottes auch nur zu denken versuchen. Und schließlich zerfällt ihnen dieser Begriff in die Elemente Schicksal und Zufall. Da ist dann keine Geborgenheit und keine Zuflucht mehr.

Ein Kind aber, das den lieben Gott um ein Schaukelpferd oder um gutes Wetter für den Ausflug bittet, macht die Weisen zu Narren, weil es mit seinen kleinen Händen auf das größte Gut weist, auf das *Herz* des himmlischen Vaters, das sich ja selbst in einem Kinde offenbart hat, in einem Kind, das in der Krippe lag. Auch hier ist er wieder im Kleinsten. Darum lebt er am meisten vielleicht nicht in den vollendeten liturgischen Gebeten, sondern in den Seufzern der Sterbenden und in dem stummen Blick, mit dem wir in der größten Not zu ihm aufsehen. Und je tiefer die Abgründe sind, die uns umfangen, um so näher ist die Hand, die nicht läßt.

EINE ZUSATZFRAGE:

GIBT ES WUNDER?

Ich sage euch wahrlich: Wenn ihr Glauben habt wie ein Senfkorn, so könnt ihr sagen zu diesem Berge: Hebe dich von hinnen dorthin! so wird er sich heben; und euch wird nichts unmöglich sein.

MATTHÄUS 17, 20B

Wir haben uns bisher mit der Schöpfung beschäftigt; dabei mußten wir fortgesetzt die Frage im Auge behalten, welches Verhältnis Gott zur Welt hat. Eine Spielart dieser Frage lautet: ob und wieso die Naturgesetze von ihm abhängen. Bei einer anderen geht es um das Problem, ob und wieso er der Herr der Geschichte ist, so daß unser menschliches Leben kein bloßer Tummelplatz von Zufällen wird, sondern sich planvoll, programmgerecht und unter der Regie seiner höheren Gedanken vollzieht. Und endlich ging es uns um die Frage, wie man im Ernste behaupten könne, daß Gott sich um unser kleines Leben und seine Sorgen kümmert, ja daß wir ihn sogar mit solchen Mikroproblemen wie unserer täglichen Brotration oder mit unseren Zahnschmerzen und Examensängsten bemühen dürften.

Alle diese Fragen kreisen immer um das eine Thema, wie Gott auf unser Lebensschicksal und auf das Schicksal der Welt überhaupt einwirkt: Ist er (wenn er überhaupt ist) der große Unbekannte im Hintergrunde, der nur dafür sorgt, daß das gigantische Weltknäuel sich nach den Natur- und Kausalgesetzen abspult, ohne daß er unmittelbar eingreift? Oder greift er eben doch selber ein, wenn ich ihn um Hilfe rufe? Läuft mein Leben nach ewigen Gesetzen ab, wie die Astrologen sie den Sternen und ihrer Einwirkung zuschreiben? Läuft auch meine Ehe einfach wie ein Prozeß ab, der dem Gesetz von Anziehung und Abstoßung unterliegt? Ist schließlich auch der Ost-West-Konflikt ein bloßer Ablauf, der sich zwangsläufig aufgrund der politischen Machtverhältnisse und der Raketentechnik entwickelt? Sollte Gott nicht vielmehr auch hier zur Stelle sein als einer, der die Herzen der Menschen und auch der Großen dieser Welt lenkt „wie Wasserbäche“, der aber auch heilend und helfend einen Krankheitsprozeß wenden und etwas völlig Neues und Unerwartetes in meinem und deinem Leben bewirken kann?

Alle diese Fragen verdichten und konzentrieren sich sozusagen im Problem des Wunders. Denn, nicht wahr: Wer bekennt, daß Gott „Wunder“ tun kann, bringt ja damit zum Ausdruck, daß diese unsere Welt und daß dieses mein Leben nicht einfach sich selbst überlassen ist, sondern daß Gott am Dirigentenpult sitzt, daß er die Einsätze gibt und auch abwinkt, und daß seine Hand so überall im Spiele ist, ja noch mehr: daß man nach dieser Hand rufen und sich in sie hineinlegen kann.

Wir stehen also vor einer Schicksalsfrage ersten Ranges, wenn wir nun über das Wunder sprechen. Und gerade weil es so um eine Grundentscheidung unseres Lebens geht, ist diese Frage auch so leidenschaftlich umstritten. Die Geister entzünden sich ja gar nicht nur an der Frage, ob so etwas wie Wunder „denkmöglich“ sei. Solche rationalen Probleme gibt es zwar, aber sie pflegen auf keinen Fall ein solches Maß an geistiger Leidenschaft zu entbinden, wie sie der Streit um das Wunder doch immer entbunden *hat*. Die eigentliche Aufregung bei dieser Frage kommt vielmehr dadurch, daß es hier um ein Grund- und Hauptthema unseres Lebens geht: ob wir nämlich damit zu rechnen wagen dürfen, daß Gott sich um uns kümmert. Gesetzt einmal den Fall, er täte das, dann gäbe es tatsächlich so etwas wie die Möglichkeit des Glaubens und des Vertrauens, dann könnte ich auch beten und könnte in einem sehr gefährlichen Augenblick meines Lebens gelassen und heiter zu ihm sagen: „Dein Wille geschehe; du wirst es recht machen.“

Kümmert Gott sich aber *nicht* um uns, ist die Welt also sich selbst überlassen und rollt der Prozeß der Geschichte einfach eigengesetzlich ab, so ist dies alles sinnlos; dann kann ich nur dem Schicksal stillehalten, und dann ist kein Kraut dagegen gewachsen.

Damit dürfte jedenfalls eines klar geworden sein: Es geht beim Wunder nicht um ein theoretisches Problem, wie etwa um die Frage, ob es im Weltraum Planeten mit menschlichem Leben gebe. Das ist gewiß eine „interessante“, vielleicht sogar aufregende Frage. Aber sie geht einem trotzdem nicht unter die Haut.

Denn ob nun der Mars bewohnt ist oder nicht: mit meinem persönlichen Leben hat das gar nichts zu tun. Bei mir ändert sich nichts, wenn sich herausstellt, daß es dort Wolkenkratzer und Fußballstadien gibt oder daß dort nur leblose Stein- und Eiswüsten und Krater gähnen. Die Frage des Wunders aber geht mir nahe, sobald ich erst einmal zu ernstlichem Nachdenken entschlossen bin. Denn hier geht es ja um nichts Geringeres als darum, ob ich mit Gott „rechnen" kann: ob er in der vierten Nachtwache über die Wogen zu mir kommt und mich in seine Arme reißt *oder* ob ich hilflos und allein auf den Wellen treibe, ob Wind und Wellen also das letzte Wort haben. Es kommt folglich alles darauf an, daß wir das Thema „Wunder" von Anfang an nicht als ein bloßes Verstandesproblem, sondern als eine elementare Frage unserer Existenz verstehen. Das ist das erste, was wir uns klarzumachen haben.

Wenn wir uns nun an die Frage selbst heranarbeiten, müssen wir zuerst etwas geistige Ordnung in unsere Begriffe bringen und uns klar darüber werden, daß der Begriff „Wunder" in drei ganz verschiedenen Bedeutungen gebraucht werden kann. Ich nenne sie kurz:

Erstens nämlich kann der Wunderglaube ein Ausdruck dafür sein, daß ich unaufgeklärt bin und die Rolle der Naturgesetze noch nicht durchschaut habe. Nehmen wir einmal an, ein Forschungsreisender komme als erster Weißer in den innerafrikanischen Busch und stelle abends vor seinem Zelt sein Kofferradio an, um Nachrichten zu hören. Den braven Buschmännern käme es sicher höchst spanisch vor, wenn sie plötzlich einen ausgewachsenen Baß aus einer Zigarrenkiste tönen hörten. Wie kann – so werden sie fragen – ein Mann von anderthalb bis zwei Zentnern oder ein ganzes Orchester in ein so zierliches Kästchen hineingezaubert werden? Und die Buschmänner wären in diesem Augenblick sicher gerne bereit, an ein Wunder zu glauben, kraft dessen ein ausgewachsener Mann mit einer Baßstimme sein Volumen bis zur Größe einer winzigen Puppe verkleinern und dennoch seinen sonoren Baß behalten kann. Sobald aber einer von ihnen auf der nächstliegenden Missionsschule einige physikalische Grundbegriffe beigebracht bekommt, ist diese Art Wunder wie weggeblasen, und der übernatürliche Zauber von einst löst sich in normale, natürliche und errechenbare Begriffe auf.

Ob die biblischen Wunder, wie man so oft gemeint hat, vielleicht auch von dieser Art sind, ob sie möglicherweise nicht von

Leuten geglaubt und weiterberichtet wurden, die ebenfalls noch nicht Bescheid wußten, weil sie nämlich physikalisch und biologisch noch höchst naiv waren? Von Leuten zum Beispiel, die ein Gewitter noch nicht aus elektrischen Spannungsverhältnissen in der Atmosphäre erklären konnten und deshalb nur die Entladung des göttlichen Zornes zu sehen meinten?

Wir halten diese Frage zunächst fest und wenden uns einer zweiten Gestalt des Wunders zu.

Zweitens: Diese zweite Art, vom Wunder zu sprechen, besteht darin, daß man sagt, die Wunder seien gar kein übernatürliches Geschehen in der Außenwelt, wie es etwa dann vorzuliegen scheint, wenn Jesus einen Kranken heilt. Das Wunder bestehe vielmehr in einer ganz bestimmten Betrachtungsweise der Natur. Es liege im subjektiven Sehakt. Goethe hat einmal gesagt:

> Willst du ins Unendliche schreiten,
> geh' nur im Endlichen nach allen Seiten,

denn in diesem Endlichen, in dieser Welt um dich herum findest du alle Geheimnisse, findest du das Band, „das die Welt im Innersten zusammenhält". Da findest du in einer Blume das Urphänomen, da findest du auch jenen Gott, dem es ziemt, „die Welt im Innern zu bewegen, sich in Natur, Natur in sich zu hegen". Es kommt also – das ist die Folge – ganz darauf an, von welcher *Seite* ich die Natur ansehe. Ich kann sie etwa religiös (in einem Fachausdruck heißt es „divinatorisch") ansehen. Dann wird ein schneebedeckter Alpengipfel, der im Widerschein des Sonnenaufgangs erglüht, zu einem Gleichnis von der Herrlichkeit des Schöpfers, zu einem Wunder seiner Größe, sozusagen zu einer liturgischen Botschaft werden. Sehe ich aber das gleiche Phänomen mit den Augen des Naturwissenschaftlers, so erscheint mir der Alpengipfel als eine geologisch erklärbare Ausbuchtung der Erdrinde, die mit gefrorenem Wasser bedeckt ist und an der sich atmosphärisch bedingte Strahlenbrechungen vollziehen.

Ich sehe also beide Male denselben Gegenstand, aber ich sehe ihn in beiden Fällen mit anderen Augen. Das Wunder scheint hier folglich nicht am Gegenstand zu haften, sondern an meinem Auge. Es wird zum Inbegriff einer bestimmten Sehweise: Im *einen* Falle sehe ich die Dinge selbst und lasse sie naturwissenschaftliche Gegenstände sein. Im *andern* Falle dagegen werden sie mir zum Gleichnis alles Vergänglichen.

Wenn ich in dieser Art vom „Wunder" (vom Wunder der Erdenschönheit) spreche, würde ich also nicht sagen: Hier liege ein übernatürlicher Einbruch Gottes vor. Sondern dann würde ich nur sagen wollen: Hier liege etwas ganz Normales vor, aber ich *sähe* noch etwas anderes als das Normale darin. Mir wird dann nämlich ein Vorgang oder ein Gegenstand transparent für eine ganz andere Wirklichkeit: vielleicht für die Majestät des Schöpfers, vielleicht auch für die faszinierende Ordnung des Kosmos, die in sich einfach „schön" ist. Man muß nur eine gewisse religiöse Begabung besitzen, damit man das sieht, genauso wie man musikalisch sein muß, um Musik nicht als Geräusch, sondern als eine tönende Aussage zu empfinden. Ein Hund heult, wenn er eine Bachsche Fuge hört. Der Mensch aber, jedenfalls der musikalische Mensch, hört etwas „heraus". So kann ich mit Hilfe der religiösen Musikalität auch etwas aus der Landschaft oder aus der Natur „heraus" sehen. Hier kann mir plötzlich etwas durchsichtig, hier kann mir etwas zum Gleichnis werden.

Als dieser Wunderbegriff aufkam (das geschah vor allem in der Romantik), da wurde er als eine große Befreiung empfunden. Hier waren nämlich plötzlich alle intellektuellen Schwierigkeiten hinweggeblasen, mit denen wir uns herumschlagen müssen, solange wir an übernatürliche Eingriffe Gottes glauben wollen. Dieser religiöse Sehakt ließ sich ja ohne Schwierigkeiten mit der lückenlosen Geltung der Naturgesetze verbinden.

Ob das aber die Art von Wundern ist, die das Neue Testament meint? *Sind* die Jünger denn überhaupt solche religiös „musikalischen" Menschen, sind sie Künstler und Dichter? Sind sie nicht vielmehr nüchterne und schlichte Leute, vielleicht sogar etwas primitiv? Und haben wir je gehört, daß sie einen Sonnenaufgang bewundert hätten?

Ihr Umgang mit Gott – oder sagen wir einmal etwas windig: ihr „Gefühl" für Gott – gründet doch ganz woanders. Sie blicken nämlich mit äußerster Wachheit auf das, was Jesus von Nazareth sagt oder tut, wie er sich benimmt und was in seinem Umkreis passiert. Sie wissen: Auf das, was sich da ereignet, kommt alles an. Hier entscheidet sich nämlich, ob Gott stärker ist als die Kette von Schuld und Sühne. Darum passen sie auf, ob er Sünden vergeben und Gewissenslasten abnehmen kann. Hier entscheidet es sich ferner, ob Gott stärker ist als der Tod. Darum sind sie verzweifelt, als Jesus am Karfreitag dem Tod zu unterliegen scheint. Hier entscheidet es sich endlich, ob Gott nur ein Weltregisseur im Großen ist oder ob auch das kleinste und unbedeutendste Leben mit seinem Kummer und seinen Kümmerchen ihm noch wichtig ist. Darum sind sie wachsam wie Schießhunde, um ja zu bemerken, ob Jesus von Nazareth sich nur für die strategisch wichtige Prominenz, für König Herodes und den hohen Klerus, interessiert oder ob er bei dem blutflüssigen Weib, bei dem Aussätzigen oder bei dem blinden Bettler stehenbleibt (die ihm doch gar nichts nützen können und ihm – menschlich gesehen – uninteressant sein müßten).

Das also interessiert die Jünger, weil es allein *darauf* ankommt, weil allein *daran* ihr Schicksal hängt und weil es ihnen nur hier demonstriert wird, wer Gott ist und was er für ihr Leben bedeuten will.

Damit stehen wir bei der *dritten* Gestalt des Wunders: Wir brauchen uns nur einige Wunder Jesu vor Augen zu rücken, um sofort ein entscheidendes und von allem bisher Gesagten auch zu unterscheidendes Wesensmerkmal an ihnen zu entdecken. Das Wunder ist nämlich hier ein Geschehen von Gott her. Es passiert ganz einfach etwas.

Das biblische Wunder ist also auf keinen Fall nur auf die Welt meines Auges, auf meinen Sehakt beschränkt, sondern es ist ein Ereignis, das draußen in der *Welt* von Gottes Schöpfermacht bewirkt wird. Es „passiert" etwas.

Damit hängt es auch zusammen, daß die Menschen, die zu Zeugen eines solchen Geschehens werden, sich nicht etwa religiös erhoben und innerlich erbaut fühlen (wie beim Alpenglühen), sondern daß sie erschreckt und schockiert sind, daß sie völlig verdattert fragen: Wieso kann er das? Und daß sie sogar meinen können, Jesus sei mit den dunklen Mächten der Magie im Bunde.

Nicht Erbauung also, sondern Schock folgt dem Wunder, nicht Einsicht in höhere Welten, sondern ein Anspruch Gottes, der festnagelt und zur Entscheidung zwingt. *Das* ist der Effekt des Wunders, den wir überall beobachten können.

Was ist denn geschehen?

Um auch hier wieder etwas für geistige Ordnung zu sorgen, muß zunächst festgestellt werden, daß die Bibel zwei verschiedene Arten von Wundern kennt:

Entweder lenkt Gott nämlich die Naturgesetze so, daß sein Handeln übermächtig und sozusagen demonstrativ darin wirkt und mich zu dem Bekenntnis zwingt: Hier hat Gott gesprochen, hier hat er in meinem Leben oder im Leben meines Volkes gehandelt.

Als 1945 die Tyrannenherrschaft zusammenbrach und als die Millionen Ermordeter von der Sonne an den Tag gebracht wurden, da drängte sich vielen die Gewißheit auf: In diesem Zusammenbruch hat Gott gesprochen; nun brechen seine Gerichte über uns herein. Das biblische Urmuster für diese Art des Eingreifens Gottes ist das Buch Hiob. Bei den „Hiobsbotschaften", um die es da geht, wirken meteorologische Naturereignisse und Geschichtsprozesse zusammen: Brände, Orkane und chaldäische Feinde sorgen dafür, daß die Besitztümer Hiobs abbrennen, daß sein Vieh umkommt, daß seine Kinder und sein Gesinde dahinsterben. Das alles ist höchst „natürlich" zugegangen. Und doch sagt Hiob: Es war der Herr, der hier gegeben und genommen hat. Mitten in diesen Natur- und Geschichtsprozessen hat niemand anders als Gott selbst gehandelt. Das alles hat gewiß mit Meteorologie zu tun. Die Orkane werden tatsächlich durch ein Sturmtief ausgelöst worden sein. Aber die eigentliche Pointe dessen, was hier passiert, hat dennoch weniger mit Meteorologie als mit der Theologie zu tun. Hier war Gott selbst im Wetter, hier hat Gott selbst ein Zeichen aufgerichtet.

Ich darf mir vielleicht ausnahmsweise erlauben, das, was hier geschieht, an einem eigenen Erlebnis zu verdeutlichen:

Ich war früher mehrere Jahre gelähmt, und die Kunst der Ärzte war am Ende. Da kam plötzlich die Nachricht, es sei ein Medikament erfunden worden, das diese Krankheit, wenn nicht heilen, so doch ungefährlich machen könne. Und tatsächlich: Das Medikament hat mich damals aus vermeintlicher Unheilbarkeit herausgerissen und mit einem Schlage wieder arbeits- und bewegungsfähig gemacht. Ich glaube, niemand wird es für verstiegen halten, wenn ich im Glück dieser unerwarteten Wiedergesundung sagte: „Das hat der Herr getan, und es ist ein Wunder vor meinen Augen." Meine Ärzte sagten es mit mir. Was war hier geschehen?

Nun, ich war kritisch genug eingestellt, um mir zu sagen: Die Sache ist im Grunde höchst natürlich zugegangen. Es haben sich einfach mehrere Kausalitätsketten gekreuzt. Auf der einen Seite schritt meine Krankheit mit eiserner Notwendigkeit auf den letzten Punkt zu. Dieses Schlußstadium war physiologisch berechenbar und stand sozusagen gemäß den Kausalitätsgesetzen fest. Ganz unabhängig davon lief aber irgendwo in der Welt noch eine ganz andere Kausalitätskette. Irgendwo nämlich war in irgendeinem Labor irgendein Forscher, der gar nichts von mir wußte, fieberhaft an der Arbeit, um diese Krankheit zu bekämpfen. Und im entscheidenden Augenblick, wenn nicht im letzten, haben sich beide Kausalitätsketten gekreuzt. Obwohl aber alles so natürlich zuging, konnte ich nicht anders, als sagen: „Das hat der Herr getan." Er war es, der diese Ketten so gefügt hat, daß sie sich in diesem Augenblick treffen mußten.

„Wer ist es, der auf Erden solch Zerstören anrichtet?" fragt der Psalmist (Psalm 46, 9), obwohl sich doch politische Ursachen genug anbieten, aus denen man Krieg und Zerstörung im Sinne des Gesetzes von Ursache und Wirkung erklären kann. „Wer gibt Wachstum und Gedeihen", wer tut seine „milde Hand auf und sättiget alles mit Wohlgefallen?" Zerstören und Bauen, Krieg und Frieden, Scheiden und Wiedersehen, Krankwerden und Gesundwerden: es ist alles natürlich und in sich zusammenhängend. In den Krankengeschichten unserer Kliniken pflegt der Name Gottes nicht vorzukommen, auch wenn die Chefs Christen sind. Aber *obwohl* es so natürlich ist und auf plausible Weise zusammenhängt, kann ich das Wunder der Nähe Gottes bekennen: „Der Herr hat's gegeben, der Herr hat's genommen, der Name des Herrn sei gelobt."

Doch daneben steht noch eine ganz andere Gestalt des Wunders in der Bibel. Die *eine* – so sahen wir – ist eingebettet in die Naturgesetze. Die *zweite* Gestalt des Wunders aber besteht nun wirklich darin, daß Naturgesetze durchbrochen werden, daß die Freiheit Gottes sich wider und gegen sie durchsetzt, so wie wir das in entfernter Entsprechung auch von *unserm* Willen sagen, wenn wir uns als frei bezeichnen und um unsere Verantwortung wissen. Wenn Jesus sagt: „Stehe auf, nimm dein Bett und wandle!" und wenn in diesem Augenblick eine Lähmung hinweggefegt ist, dann kann man das nicht mehr als natürlichen Heilungsprozeß bezeichnen, sondern dann bricht hier eine Willensmacht von außen in die natürlichen Zusammenhänge.

Ich möchte im nächsten Kapitel eine solche fast überdeutliche Wundergeschichte behandeln, um das Gewebe der Vorgänge und der Verkündigungsgedanken dabei so weit wie möglich bloßzulegen. Zunächst aber wenden wir uns einigen Vorfragen zu:

Die *eine* Frage lautet so: Gehören diese wunderhaften Einbrüche des Übernatürlichen nicht in ein veraltetes Weltbild – in ein

Weltbild nämlich, das Himmel und Hölle in lebendiger Aktivität auf unsere Geschichte einwirken sieht, während wir heute von dem in sich geschlossenen Kräftehaushalt der Natur wissen? Kein Physiker kann doch mit Wundern und Einbrüchen von außen rechnen, die das geschlossene Weltsystem von draußen her aufbrechen! Stehen Berichte dieser Art nicht wie Fremdkörper, wie eine Summe abenteuerlicher Legenden in der Lichthelle unserer modernen Welt? Wirken sie nicht ähnlich wie ein Fetisch aus den Südsee-Inseln, der plötzlich in einem modernen Labor aus Glas und Stahl auftaucht?

Nun können und wollen wir keineswegs bestreiten, daß die Geschichte Jesu auch mit Legenden bekränzt wurde, genau wie sein Weg nach Jerusalem mit Palmenzweigen bekränzt und mit Kleidern bedeckt wurde. Denn Jesus ergreift ja nicht nur unser Gemüt und unser Gewissen, sondern auch unsere Phantasie und die Kräfte der Meditation. Die, denen er zum Herrn ihres Lebens geworden war, haben ihn mit allem gepriesen, was sie an Aussagemitteln zur Verfügung hatten. So haben sie auch die realen Vorgänge sozusagen weitergedichtet und haben manche Linien dieses wunderbaren Lebens in punktierten, legendären Fortsetzungen weiter ausgezogen. Auch die Phantasie wollte sich nicht ausschließen, sondern in den Lobgesang einstimmen.

Doch ist das keineswegs entscheidend.

Wichtiger ist die Grundsatzfrage selbst: Ob die Wundergeschichten wirklich zur Gestalt Jesu *hinzugehören*. Man könnte sogar fragen: Wäre er ohne diesen Kranz des übernatürlich Wunderbaren nicht möglicherweise größer? Wenn ich es etwas ketzerisch ausdrücken darf, könnte die Frage so formuliert werden: Ist es nicht sehr fragwürdig, wenn man den unerhörten Anspruch, „einmalig“ zu sein, „Gottes Sohn“ zu sein, nicht durch sein Wort und durch die ganze Ausstrahlung seiner Person glaubwürdig macht, sondern wenn man dazu (wieder zugespitzt ausgedrückt) den ganzen Klimbim einer mirakulösen Apparatur in Bewegung setzen muß? Ein großer Schauspieler ist auch ohne Requisiten groß. Und wo allzuviel an Maske, Kostüm und technischer Raffinesse in Anspruch genommen wird, da scheint man der suggestiven Kraft eines Darstellers nicht allzuviel zuzutrauen.

Ist es nun bei Jesus nicht vielleicht ähnlich? Müßte er nicht mit *andern* Mitteln seine Prominenz als „Heiland“ glaubwürdig machen können? Was nützt uns Heutigen denn noch dieser ganze Wunderspektakel! Der ehrlichste und unerbittlichste aller Zweifler, Lessing, hat hier unsere innersten Bedenken tapfer ausgeplaudert: „Ein anderes ist es, selber Wunder zu erleben, und ein anderes, nur berichtet zu hören, daß andere sie wollen erlebt haben." Wir aber *haben* sie eben nicht erlebt! Und so zwingt uns die Ehrlichkeit zu äußerstem Mißtrauen. Wo sollten diese angeblichen Wunder von einst denn noch in meinem Leben ihren Sitz, ihren Ort und ihre Bedeutung haben können? *Das* ist doch die entscheidende Frage!

Tatsächlich läßt sich aber dieser Bezug des Wunders zu unserem eigenen Leben genau angeben. Ich will es einmal so ausdrücken: Ohne das Wunder würde unser Gebet sinnlos, es würde dann zu einem bloßen Selbstgespräch degradiert. Wir nähmen dann von vornherein an, daß Gott niemals unsere Bitte erhören könnte, ja daß er niemals die Möglichkeit besäße, in unser Leben einzugreifen. Denn wir können Gott logischerweise doch nur *dann* um bestimmte Dinge oder Schicksalswendungen bitten, wenn wir annehmen dürfen, daß noch nicht alles festgelegt und daß die Zukunft noch für ihn offen ist. Was aber wäre Gott, wenn wir nicht mehr bittend – wie die lieben Kinder mit dem lieben Vater – zu ihm reden dürften, wenn er uns Steine statt Brot und Skorpione statt Fische gäbe – einfach weil er gar nicht *wüßte* und auch gar nicht *hören* könnte, wessen wir bedürften? Es wäre dann zweifellos ehrlicher, Atheist zu sein oder sich eine tragische Weltanschauung anzueignen und nur noch das Schicksal, das Fatum, zu verehren.

In der neueren Philosophiegeschichte hat es eine Naturanschauung gegeben – sie heißt die Kant-Laplacesche Theorie –, gemäß der das Weltgeschehen nach vorwärts und rückwärts festliegt. Wenn uns Menschen das Leben immer noch ein bißchen elastisch vorkommt und die Dinge so oder auch anders ablaufen zu können scheinen, dann liegt das – so meint diese Theorie – nur an der Begrenzung unserer Übersicht. Eine höchste Intelligenz – so heißt es bei Laplace – könnte nach vorwärts und rückwärts das ganze Panorama des Weltgeschehens in seinem zwangsläufigen Festgelegtsein übersehen.

Man kann sich das an einem Film verdeutlichen: Wenn ein Film auf der Leinwand abrollt, dann weiß ich, daß die Filmgeschichte oben in der Vorführkabine fertig auf der Rolle liegt. Unvorhergesehene Zwischenfälle können sich nicht mehr ergeben. Ob die Liebesgeschichte gut oder schlimm ausgeht, das steht fest und ist unabänderlich auf dem Zelluloidstreifen eingezeichnet. Wenn wir uns nun das Weltgeschehen in dieser Art vorstellen, kann es in der Tat keine Zwischenfälle geben, natürlich auch keinen Eingriff Gottes – weder in dem bekannten Sinne, daß Gott das Kausalgesetz durchbräche (wie bei der Geschichte vom Gichtbrüchigen), noch auch so, daß er die Naturgesetze entsprechend lenkte (wie im Falle Hiob oder in dem Beispiel, das ich aus dem eigenen Leben berichtete). Gegenüber dem filmhaft festliegenden und abrollenden Prozeß der Weltgeschichte und meines kleinen Lebens wäre jedes Gebet sinnlos, weil eine wirkliche Intervention ja gar nicht in Betracht käme.

Nun will ich nicht davon sprechen (das habe ich an anderen Orten wiederholt getan), daß durch die heutige Physik dieses Kant-Laplacesche Weltbild überholt ist und daß der moderne Naturwissenschaftler es dem Glauben leichter macht, sich mit seiner Wissenschaft zu arrangieren, als es im 18. und 19. Jahrhundert sein mochte. Das ist zwar wichtig, aber es ist nicht entscheidend. Viel wesentlicher ist es, daß wir die *Botschaft* der Wundergeschichten, daß wir ihr eigentliches *Thema* erfahren. Dieses Thema heißt: Gott bleibt seiner Welt mächtig. Er läßt die Seinen nicht als verlorene Stäubchen im Weltgetümmel allein, sondern er ist bei uns. Er „tröstet" nicht nur die Seinen, die in ihrem Schifflein zu kentern drohen, sondern er gebietet auch in souveräner Freiheit den Wellen und Elementen überhaupt. Weil Jesus Christus in der innigsten Gemeinschaft mit seinem Vater lebt, darum nimmt er auch an der königlichen Freiheit seines Vaters teil. Darum ist er mit der Vollmacht ausgerüstet, die Siegeszeichen seines Vaters an seinem Wege zu errichten und die Ketten von Schuld, Leid und Tod zu zerreißen. Diese geheime Teilhabe an der königlichen Freiheit Gottes zeigt sich – sozusagen im negativen Kontrast – an der Ohnmacht der Jünger: Gerade weil sie diese letzte Verbindung mit dem Willen des Vaters immer wieder *nicht* haben und weil die Größe ihres Glaubens nicht einmal dem Senfkorn gleichkommt, darum versagen sie auch immer wieder, wenn solche Krafttaten Gottes von ihnen verlangt werden. So erklärt sich ihre merkwürdige Frage: „Herr, warum konnten *wir* diesen Geist nicht austreiben?" (Markus 9, 28). Und Jesus antwortet (sehr dunkel, aber dennoch so, daß er hindeutet auf diese fehlende Einheit des Jüngerwillens mit dem Willen des Vaters): „Diese Art kann nicht ausfahren denn durch Beten und Fasten."

So ist Jesus überall, wo er spricht und handelt, niemals nur Lehrer, sondern immer auch Täter. Das Reich Gottes, das er verkündet, besteht nicht in Worten, sondern in Kraft und in der Tat. Das heißt: Jesus macht uns nicht in einem Lehrbuch klar, daß es einen lieben Vater oder einen Schöpfer gibt, der das Leben überwacht und in Ordnung hält, sondern Jesus *handelt.* Er sagt uns nicht lehrhaft: Gott kann die Sünden vergeben, er kann deine Vergangenheit durchstreichen und dich noch einmal neu beginnen lassen. Sondern es ist so: Er spricht ein Wort von vollziehender Gewalt, das im Gesprochenwerden schon Tat ist: „Dir *sind* deine Sünden vergeben!“ Er sagt es so, wie es heute noch im Abendmahl zum Ausdruck kommt: daß hier wirklich die Vergebung auf mich zukommt, daß ich sie mit diesen meinen Händen fassen darf. Wenn Jesus auf einen Menschen zukommt, dann handelt er, dann verwandelt er ihn und führt ihn auf eine ganz neue Ebene des Lebens.

In diesem Sinne bezeugen nun die Wunder, daß die Begegnung mit Jesus einer Verwandlung, einer Neuschöpfung des Lebens gleichkommt. Er spricht ein vollziehendes Wort. Wer ohnmächtig daliegt, kann nun auf seine Beine springen. Und wer in Fesseln lag, ist frei und ledig. Wer Christus erlebt hat, der weiß, daß das heute und immer geschieht, genauso wie es denen widerfuhr, die ihn von Angesicht zu Angesicht sehen durften.

Und noch ein Letztes muß hier gesagt werden: Sünde, Krankheit und Tod sind im Neuen Testament ein unnatürlicher Einbruch in die Schöpfung Gottes. Das alles ist wie ein Bann, der auf der Menschheit liegt. Darum ist Jesus nicht nur der Seelsorger, der einem Menschen in seinem Gewissen wieder zurechthilft, sondern darum ist er zugleich der Arzt, der Wunden heilt, dem man auch seinen Körper anvertrauen darf und all das Äußere und Innere, dessen wir bedürfen und das uns quält.

Und doch: Dies alles, was er in Wunder und Wort heilend und vergebend tut, beschränkt sich auf einzelne Zeichen, die sozusagen im Dunkel aufblitzen wie die Morsezeichen eines Scheinwerfers. Millionen Menschen sind jämmerlich vor die Hunde gegangen – vor und nach Christus und um ihn herum –, und nur bei einigen wenigen leuchtete dieses zeichenhafte Tun auf, und sie gehen nun als neue Menschen von ihm weg. Einzelne Zeichen! Doch diese einzelnen Zeichen versteht das Neue Testament sozusagen als ein Wetterleuchten des Reiches Gottes am Horizont, ein Wetterleuchten, das den Tag ankündigt. Und in diesem Reich, das hinter dem Horizont steht und sich in jenem Aufblitzen verrät, werden Schuld und Leid zu Ende gekommen sein. Selbst der Tod wird nicht mehr sein. Wenn es uns deshalb hart ergeht, wenn das Dunkel über uns hereinbricht und wir nicht mehr wissen, wie wir über die kommende Nacht und den morgigen Tag hinwegkommen sollen, dann ist es uns geboten, auf dieses Reich zu blicken, das sich im Wetterleuchten der Wunder Jesu schon andeutet: Gott hat seine Hand im Spiele und ist bei uns alle Tage bis an der Welt Ende.

Das also ist die Botschaft vom Wunder: die Botschaft vom Wetterleuchten in tiefer Nacht, die mir Weg und Steg verhüllt und die doch jählings von zeichenhaften Blitzen erhellt wird: Nun weiß ich wieder, wo ich stehe und wer bei mir ist und wo Wege und Stege sich befinden, die mich zu meinen Zielen leiten. Darum brauchen wir nicht in Deckung zu gehen, wenn wir immer wieder in die Ausweglosigkeit geraten. Denn wir haben die Signale unseres Herrn bemerkt, und wir haben durch einen Spalt hindurch das Reich des Vaters gesehen, in dem kein Leid mehr ist und kein Geschrei, wo die Tränen abgewischt sind und der Tod nicht mehr sein wird. Der Herr aber, der uns an diesem Ziel der Wanderschaft empfängt, ist auch schon ein Herr der *Wege,* die dahin führen. Er ist mit seinen Wundern und seiner Nähe bei uns. Wir brauchen ihn nur zu rufen, so ist er da. Das ist die Botschaft vom Wunder.

NOCH EINE ZUSATZFRAGE:

WELCHEN SINN SOLLTEN WUNDER HABEN?

Und nach etlichen Tagen ging er wieder nach Kapernaum; und es ward kund, daß er im Hause war. Und es versammelten sich viele, so daß sie nicht Raum hatten, auch nicht draußen vor der Tür; und er predigte ihnen das Wort. Und es kamen etliche zu ihm, die brachten einen Gichtbrüchigen von vieren getragen. Und da sie ihn nicht konnten zu ihm bringen vor dem Volk, deckten sie das Dach auf, da er war, und machten eine Öffnung und ließen das Bett hernieder, darin der Gichtbrüchige lag. Da nun Jesus ihren Glauben sah, sprach er zu dem Gichtbrüchigen: Mein Sohn, deine Sünden sind dir vergeben. Es waren aber etliche Schriftgelehrte, die saßen allda und dachten in ihrem Herzen: Wie redet dieser so? Er lästert Gott! Wer kann Sünden vergeben denn allein Gott? Und Jesus erkannte alsbald in seinem Geist, daß sie so bei sich dachten, und sprach zu ihnen: Was denket ihr solches in euren Herzen? Was ist leichter, zu dem Gichtbrüchigen zu sagen: Dir sind deine Sünden vergeben, oder zu sagen: Stehe auf, nimm dein Bett und wandle? Auf daß ihr aber wisset, daß des Menschen Sohn Vollmacht hat, zu vergeben die Sünden auf Erden, sprach er zu dem Gichtbrüchigen: Ich sage dir, stehe auf, nimm dein Bett und gehe heim! Und er stand auf, nahm sein Bett und ging alsbald hinaus vor allen, so daß sie sich alle entsetzten und Gott priesen und sprachen: Wir haben solches noch nie gesehen.

MARKUS 2,1-12

Es war ziemlich anstrengend und auch etwas abenteuerlich, wie diese Männer ihren schwerkranken Freund unter die Augen Jesu brachten. Man muß schon unglaublich fest überzeugt sein, daß ein entscheidender und rettender Eingriff erfolgen würde, wenn man sich in dieser Weise bis zu einem Wunderdoktor durchboxt. Wenn die Massen um das Haus herum die Eingänge verkeilen, versucht man es hintenherum und durch das Fenster. Wenn auch das nicht klappt, folgt man der pfiffigen Idee eines besonders Gewitzigten und wuchtet die Bahre auf das Hausdach, werkelt da oben herum, bis man ein Loch gemacht hat, und läßt den Kranken an Stricken langsam über den Köpfen der Versammelten herunterschweben. Man selber springt nach. Wahrscheinlich hat es in dieser Veranstaltung eine kleine Kunstpause gegeben. Ich jedenfalls wäre steckengeblieben, wenn mir das während einer Rede passiert wäre.

Nun stehen sie also vor Jesus und sehen ihn erwartungsvoll an. Auch der Mann auf seiner Bahre sieht ihn an. Es ist vermutlich sehr still, denn nun wird es ja wohl zu einer Sensation kommen. Auch das Publikum hält den Atem an. Bei jedem fiebern die Nerven aus einem anderen Grunde. Der Mann auf der Bahre denkt: Gleich sind alle Qualen vorbei. Die Leute, die ihn gebracht haben, sind bombenfest davon überzeugt, daß dieser Nazarener es schafft. Sonst hätten sie sich nicht diese Umstände gemacht.

Im Publikum herrscht vermutlich eine zwiespältige Stimmung. Die einen sind Skeptiker und denken: Jetzt wird sich herausstellen, ob es bloß die Propaganda war, die ihn als großen Wunderdoktor aufgebaut hat, und ob er also ein Scharlatan ist, der sich nun blamieren wird. Jetzt *hat* er die Gelegenheit, sich zu blamieren! Die anderen denken: Klappt es mit der Heilung, müssen wir uns überlegen, ob wir ihn ernst nehmen und bei seiner Sache mitmachen. Wieder andere verspüren das angenehme Kribbeln, das einen erregt, wenn man Zeuge eines nicht alltäglichen Vorfalls wird.

Jesus reagiert aber immer anders, als die Menschen erwarten. Statt den Kranken zu heilen, sagt er vielmehr etwas, das nun wahrhaftig niemand erwartet. Als er nämlich den Glauben des Kranken und seiner Begleiter bemerkt, sagt er nur: „Mein Sohn, dir sind deine Sünden vergeben." *Darum* hatte man ihn allerdings gar nicht gebeten, und sicher war es für den Gelähmten eine schwere Enttäuschung. Denn er mußte erfahren, daß Jesus sein Gebet um Heilung (wenn überhaupt, dann) anders erhört, als er selbst es gemeint hatte. Er muß also eine Gebetserfahrung machen, die uns allen schon in unserm Leben zugemutet und auch verheißen wurde: daß Gott nämlich unsere eigentlichen Gebetsanliegen – er möge uns zum Beispiel von einer Krankheit befreien – scheinbar nicht erhört, und daß er mit seinem helfenden Eingriff an einer ganz andern und völlig unerwarteten Stelle einsetzt.

Das belastende Moment bei dieser Art Gebetserhörung oder Nichterhörung (wir kennen das ja alle) besteht darin, daß wir immer wieder keine Beziehung entdecken können zwischen dem, was wir erbeten haben, und dem, was Gott nun tatsächlich in unserm Leben bewirkt. Auch unser Gelähmter ahnt diese Beziehung nicht und ist sicher enttäuscht, als Jesus, statt zu heilen, auf einmal von Sündenvergebung zu reden beginnt. Er, der Gelähmte, sieht nämlich noch nicht, daß seine Krankheit in einem untergründigen Sinne tatsächlich mit seiner Lebensschuld zusammenhängt, daß Krankheit, Not und Schmerz die große Schöpfungsstörung sind und daß Gott die Welt nicht so gemeint und entworfen hat, wie sie nun geworden ist, seitdem die verbotene Frucht gepflückt wurde.

Weil Jesus aber um diese hintergründigen Zusammenhänge weiß, darum will er zunächst einmal die tiefere Wurzel jener Krankheit bloßlegen. Darum bringt er in diesem zerbrochenen Leben als erstes das *Schuldproblem* in Ordnung. Der Gelähmte aber wird von einer jähen Resignation befallen. Er kann nur noch konstatieren: Ich bin nicht erhört worden. Man hätte sich die Umstände mit dem Transport durchs Dach ersparen können.

Auch das anwesende Publikum, das diese Szene in großer Zahl bevölkert (vor allem die Vertreter der Kirche, die damals zugleich die Medizin repräsentierten), dürfte höchst befremdet gewesen sein oder aber – wer weiß! – schadenfroh gegrinst haben, als Jesus auf einmal, statt ein Heilungswunder zu tun, nur von der Vergebung der Sünden spricht. Ist das in diesem Augenblick nicht allzu billig? Kneift er nicht ganz offensichtlich? Eine Heilung wäre objektiv feststellbar. Hier könnte er Farbe bekennen und in einem exakten Test beweisen, was an ihm dran ist. Hier würde er sich den Kriterien der Wissenschaft stellen. Wenn er aber sagt: „Dir sind deine Sünden vergeben" – nun ja, das läßt sich leider nicht nachkontrollieren! Das ist ein innerseelischer oder gar ein metaphysischer Vorgang. So etwas kann jeder sagen.

Die kritischen Theologen, die diese Szene bevölkern, haben noch einen weiteren Einwand: Dieser Mensch da muß doch wissen, daß es nichts Geringeres als Gotteslästerung ist, wenn er verwegen genug ist, einfach Absolution zu erteilen und damit ein Monopol in Anspruch zu nehmen, das nur Gott zukommt.

Aber offenbar nimmt er diesen Vorwurf der Gotteslästerung in Kauf, wenn er damit nur der Blamage, ein versagender Wunderdoktor zu sein, entgeht!

Irgendwie denken wohl alle Zeugen dieser Szene in einer ähnlichen Richtung. Jesus selbst aber, so wird uns berichtet, errät alle diese heimlichen Vermutungen und wirft nun plötzlich in das böse Spiel ihrer Gedanken den lapidaren Satz: „Was ist leichter zu sagen: Dir sind deine Sünden vergeben!, oder: Stehe auf, nimm dein Bett und wandle!?"

Natürlich, so denken die Umstehenden, da sitzt in der Tat des Pudels Kern! Selbstverständlich ist es viel leichter zu sagen: „Dir sind deine Sünden vergeben." Einfach deshalb ist es leichter, weil man es nicht nachkontrollieren kann. Den Gelähmten dagegen wieder zum Laufen zu bringen: ja, das wäre schon etwas! Doch nun sagt Jesus tatsächlich (ein wirklich toller und unerwarteter Augenblick!): „Damit ihr euch überzeugen könnt, daß des Menschen Sohn Macht hat, Sünden zu vergeben: stehe auf, nimm dein Bett und gehe los!" Und nun passiert's – es passiert *wirklich;* er nimmt sogar das Bett, das ihn vorher getragen hatte, und trägt es selber. Die Wirkung ist unbeschreiblich. Es bricht fast eine Panik aus. Im erregten Volksgemurmel hört man Fetzen von Lob- und Dankgebeten.

Was soll das alles?

Zunächst möchte man vermuten, daß Jesus sich durch das Heilungswunder habe legitimieren wollen, um die Schandmäuler zu stopfen. Er scheint die Gelegenheit zu benutzen, eine ärztliche Bescheinigung in die Hand zu bekommen, die ihm übernatürliche Heilungsgaben attestiert und damit indirekt seine Kompetenz als Messias oder Gottessohn bezeugt.

Wäre das wirklich so, wie es zunächst ja tatsächlich den Anschein hat, so wäre das für uns, die wir das alles heute hören oder lesen, eine peinliche Verlegenheit. Denn was für die Augenzeugen dieser Szene immerhin eine gewisse Beweiskraft haben mochte, kann es für uns jedenfalls nicht mehr haben. Ich erinnere wieder an das Lessing-Wort, es sei eben ein Unterschied, ob man selber mit seinen eigenen Augen ein Wunder erlebe oder ob einem nur andere – und zwar sogar ferne und ungleich weniger aufgeklärte – Leute berichten, *sie* hätten so etwas erlebt. Wir wären dann genau in der Situation des Zweiflers Thomas, dem seine Mitjünger berichteten, Jesus sei von den Toten auferstanden. Er konnte und wollte das nicht glauben, es sei denn, er selbst lege seine Hände in die Nägelmale des Auferstandenen. Er sagte sich ganz einfach: Bei einer Sache, auf die alles ankommt (und es kommt ja alles darauf an, und nichts Geringeres als mein Schicksal von Zeit und Ewigkeit hängt davon ab!), bei einer solchen Sache wäre es einfach unverantwortlich, auf bloßes Hörensagen zu vertrauen. Da muß man sich schon selber überzeugen. Wir aber können uns ja heute gar nicht davon überzeugen, ob Jesus diesen Tatbeweis für seine Vollmacht der Sündenvergebung de facto erbracht hat. Denn wir wissen davon leider nur auf dem Wege über das Hörensagen. Und wir können niemals mit Sicherheit feststellen, ob es sich hier um Massensuggestion, um Sinnestäuschung oder Aberglauben gehandelt hat. Denn wir kennen ja auch die Leute nicht selber, die hier als Augenzeugen fungierten. Sie sind jedenfalls von völlig anderer Mentalität als wir. Thomas kannte seine Mitjünger immerhin noch persönlich; und selbst *er* blieb skeptisch. Wenn wir ehrlich und realistisch bleiben, müssen wir zugeben: Ein solcher Tatbeweis durch das Heilungswunder zieht bei uns nicht. Ich sehe keine reelle Möglichkeit, um diese Feststellung herumzukommen. Das Problem ist nur, welche Konsequenzen wir daraus ziehen müssen.

Bedeutet diese Feststellung etwa, daß wir das Bibelbuch zuklappen und uns eingestehen: Damit ist es also nichts, und wir müssen „eines andern warten“? Oder sollte diese Feststellung nicht vielmehr einen Imperativ in sich enthalten: nämlich nun kritisch und unerbittlich weiterzufragen und genau nachzusehen, ob denn Jesus mit jenem Wunder wirklich nur einen Tatbeweis habe antreten wollen, oder ob der Sinn dieses Geschehens nicht ganz woanders zu suchen sei!

Eines müßte uns doch sofort stutzig machen: Sollte das Wunder hier der Sinn eines „Beweises“ haben, dann hieße das doch, daß Jesus gar nicht mehr das gläubige Vertrauen der Menschen in Anspruch nähme, sondern daß er das *„Schauen“* – den Beweis der Augenzeugenschaft – an die Stelle des *„Glaubens“* setzte. Die Sache sähe dann nämlich so aus: Diese Vergebung müßte man „glauben“. Man müßte ihm eben „zutrauen“, daß er die Vollmacht dazu hätte – und zwar einfach auf sein Wort hin. Die Gelähmtenheilung dagegen könnte man „schauen“. Wenn folglich das Wunder den Sinn des Beweises hätte, dann würde es tatsächlich heißen, daß man nicht mehr zu „glauben“ brauchte, sondern daß man eben „schauen“ dürfte.

Schon diese kleine Überlegung zeigt uns, daß das Wunder gar

nicht so gemeint sein kann. Denn das ist nun tatsächlich der Grundtenor der neutestamentlichen Botschaft: daß wir im *Glauben* leben und eben nicht im *Schauen*. Erst wenn wir aus dieser Zeitlichkeit abberufen sind und wenn die Gestalt dieser Welt vergangen sein wird, wenn also der Vorhang über diesem Welttheater fällt, wird der Glaube schauen dürfen, was er geglaubt hat. Bis es aber soweit ist, bleibt Gottes Heimlichkeit für uns verhüllt.

Was wir „sehen“ und „schauen“ können, ist ja viel eher das, was *wider* ihn zu zeugen scheint: Kriege, Massengräber, Kinderlähmung, Flutkatastrophen und auch das, was wir in unserem eigenen Leben als brutale Sinnlosigkeit empfinden. Hier haben wir, ohne selber den Sinn sehen zu können, nur den Glauben an den, der den Sinn weiß. Hier haben wir nur das „Dennoch bleibe ich stets an dir“, das durch alle Finsternisse hindurch nach der Hand des Vaters greifen läßt. Und je dunkler die Verhüllung wird, desto stärker muß dieser Glaube werden. Wir haben ja auch alle schon erfahren, wie gerade in den finstersten Stunden unseres Lebens, als kein Mensch uns helfen konnte und als die größte Qual der Verlassenheit an unserem Herzen fraß, daß wir gerade *da* das Wunder dieses Dennoch erfuhren und daß Gott seine Sterne über uns aufgehen ließ. So kommt es, daß wir ausgerechnet diese schwersten Stunden nicht missen möchten – nicht, weil sie so schwer waren, sondern weil wir darin den Glauben erfuhren, der durch Stahl und Stein bricht.

Und alles das sollte Jesus hier mit einem einzigen Wort vom Tisch hinunterwischen? Er sollte hier wirklich dieses Geschenk des Glaubens mit seiner Not und seiner Verheißung einfach dispensieren und an seiner Stelle ein billiges: „Na seht doch mal, was sagt ihr nun?“ setzen? Sollte Gott auf einmal so billig zu haben, so sehr zur Schleuderware geworden sein, daß man nur die Augen auftun müßte, um ihn zu sehen? Das kann ja gar nicht sein.

Also müssen wir wohl auf einen Holzweg geraten sein, wenn wir das Wunder als einen „Beweis“ interpretieren, der den Glauben überflüssig machen soll.

Diese Vermutung wird sofort bestätigt, wenn wir Jesu sonstige Stellung zu den Wundern beobachten: Auf Schritt und Tritt läßt sich nämlich feststellen, daß Jesus einen leidenschaftlichen Kampf gegen den populären und auch unter uns verbreiteten Wunderbegriff führt.

Einmal z. B. kommen die Leute zu ihm und sagen: „Tue uns ein Zeichen. Wenn du ein Zeichen tust, können wir an dich glauben." Jesus aber weist sie in der schroffsten Weise, ja geradezu brüsk ab und sagt ihnen auf den Kopf zu: „Diese böse und ehebrecherische Art sucht Zeichen, aber es wird ihr kein Zeichen gegeben werden als das Zeichen des Propheten Jona" (Matth. 12, 38).

Was meint er mit diesem Vorwurf?

Man kann ihn nur verstehen, wenn man ein anderes seiner Worte zur Auslegung hinzuzieht (Joh. 7,17): „Wer den Willen meines Vaters tut, der – nur der! – wird innewerden, ob diese meine Lehre von Gott sei, oder ob ich von mir selber rede", ob ich also der Christus Gottes bin oder ob ich mir nur im eigenen Namen aufspiele und damit ein Angeber und Scharlatan bin.

Nur wer den Willen des Vaters tut, kommt dahinter, sonst niemand. Nur wer sich engagieren läßt und wirklich alles auf diese eine Karte setzt, kann erkennen, was hier los ist, sonst niemand. Ihr aber, ihr Zeichenforderer, ihr wollt Gott zu billig. Ihr wollt ihn ohne Risiko und ohne Einsatz haben. Und eben deshalb, weil ihr das Experiment der Nachfolge nicht riskieren wollt (denn ihr müßtet ja euer Leben ändern), wollt ihr auf „Nummer Sicher" gehen und wünscht euch einen unverbindlichen Christus-„Beweis". Deshalb soll ich euch da als Wundermann etwas vorexperimentieren, soll Steine zu Brot machen, soll die Schwerkraft aufheben oder einige okkulte Tricks inszenieren, um euch zu beweisen, daß ich etwas Besonderes sei. Wenn ich das aber tue, würdet ihr sagen: Nun ja, an dem Manne muß etwas sein! Doch dann geht ihr nach Hause, wie wenn ihr eine Varietévorstellung erlebt hättet, und macht einfach weiter wie bisher. (Bekanntlich ist ja noch kein Mensch durch eine Varietévorstellung umgewandelt worden, selbst wenn sie noch so eindrucksvoll war.) So sieht Jesus in diesen beweissüchtigen Zeichenforderern einen besonders üblen drückebergerischen Menschentyp, der die Christusfrage trotz allen neugierigen Sensationsbedürfnisses eben *nicht* ernst nimmt. Jesus wird nur im Einsatz, das heißt, im Glauben und in der Tat, er wird nur im Engagement erkannt. Sonst bleibt alles stumm.

Mit Jesus ist es hier tatsächlich anders als sonst im Leben. Als Nehru seinerzeit vor der Frage stand, ob er ein Gefolgsmann Gandhis werden solle, da suchte er erst einmal zu erkennen (das geht aus den Berichten eindeutig hervor), was an Gandhi dran war. Er beobachtete, wie Gandhi mit Menschen und Situationen fertig wurde. Und als er sich von seiner Autorität überzeugt hatte, ging er zu ihm und sagte ihm: „Ich bin dein Mann, ich folge dir nach. Du kannst mit mir rechnen."

Bei Jesus ist es genau umgekehrt. Ihm muß ich *zuerst* mein Leben anvertrauen, ihm muß ich zuerst zu sagen wagen: „Ich will dich einmal ausprobieren, Herr; ich will einmal das Experiment mit dir wagen. Ich will einmal in deinem Namen für einen Menschen dasein, der mir eigentlich auf die Nerven geht; ich will einmal einem Menschen vergeben, der mir Schlimmes angetan hat. Ich will einmal in deinem Namen sagen: ‚Vater unser, der du bist im Himmel.' Ich will wirklich alles, was ich habe und bin, an dieses Experiment mit dir setzen und dann zusehen, was dabei herauskommt." Und in der Tat: Nur, wenn ich so bei seiner Sache „mitmache", werde ich erkennen, was an ihm ist.

Vielleicht verstehen wir nun, warum Jesus die Zeichensüchtigen so schilt. Er lehnt das Wunder nämlich überall da ab, wo gewisse Leute sich mit Hilfe des Wunders vor einer persönlichen Entscheidung und um einen eigenen Einsatz drücken wollen. Er verzichtet auf jede billige Wunderpropaganda, weil er weiß: Mit dieser Art der Pseudowerbung gewinnst du die Menschen ja doch nicht im letzten. Sie staunen zwar einen Augenblick und sind schockiert, wenn so etwas geschieht. Doch gleich danach sinkt das Seelenbrillantfeuerwerk wieder in sich zusammen, und die Schatten der Nacht legen sich aufs neue über das Herz. Jesus aber möchte den Glauben des Herzens, er will unser Zentrum und eben nicht nur ein paar Nervenschwingungen im Vorfelde unseres Ich. Er will also durch das Wunder alles andere als einen Schaubeweis, der den Einsatz des Glaubens überflüssig macht.

Was will er aber *dann* mit der Heilung des Gichtbrüchigen bezwecken? Wo sollte überhaupt eine Pointe dieser Zeichenhaftigkeit stecken? Das ist jetzt die Frage.

Um dahinterzukommen, müssen wir noch einmal darauf achten, was Jesus im ersten Akt dieser Heilungsgeschichte tut, in dem er die Sündenvergebung ausspricht. Hier sagt er charakteristischerweise nicht: „Du Gichtbrüchiger, hör' mal: Wir Menschen sind alle nicht ohne Schuld, und Gott ist der Richter. Aber in gewissen Fällen kann Gott auch Gnade für Recht ergehen lassen. Ich wünsche dir, du Ärmster, daß du eine solche Ausnahme bist und aus dem Gesetz von Schuld und Sühne herausgenommen wirst."

Spräche Jesus so, dann würde er eine philosophische Weltanschauung verkünden und die These vertreten, daß Gott letztlich identisch wäre mit der sittlichen Weltordnung, mit dem Gesetz von Schuld und Sühne (denn „alle Schuld rächt sich auf Erden"). Gott wäre der kosmische Vollstreckungsbeamte dieses Gesetzes von Sühne und Rache. Er wäre der tragische Hintergrund der Welt.

Aber so redet Jesus nicht, sondern es geschieht etwas völlig anderes. Wenn er sagt: „Dir sind deine Sünden vergeben", *lehrt* er ja nicht (wie wir schon andeuteten), sondern da *handelt* er. Das heißt, wenn wir diesen Vorgang jetzt durchleuchten: „An sich" ist es allerdings so – gibt Jesus zu verstehen –, daß die Sünden der Väter an den Kindern heimgesucht werden. „An sich" ist es tatsächlich so, daß das Vergeltungsprinzip in der Welt herrscht, daß auch Gott dieses Vergeltungsprinzip anwendet und den Schuldigen ein Richter und Rächer ist. „An sich" ist es so, daß das Gesetz von Schuld und Strafe herrscht. Aber siehe nun, du armer Mensch, jetzt bist du *mir* begegnet, und ich habe die Vollmacht, deine Hand zu ergreifen und sie in die Hand des Vaters zurückzulegen. Ich kann dir mit meinem Wort die verschlossene Tür des Vaterhauses aufsprengen – sieh: Sie springt auf! Ich sage dir, sie springt auf, und du bist wieder daheim.

Das tut Jesus. Oder anders betont: Das *tut* er. Er greift gleichsam mit gewaltigem Arm in die Speichen jenes zermalmenden Riesenrades, das nach dem Gesetz von Schuld und Sühne über uns alle hinweggeht, und bringt es zum Stillstand, und zwar genau vor einem Menschen, der Jesus mit glaubensvollem Auge ansieht und es ihm zutraut, daß er diesen Stillstand zu bewirken vermag. Albert Schweitzer hat es einmal in einem grandiosen und erschreckenden Bilde so ausgedrückt, daß Jesus selbst in diesen Speichen des Weltrades, das er da gewaltsam zum Stehen bringt, auf Golgatha als zerfetzter Leichnam hängenbleibe.

Wir halten also fest: Jesus hält keinen Lehrvortrag über das Wesen der Sünde und ihrer Vergebung, sondern er *vollzieht* diese Vergebung. Er hält keinen Vortrag „über" alle möglichen Bindungen und Ketten, an die wir gefesselt sind, sondern er *zerbricht* diese Fesseln. Er spricht ein *vollziehendes* Wort, denn er hat Vollmacht. Erst wenn wir das verstanden haben, rühren wir an den innersten Nerv unserer Geschichte und verstehen plötzlich den Sinn des Wunders: Jesus will durch die Heilung des Gichtbrüchigen seine Vergebungsvollmacht nicht nachträglich beweisen, um sich selbst zu legitimieren; sondern er will durch das Wunder etwas ganz anderes zum Ausdruck bringen. Er will sagen: Genauso wie es ein vollmächtiger Eingriff in den naturgesetzlichen Ablauf ist, wenn ich der Krankheit Einhalt gebiete, ist es auch ein vollmächtiger Eingriff in das Gesetz von Schuld und Sühne, wenn ich sage: Dir sind deine Sünden vergeben! Deine Vergangenheit ist weg. Du darfst ein neuer Mensch sein. Gott hat dich jetzt wie seinen heimkehrenden Sohn in die Arme geschlossen.

Hier soll also deutlich gemacht und gleichsam demonstriert werden, daß beides eine *Tat*, daß beides ein Eingreifen in eherne Gesetzmächte ist. Siehe, hier ist ein Stärkerer am Werke, hier ist der Sohn Gottes selbst auf dem Plan – *das* ist der Sinn des Wunders.

Man könnte es auf eine ganz prägnante Formel bringen: Das Wunder will das Wort von der Sündenvergebung nicht „beweisen", sondern es will dieses Wort „auslegen" und deuten. Es will demonstrativ sichtbar machen, daß es beim Wort von der Sündenvergebung nicht um eine Moralphilosophie oder Weltanschauung geht, sondern um eine Tat: Dir *sind* deine Sünden vergeben, stehe auf, nimm dein Bett! Beides, Sündenvergebung und Heilung, sind nur zwei Seiten des gleichen vollmächtigen Bewirkens.

Wenn wir einmal begriffen haben, daß das Wunder so nicht den Sinn eines Beweises hat, fällt ein völlig neues Licht auf viele dieser merkwürdigen Berichte, die uns zunächst anstößig sein mögen und eine Zumutung an unsere Aufgeklärtheit zu bedeuten scheinen. Es zeigt sich nämlich, daß die Wunder Jesu den Leuten ihre persönliche Lebensentscheidung gegenüber Christus gar nicht abnehmen, sondern sie ihnen geradezu aufgeben. Das erkennt man daran, daß die Wunder immer wieder zweideutig, daß sie sozusagen in Rätseln chiffriert bleiben, statt in Klartext klipp und klar etwas zu beweisen. Deshalb kann man sie nur deuten, wenn man gleichzeitig Stellung zu Jesus Christus selbst nimmt und die Wunder von *ihm* her versteht.

Dafür gibt es eindrucksvolle Belege: Einige Male kommt es nämlich vor, daß Jesus eine wunderbare Heilung vollzogen hat und die Menschen gleichwohl nicht davon überzeugt werden. Sie können zwar nicht bestreiten, daß hier etwas Außerordentliches geschehen ist, aber sie fragen nun aus einer gleichwohl bestehenbleibenden Skepsis: „Aus welcher Macht tust du das?" (Matth. 21, 12ff.). Sie halten es also für möglich, daß hier nicht göttliche Kräfte, sondern okkulte Mächte, daß hier etwas mephistophelisch Unheimliches im Spiele sei. – Ein anderes Mal plaudern die Kleriker diese Vermutung sogar in schöner, unverhohlener Deutlichkeit aus: Er hat hier zwar einen Besessenen geheilt, aber er ist eben selber besessen, er treibt den Teufel durch Beelzebub aus, er kooperiert mit den Mächten der Unterwelt, und mit dieser Assistenz des Dämonischen vertreibt er nur andere dämonische Mächte (Matth. 12, 22ff.). Eine ganze Höllengeographie wird hier bemüht, um die magisch-obskuren Hintergründe dieser Wunder zu erklären.

Obwohl nun hier sicher *auch* ein überwundenes Weltbild voller Aberglauben spukt, so sind diese spiritistischen Deutungen von Jesu Wundern durch seine Zeitgenossen doch in zweierlei Hinsicht interessant und behalten auch für uns ihre Bedeutung.

Erstens: Das Wunder wirkt hier gerade nicht als die Legitimation Jesu. Auf bloße Wunder hin haben die Leute auch damals fast immer *nicht* geglaubt. Das war also in diesen alten Zeiten nicht anders als bei uns spätgeborenen Skeptikern. Es ist vielmehr so: Das Wunder verlangt von den Menschen eine ganz persönliche Entscheidung. Sie müssen sich nämlich gegenüber der Person Jesu *selbst* entscheiden. Sie müssen sich darüber klarwerden (also die Pharisäer und die Skeptiker und alle Herumstehenden, aber auch die, die heute einen solchen Heilungsbericht im Neuen Testament lesen, müssen sich darüber klarwerden), ob dieser Jesus wirklich in einer einmaligen, besonderen Verbindung mit der oberen Welt steht. Sie müssen sich darüber klarwerden (und zwar ganz einfach „entscheiden"), ob sie in ihm den Herrn sehen wollen, dem alle Gewalt im Himmel und auf Erden gegeben ist, so daß er den Elementen gebietet und die Schicksals- und Zerstörungsmächte brechen kann. Sie müssen sich darüber klar sein (also wieder „entscheiden"), ob sie in ihm das Wetterleuchten des kommenden Reiches sehen wollen – jenes Reiches, in dem kein Leid und kein Geschrei und der Tod nicht mehr sein werden. Sie müssen sich darüber klarwerden, ob sie in ihm den Repräsentanten dieses Reiches sehen wollen – oder aber einen Magier, der mit dunklen, dämonischen Kräften begabt oder besser: von ihnen besessen ist.

Diese ganz persönliche Entscheidung, die wir fällen müssen,

läßt sich nicht mit Hilfe einer exakten Wunderdiagnose, also nicht durch den banalen Augenschein umgehen. Denn mag auch das Wunder zehnmal unanfechtbar sein (so sehr waren die Leute von damals, besonders die kritischen Kirchenleute und die Ärzte, ja auch nicht auf den Kopf gefallen, daß sie sich von jedem Fakirtrick hätten über den Haufen rennen lassen! Sie hatten schon ein gerüttelt Maß an Realismus und Skepsis in sich ...), mag also das Wunder zehnmal unanfechtbar sein, so bleibt doch die eigentliche Entscheidungs- und damit Anfechtungsfrage immer noch offen: Die Frage nämlich, ob dieses Wunder von *Gott* oder von dämonischen *Mächten*, zum Beispiel von Beelzebub oder von Mephistopheles, stamme. „Aus welcher Vollmacht tust du das? Um Gottes willen: Wer ist dieser?", *das* ist die unheimliche Frage, die *bleibt* und die kein Wunder beantworten kann.

So stehen die Leute vor der erschreckenden Möglichkeit, daß sie ihn entweder für Gott oder für den Teufel halten müssen.

Damit hängt noch ein Zweites zusammen: Das Wunder bleibt „verwechselbar". Die damaligen Menschen standen, wie gesagt, vor der Möglichkeit, daß sie Gott oder den Teufel als Urheber des Wunders miteinander verwechseln konnten. Wir Heutigen, die wir im Zeitalter von Weltraumfahrt und Atomphysik leben und ein tiefgewandeltes Weltbild haben, stehen prinzipiell vor der gleichen Frage. Wir verwechseln das, was Gott im Wunder an uns tut, mit natürlichen Kausalgesetzen. Ich habe das schon angedeutet, als ich von meiner eigenen Heilung berichtete: Werden wir wunderbar vor einem Unfall bewahrt, bringt ein Geldbriefträger in einer peinlichen finanziellen Situation den genau richtigen Betrag, wird ein neues rettendes Medikament im letzten Augenblick erfunden, so liegt es für uns mehr als nahe, festzustellen: Es ist alles ganz „natürlich" zugegangen, es haben sich eben nur auf frappierende Weise zwei oder mehr Kausalitätsketten glücklich gekreuzt. Und wir zitieren dann gerne etwas kaltschnäuzig den Namen eines Tieres, das in der zoologischen Hierarchie nun gerade nicht die oberste Stufe einnimmt: Wir haben „Schwein" gehabt. Das war alles. Auch hier also stehen wir wieder vor der Frage – und zwar vor der Entscheidungsfrage –, für wen wir Gott halten wollen: für den Herrn, für *unsern* Herrn, der in allem dabei und für uns da ist, oder aber für irgendein Prinzip und eine erste Ursache, die uns weniger als nichts angeht.

So gehören die Wunder in das Geheimnis der Person Jesu hinein: nicht nur das Wort, nicht nur das Wunder, sondern auch er selbst setzt sich jener Verwechselbarkeit und jenem Mißverständnis aus. Man kann ihn verwechseln mit einem Wanderprediger, mit einem Religionsstifter oder mit einem sehr edlen Menschen, der am Schluß mit seiner Idee Schiffbruch erlitt. Und Jesus selbst hat nichts unternommen, um diese Zweideutigkeit seiner Erscheinung zu beseitigen. Er wollte sozusagen chiffriert bleiben. Er wollte uns zum Erraten und Ausprobieren vorgelegt sein.

Einmal zwar wollte ihm jemand zur Eindeutigkeit verhelfen. Er bot ihm die Reiche dieser Welt an und Fahnen und Macht. Er wollte ihn vom Tempel springen lassen, um eine ungeheure Propagandaaktion mit ihm anzustellen (Matth. 4, 1 ff.). Dann wäre er *eindeutig* geworden, und alle hätten ihm ihre Reverenz erwiesen. Aber der das wollte, war eben leider – der Teufel; und Jesus schlug sein Angebot aus. Er wollte verwechselbar bleiben. Er wollte im Vexierbild verharren; denn man sollte mit allen Kräften des Geistes und des Gemütes, man sollte im Einsatz und im Engagement nach ihm *suchen* müssen. Er wollte nicht billig zu haben sein, wo er selbst sein Teuerstes gab. Er wollte, wie Kierkegaard sagt, „die unendliche Leidenschaft unserer Innerlichkeit" entbinden, wie sie ein objektiv Gewisses (zum Beispiel ein mathematischer Lehrsatz) nie zu entbinden vermag.

Deshalb also, weil er das wollte, geht Jesus im Inkognito einher und trägt die Maske der Knechtsgestalt und des Gescheiterten. Jetzt kann ihn unter seiner Maske nur der finden, der entscheidungsbereit vor ihn tritt und ihm sagt: „Hier hast du mich, du bist mir zu stark geworden." Keiner findet ihn auf der Straße, keiner erlebt ein Erdbeben, das sein Leben wunderhaft aus den Fugen risse, keiner wird durch den Marschtritt der zwölf Legionen Engel überwältigt – keiner. Nur *der* erkennt ihn, der vor ihm stehenbleibt und sein Leben als Opfer in der Hand hält. Für den tritt er wunderbar aus dem Inkognito des Gekreuzigten und Geschmähten heraus und steht auf einmal vor ihm als Träger einer Vollmacht, kraft derer er Wunden zu heilen vermag. Jesus Christus liegt nicht auf der Straße, und seine Wunder liegen auch nicht dort. Nur wer ihn „im Einsatz" sucht, wird die Fährte und die Spur seiner Wunder finden, auch in seinem eigenen Leben.

Gottes Weg ist in den Flüssen
und in großen Wassergüssen,
und du spürst nicht seinen Fuß.

Drum auch in dem Meer der Sorgen
hält Gott seinen Pfad verborgen,
daß man nach ihm suchen muß.

Suchen, im Einsatz suchen – das ist es. „Wenn ihr mich von ganzem Herzen suchen werdet – das ist Gottes eigener Kommentar dazu –, so will ich mich von euch finden lassen."

II
DIE RETTUNG DES MENSCHEN

ICH GLAUBE AN JESUS CHRISTUS, GOTTES EINGEBORENEN SOHN

Nachdem schon viele es unternommen haben, Bericht zu geben von den Geschichten, die unter uns geschehen sind, wie uns das überliefert haben, die es von Anfang selbst gesehen und Diener des Worts gewesen sind: habe ich's auch für gut angesehen, nachdem ich alles von Anbeginn mit Fleiß erkundet habe, daß ich's dir, mein edler Theophilus, in guter Ordnung schriebe, auf daß du erfahrest den sicheren Grund der Lehre, in welcher du unterrichtet bist.

LUKAS 1,1-4

Wenn man diese Gestalt fassen will, wenn man wenigstens ihre Umrisse andeuten möchte: wo soll man da beginnen? Soll man die Geschichten nacherzählen, die das Neue Testament über ihn berichtet? Oder soll man die Begegnungen derer mit ihm darstellen, für deren Leben er alles war, für die er zum „einigen Trost im Leben und im Sterben" wurde, und die sogar für ihn in den Tod gingen: in den Arenen des Nero, unter den Steinwürfen der Fanatiker oder den Beilen der Henker, in den düsteren Verliesen der politischen Polizeimächte? Wir würden eine tausendjährige Geschichte von Stephanus bis Dietrich Bonhoeffer erzählen müssen, um die tröstende und tragende Gewalt dieses Einen an dem Widerschein zu erkennen, den er in den Herzen seiner Treuesten hinterließ. Oder sollen wir von unserem eigenen Leben berichten über dem sein ungeheuerer Schatten liegt?

Doch wir wollen ihn *selber* zu greifen versuchen und nicht nur den Reflex, den er bei uns Menschen auslöst.

Aber wie kommen wir an ihn heran? Ist sein Bild nicht, wie das ja manchmal bei alten Fresken vorkommt, von den Dogmen und auch den Legenden der Jahrhunderte übermalt? Ist es wirklich der gewesen, der uns heute in den Katechismen und den Predigten der Kirche entgegentritt? Ist das überhaupt sein Porträt, oder ist es nicht eben jene Übermalung und Veränderung, auf die wir uns nicht verlassen können? Wenn das aber so ist: rührt sie dann nicht aus menschlicher Phantasie her und ist also menschliches Gemächte?

Diese Fragen haben schon andere vor uns gestellt. Albert Schweitzer hat in einem berühmten Buch aufgezeigt, wie viele Gelehrte sich im Laufe der Geschichte zu großartigen Forschungsexpeditionen aufgemacht haben, um den historischen Jesus zu „fangen“, nicht mit „Schwertern und mit Stangen“, aber mit dem Spachtel, der die Übermalungen herunterkratzen sollte, und mit dem Mittel scharfsinniger, manchmal fast kriminalistischer Kombinationen, die Steinchen um Steinchen des wahren Tatsachenmosaiks zusammensetzen wollten.

Aber merkwürdig: all diese Expeditionen erreichten ihr Ziel nicht. Es war so, als ob sich diese geheimnisvolle Gestalt jedem Zugriff entziehen wollte, als ob niemand ihrer *so* habhaft werden dürfte, wie doch *sonst* eine historische Gestalt, Hannibal etwa oder Napoleon, von den Forschern dingfest gemacht werden kann.

Entweder nämlich fand man einen edlen Menschen, der alle jene Vollkommenheiten in sich zu vereinen schien, die dem Humanitätsideal der jeweiligen Zeit entsprachen. Bei einem solchen Ergebnis mußte man sich ehrlicherweise eingestehen, daß einen ganz sicher nicht der wirkliche Jesus der Geschichte, sondern nur das eigene Spiegelbild anblickte und narrte.

Oder aber – das war die zweite Art von Ergebnissen, bei der man ankam – man hatte die letzte Schicht der Übermalung beseitigt und sah nun mit äußerster Spannung dem wirklichen, dem realen Jesus entgegen, so wie er über diese Erde gegangen sein mußte. Doch dann fuhr man entsetzt zurück, denn statt des erwarteten Heilandes in seiner stillen und bezwingenden Größe blickte einen ein unwirkliches Gespenst an, ein apokalyptischer Rabbi, der das Ende der Welt und den Zusammenbruch aller Dinge bevorstehen sieht und über dem das schweflige und fahle Licht des Weltuntergangs liegt. Und um dieses Weltende zu beschleunigen – so hat es Albert Schweitzer ausgedrückt –, greift dieser ungeheure Mensch in die Speichen des Weltrades, „damit er die letzte Drehung mache und die Geschichte der Welt zu Ende bringe. Da es nicht geht, hängt er sich dran, und siehe, es dreht sich tatsächlich – und zermalmt ihn“. Aber das erhoffte Ende kommt nicht. Das Weltrad der Geschichte „dreht sich weiter, und die Fetzen des Leichnams dieses einzig unermeßlich großen Menschen, der gewaltig genug war, um sich als den geistigen Herrscher der Menschheit zu erfassen, hängen noch immer dran".

Ein ungeheures Bild von antiker Größe, das Albert Schweitzer hier beschwört! Aber was sollen wir mit diesem unglücklichen Beweger und Opfer des großen Weltrades anfangen? Was sollen *wir* mit ihm anfangen? Wie könnte ich dieser vorzeitlich mythischen Gestalt mit meiner Sünde kommen? Wie könnte ich ihm meine Kinder für Zeit und Ewigkeit anvertrauen? Wie könnte ich mich sterbend in diese fremden, unheimlichen Hände fallen lassen? Sollten die Jünger nicht recht gehabt haben, wenn sie in der vierten Nachtwache ein „*Gespenst*" sahen, das über die Wogen zu ihnen kam? (Matth. 14, 26.) Wo ist hier noch die tröstende Stimme des guten Hirten? Wo ist hier Halt und Geborgenheit? Es ist nahezu unfaßlich, daß jemand zu dieser beklemmenden Gestalt gesagt haben sollte: „Herr, du hast Worte des ewigen Lebens!" oder auch: „Sprich nur ein Wort, so wird alles gut!" oder auch: „Herr, hilf mir!"

Es ist sehr merkwürdig, daß alle diese Experimente, die Gestalt Jesu historisch in den Griff zu kriegen, mißlungen sind. Es ist seltsam, daß man wohl allenthalben seine Spuren entdeckte und also zugeben mußte, hier sei jemand vorübergegangen; daß man ihm selbst aber auf diese Weise *nicht* begegnete.

Und doch hatte man ihn ja nicht aus purer Neugier, sondern gleichsam mit brennendem Herzen gesucht. Die Forscher, die sich auf diese Fährte begaben, sagten nämlich: Wir spüren, daß *hinter* den kirchlichen Dogmen und Glaubenssätzen, hinter all dem also, was man da von einem „Gottessohn" und „Welterlöser" aussagt, irgendeine ungeheure Gestalt steht, die einmal über diese Erde gegangen sein muß. Wir können aber unser ganzes Leben, unser Vertrauen für Zeit und Ewigkeit nicht auf diese menschlichen Deutungen und auf den ganzen theologischen Begriffsapparat setzen, den diese Gestalt in Bewegung gesetzt hat, sondern wir wollen uns – *wenn* wir denn schon alles auf eine Karte setzen – nur der originalen Gestalt Jesu *selbst* anvertrauen. Darum müssen wir alle überlagernden Schichten kirchlicher Tradition herunterkratzen und ihn selber finden, so wie er gewesen ist und vielleicht immer noch ist.

Doch, wie gesagt: Alle diese Versuche erleiden einen Bankrott.

Hinter die Spuren, die die Gestalt Jesu in den Herzen seiner Jünger hinterlassen hat, kann niemand zurück. Die Jünger selbst schon mußten sich mit dem Hinweis begnügen, daß eben ihr Herz übervoll von ihm war. Auch wenn sie moderne und eben keine antiken Menschen gewesen wären, wenn sie im heutigen Sinne Interesse an einer historisch exakten Biographie gehabt hätten, so wären sie doch außerstande gewesen, dieses alle Maße sprengende Leben in einem „naturgetreuen" Porträt einzufangen. Dazu hätte ihnen die innere Neutralität gefehlt. Sie waren zu kühler Objektivität gar nicht in der Lage. Denn hier wurde ja ihr Leben aus den Angeln gehoben. Wenn heute ein Verkehrsunfall rekonstruiert werden soll, pflegen die Zeugenaussagen gleichfalls nur selten übereinzustimmen. Das hat einen sehr einfachen Grund: Auch hier können die Beteiligten nicht objektiv sein. Sie sind viel zu sehr bewegt und beeindruckt von dem Erlebten. Sie sind viel zu sehr darin „verwickelt", um mit photographischer Präzision das empfangene Bild weiterzugeben.

Das ist nur eine sehr entfernte Entsprechung zu dem, was mit den Jüngern los ist. Sie berichten von dem, was ihre geblendeten Augen sahen und ihre dröhnenden Ohren hörten. Sie legten Bekenntnisse ab über eine Gestalt, die ihr Herz überwältigt hatte und deren Wort einen zu Boden strecken konnte. Denn es war unerhört, was sie zu hören bekamen, und es war unsagbar, was sie weitersagen sollten.

Wie sollte man denn auch „objektiv" schreiben, wie Menschen die Last ihres Gewissens los wurden, wie die Menge in der Wüste durch seine Gegenwart rätselhaft satt wurde und wie die Mächte von Schuld, Leid und Tod sich wie eine geschlagene Macht zurückziehen mußten, wo immer er auf den Plan trat? Wie sollte man hier mit Punkt und Komma ein biographisches Protokoll aufs Papier kritzeln? Wie sollte das auch nur *ein* Mensch können? Begann hier nicht der Griffel die Hand zu führen, statt daß die Hand den Griffel hielt?

Was wir in den Berichten über Jesus Christus vor uns haben, sind die Glaubenszeugnisse von Überwältigten. Anders als in solchem Zeugnis konnte man nicht von ihm reden – ganz gleich, ob das Zeugnis *für* ihn oder *wider* ihn war. Alle, die ihm begegneten, waren in diesen Bannkreis des Bekennens und Farbebekennens einbezogen: die Jünger und die Frauen unter dem Kreuz, aber auch der Offizier von Golgatha in seinem stotternden Ausbruch: „Wahrlich, dieser Mensch ist Gottes Sohn gewesen!"; und auch die Henker und die hohen Kleriker, Pontius Pilatus nicht zu vergessen. Nur eines konnte man auf keinen Fall: Neutral und unbeteiligt sein konnte niemand. Es gab keinen sachlichen Protokollanten, wenn einem das Blut in den Adern erstarrte.

Das Zeugnis von Überwältigten – nur das haben wir vor uns. Dahinter kann niemand zurück. Denn wir können nun auch unsererseits dieses Zeugnis nicht mit unberührter Objektivität durchdringen und den sogenannten historischen Jesus aus ihm herauspräparieren wollen. Wir können nur „Ja" oder „Nein" sagen. Es gibt nur die Alternative, mit dem Bekenntnis zu reagieren: „Mein Herr und mein Gott", oder mit der ebenso heftigen Abwehr: „Hebe dich hinweg von mir und störe meine Kreise nicht!"

Selbst Menschen, die sich von allem, was Christentum heißt, entschlossen abkehren, können von diesem Zeugnis angerührt sein: Camus, der große und sehr respektable Atheist, sagte: Er war so menschlich, „darum halte ich etwas von ihm, mein Freund". Und Jewtuschenko, der sowjetische Dichter, bekennt: „Nicht daß ich Christusanhänger bin, aber mir gefällt seine Art: Wenn du einen Streich auf die Wange erhältst, so halte die andere hin." Sein Gewand hat auch sie gestreift, und wer weiß, wann er sich nach ihnen umdreht und *sie* bei einem Namen ruft, den sie selber noch gar nicht kennen. Denn sie wissen ja noch gar nicht, wer sie selber sind und zu was sie berufen wurden, solange seine segnende Hand ihnen verborgen ist.

Obwohl man also nicht objektiv und in Distanz von ihm reden kann und obwohl es so kein historisches Porträt von ihm gibt, kann die Frage nicht verstummen, wer er denn gewesen sei, der mit seinem Fuß unsere Erde berührt und zwischen Bethlehem und Golgatha sein Leben unter uns gelebt habe. Würden wir auf diese Rückfrage nach ihm verzichten, so müßte sein Bild sofort zur Unkenntlichkeit entstellt werden. Denn dann gäbe es im Grunde nur noch zwei Möglichkeiten, ihn aufzufassen:

Entweder würden wir uns dann sagen: Wer er selber gewesen ist, das ist schließlich gleichgültig. Die Hauptsache ist, daß wir seine Lehre und seine Worte haben, das Gleichnis vom verlorenen Sohn etwa oder das Gebot der Nächstenliebe. Das genügt, um uns Gott als Vater erscheinen zu lassen, um unser Menschenbild zu ändern und schöpferische Impulse für unser Leben zu gewinnen. Ist es denn wichtig, wer Pythagoras gewesen ist, ja ob er überhaupt gelebt hat? Wichtig ist doch nur, daß wir den pythagoreischen Lehrsatz, daß wir die „Lehre“ haben. Darum braucht es uns nicht zu kümmern, wenn es keinen objektiven Befund über das Leben Jesu gibt. Stimmt aber – das ist die Frage – dieser Vergleich mit Pythagoras wirklich? Läßt sich denn zum Beispiel das Gleichnis vom verlorenen Sohn tatsächlich loslösen von dem Heiland, der es erzählt, so daß es eigenes Leben hätte? Was nützte es uns, wenn wir diese rührende Novelle von einem jungen Mann, der in der Fremde verdirbt, aber doch schließlich heimfindet, unter den Werken irgendeines Dichters fänden? Würden wir dann wirklich zu sagen wagen: Also wird Gott auch *mir* ein gütiger Vater sein und wird auch *mich* in seine Arme aufnehmen, wenn mir das Leben mißlungen ist und ich in desolatem Zustand vor ihm erscheine? Würde ich es auf ein noch so schönes Gedicht, auf eine noch so schöne Novelle hin wirklich zu glauben wagen, daß sich eben nicht „alle Schuld auf Erden rächt“, sondern daß es so etwas wie Vergebung gibt, daß ein Herz für mich schlägt, das mich nicht aufgibt, und daß mir ein neuer Anfang geschenkt ist? Könnte es nicht statt dessen eine Märchenidylle sein, mit der ein Dichter sich träumend über die unbarmherzige Härte des Lebens hinwegstiehlt?

Ganz sicher ist es doch so: Ich kann diese Geschichte, wenn ich wirklich radikalen Ernst mit ihr mache, nur *einem* abnehmen: Ich kann sie nur und allein Jesus Christus abnehmen. Nur bei ihm wird das Märchengold zur baren Münze. Ich kann auch erklären, warum ich es nur ihm abnehmen kann: Ich merke bei allem, was mir von seinem Tun und Reden berichtet wird, daß er diesen Vater kennt, der da den verlorenen Sohn an der Schwelle seines Heimathauses in Empfang nimmt. Ich spüre, daß es *sein* Vater ist und daß er aus einer Gemeinschaft mit ihm berichtet, die ihm sehr vertraut ist, und daß man solche Dinge nur aus dem innigsten Einklang der Herzen wissen kann. Überhaupt und nur darum glaube ich daran. Ich weiß, daß der *Zeuge* glaubwürdig ist und daß er nicht wie der Blinde von der Farbe spricht, wenn er von den Wundern eines ewigen Herzens erzählt. Jesus *verkündet* eben nicht nur die frohe Botschaft, sondern er gehört selber in sie hinein.

Und in diesem Sinne kommt wirklich alles darauf an, daß dieser *eine* Mensch einmal über diese Erde gegangen ist. Wenn das Schwindel sein sollte, nützt mir die noch so herzerwärmende Botschaft gar nichts. Darum kann ich es nicht lassen, immer neu zu fragen, wer er gewesen ist. Ich frage aber jetzt auf neue Art; ich frage nämlich als jemand, dessen ganzer Lebenssinn, ja dessen Schicksal von der Antwort auf diese *eine* Frage abhängt. Und je mehr ich in diese Art des Fragens hineinwachse, um so abwegiger, um so grotesker erscheint es mir, wie man mit der Kühle eines nur „historischen" Interesses nach Jesus von Nazareth fragen kann.

Die *andere* Möglichkeit, die mir bleibt, wenn ich aufhöre, nach ihm zu fragen (nach ihm, wie er einmal real gewesen und als Gestalt der Geschichte über diese Erde gegangen ist), diese andere Möglichkeit ist die, daß ich ihn für einen *Mythos* halte – wie Apoll etwa oder Baldur. Ich sage mir dann, es hat diesen Menschen zwar nie gegeben; er ist nur die Projektion aller unserer Sehnsüchte, er ist eine visionär geschaute Rettergestalt – wie in anderen Mythen auch –, eine Gestalt, in die man alles an rettenden Kräften hineinpackt, was wir Menschen ersehnen, wenn wir vor dem maskenhaften Antlitz des Schicksals erstarren, wenn der Tod uns ängstigt und das Schuldproblem uns quält. So sind wir dankbar, daß dieser Traum von einem Heiland einmal geträumt wurde und daß man ihm die Wärme einer lebendigen Gestalt mitzuteilen wußte, eines Menschen aus Fleisch und Blut, der alle Höhen und Tiefen des Lebens ertrug wie du und ich auch.

Aber – das ist auch hier wieder das Problem –: können wir uns durch diese Flucht in eine Mythos-Hypothese wirklich von der Frage dispensiert sehen, *wer* Jesus gewesen sei und ob er *wirklich* gewesen sei? Die ältesten Berichte über ihn, zum Beispiel der Auferstehungsbericht des Paulus, sind kaum ein Vierteljahrhundert nach seinem Tode verfaßt worden; und eine nicht geringe Zahl von Zeugen, die Weggenossen dieses Jesus gewesen waren, weilten noch unter den Lebenden. In einem so minimalen zeitlichen Abstand entstehen keine Mythen. Im besten Falle bekränzt man das Gedächtnis eines großen Toten mit einigen Legenden und verklärenden Anekdoten. Wer Mythen dichtet, wählt die Ferne der grauen Vorzeit, zu der keine Erinnerungen zurückreichen. Er erdichtet aber kein Gotteswesen, von dem er im Jahre 1965 behauptet, daß es vor einiger Zeit in Hamburg-Barmbek gelebt und 1940 in der Sierichstraße gestorben sei. Von allen Theorien, die man über Jesus aufstellen kann, ist diese Erklärung mit Hilfe des Mythos jedenfalls die allerunwahrscheinlichste.

So bleibt uns nur übrig (und wie großartig ist es, daß das so sein darf!), danach zu fragen, wer dieser Einzige denn gewesen sei. Aber wir können die Frage nur so stellen, daß wir uns ihm in der gleichen Richtung nähern, die seine Zeugen, die die von ihm Überwältigten in ihren Berichten markiert haben.

Es ist ja immer das *Handeln* Jesu gewesen, das nach dem einmütigen Zeugnis der Berichte die Frage ausgelöst hat, wer er sei. Die Kleriker fragen: „In welcher Vollmacht tust du das?“ (Markus 11, 28.) Und ein anderes Mal sagen sie: „Er treibt die Teufel aus durch Beelzebub“ (Matth. 12, 24), das will sagen: er steht mit dämonischen Kräften im Bunde und bedient sich der schwarzen Magie, wenn er die Naturgesetze auf den Kopf stellt. Wer ist er also, lautet die Frage: Ist er ein Bote Gottes oder kommt er aus der Unterwelt?

In der breiten Masse wird gemunkelt, er sei der wieder lebendig gewordene Täufer Johannes. Andere wieder möchten sich nicht gern aus dem Gleichgewicht bringen lassen und suchen sich das Außerordentliche ihres Eindrucks wieder auszureden. Sie weisen auf seine banale Herkunft hin: „Ist er nicht der Sohn des Zimmermanns? Und seine Mutter ist doch die Maria!“ (Matth. 13, 55.) „Wohnt er nicht drüben um die Ecke, Haus Nr. soundsoviel? Sollte der liebe Gott wirklich auf die Idee gekommen sein, bei Schmidts oder Schulzes eine besondere Filiale des Reiches Gottes eingerichtet zu haben? Warum regen wir uns also auf?“

Die Leute in dem von Wind und Wellen bedrängten Schiff dagegen fragen so, daß es schon fast in ein Gebet übergeht: „Was ist das für ein Mann, daß ihm selbst die Winde und das Meer gehorchen?“ (Matth. 8, 27.) Er selbst sagt (außer am Schluß seines Lebens) nicht, wer er ist (Luk. 22, 70; 18, 37). Aber wohin immer er tritt, löst er die *Frage* aus, wer er denn sei, und läßt sie nicht mehr verstummen. Die Massen rennen ihm nach und möchten ihn zum politischen Führer machen. Also ist er vielleicht ein Welteroberer oder zumindest der große Chefideologe des jüdischen Volkes, der ihm neue Parolen und Impulse vermittelt? Aber warum hält er sich dann mit einem blinden Bettler oder mit einer „Zigeunerin“ aus Samarien auf? Warum taxiert er die Leute nicht nach ihrer politischen Potenz? Warum geht er in die Stille, um mit seinem Vater zu reden, statt sich in den Tumult des Machtkampfes zu stürzen? Warum predigt er und übt er erbarmende Liebe, wenn er die Macht will? Hat man denn je erlebt, daß Macht und Liebe in einer Person beisammen sind?

Fragen über Fragen! Das Geheimnis seiner Person fasziniert und stößt gleichzeitig ab.

Dabei ist er auf der anderen Seite wieder ganz menschlich. Man sieht ihn mit den Seinen über die Felder gehen, wenn er von den Lilien spricht oder den Vögeln unter dem Himmel, die sich keine Sorgen machen und sich von ihrem himmlischen Vater versorgen lassen. Das waren Erfahrungen, die jeder in sich nachvollziehen konnte. Und immer wieder mußte man einfach mit dem Kopf nicken, weil dieser Mann Dinge sagte, die man selber schon unbewußt erfahren hatte und die er einem nun blitzblank und klar vor die Augen stellte: „Niemand kann zwei Herren dienen . . .“ Man muß also wählen, man muß sich entscheiden. Das war so ein Wort, das jeder verstehen konnte. Oder auch: „Das Leben ist mehr als die Nahrung, und der Leib mehr als die Kleidung.“ Oder: „Wo dein Schatz ist, da ist auch dein Herz.“ Manchmal, wenn man diese so plausiblen Dinge hörte, mochte man meinen, das Reich Gottes sei das Allernatürlichste von der Welt; so deutlich beschrieb er es – gleichsam wie jemand, der eben von dorther kam und der es so deutlich vor Augen hatte, wie ich den Olivenbaum drüben am Straßenrand. Man hatte kaum noch das Gefühl, daß die Dinge des Reiches Gottes überirdisch transzendent seien und in irgendeiner anderen Dimension lägen; denn er redete davon wie von Vorfällen und Dingen, die man eben noch selbst erlebt hatte: Da war doch kürzlich so ein Angeber, der einen sehr pompösen Bau bei einem Architekten bestellt hatte. Doch dann war ihm der „nervus rerum“ ausgegangen, einige Wechsel kamen zum Platzen, und nun stand die halbfertige Fassade da, zum Gespött aller, die diesen Reinfall des Gernegroß nun täglich vor Augen hatten. Diesen Anblick benutzt Jesus, um den Leuten zu sagen: Wenn ihr meine Jünger sein wollt, bedenkt bitte die Kosten, ob „ihr es habt hinauszuführen“ (Luk. 14, 28ff.). Fangt lieber gar nicht erst mit mir an, wenn ihr nicht bereit seid, alles einzusetzen; denkt ja nicht, daß ich billig und zu einem Schleuderpreis zu haben sei! Ihr müßt schon bereit sein, mit eurem Leben zu bezahlen. Macht euch das klar. Sonst fangt lieber gar nicht erst mit der Nachfolge an. Denn ein Halbchrist, ein „Laumann“, der weder heiß noch kalt ist und schließlich *doch* davor zurückzuckt, sich mir anzuvertrauen, ist schlimmer dran als ein saftiger Heide und bietet am Schluß nur denselben kläglichen Anblick wie das halbfertige Gemäuer. – Nicht wahr, so etwas konnte auch das einfachste Gemüt verstehen, und es wußte plötzlich: Ich muß mich entscheiden. Es geht jetzt darum, ob mir das Leben gelingt; und ich weiß, daß mir die Parole des Gelingens nicht nachgeworfen wird, sondern daß sie etwas kostet. Ich weiß aber auch, daß es sich lohnt, mit dem eigenen Leben zu bezahlen.

Manchmal meinen die Leute, Jesus rede eigentlich so, wie es die frommen Leute immer getan haben. Doch dann taucht plötzlich etwas Schneidendes, etwas Scharfes auf, das wie ein Messer alle frommen Ordnungen und alle religiösen Selbstverständlichkeiten zertrennt. Dann heißt es nämlich: Soundso steht es zwar in eurem Katechismus, *ich aber sage euch* ... Das waren Augenblicke, wo man vor der aufregenden Frage stand, ob er vielleicht größenwahnsinnig, ob ihm sein Ruhm in den Kopf gestiegen sei, wenn er sich auf solche Art wider alle Autoritäten, wider Mose und die Propheten stemmte und die Vollmacht für sich in Anspruch nahm, ein Zeuge Gottes zu sein wie niemand sonst, eine Legitimation zu haben wie niemand anders.

Im nächsten Augenblick aber verging einem dieser gotteslästerliche Gedanke wieder. In seinen Worten tauchte etwas auf, das wie aus einer anderen Welt kam. Und es schien dann darauf zu deuten, daß der Redende *selber* aus einer anderen Welt kam, aus einem Raume, der jenseits aller Lilien auf dem Felde und aller Vögel unter dem Himmel lag. Dieser Eindruck des „ganz Anderen" (während er eben noch so menschlich nahe gewesen war) mochte sich gerade dann aufdrängen, wenn er irgendeinen besonders wichtigen Satz mit den Worten begann: „Wahrlich, ich sage euch." Dieses einleitende Wort „wahrlich" heißt im Urtext „Amen". Eine sehr eigenartige Methode, nicht wahr, einen Satz mit der Schlußfloskel einzuleiten! Denn „Amen" sagt man ja bekanntlich am Ende und am Schluß, Jesus aber sagt es am Anfang.

Dieses Ungewöhnliche empfanden auch die damaligen Hörer. Denn die Gemeinde im Tempel pflegte „Amen" zu sagen, wenn das Gotteswort verlesen worden war oder wenn der Priester das Gebet vorgesprochen hatte. Dann antwortete man mit „Amen". Man bestätigte das Gehörte mit einem „so sei es", „so habe ich es gehört, und unter dieses Wort will ich mich stellen; ich will diesem Wort ganz und gar gehören".

Was mochte also dieser Nazarener damit meinen, wenn seine

Rede mit einem solchen „Amen“ *begann,* statt daß er sie damit abschloß? Wollte er auch damit wieder jene Umwertung aller Werte zum Ausdruck bringen, die durch ihn geschah? Wollte er sich auch darin als der Umstürzlerische, als der alles Bisherige Sprengende zu erkennen geben? Auch damit provozierte er jedenfalls wieder die Frage, wer er denn nun sei – er, der sich allen gängigen Formeln zu entziehen schien und den man in seinen Vorstellungen und Begriffen nicht unterzubringen wußte.

Gerade dieses Amen, das Jesus so an den Beginn seiner Worte stellt, deutet auf das Geheimnis seiner Person wie kaum etwas sonst. Indem er das Schlußwort zum Anfangswort macht, gibt er zu verstehen: Ehe ich zu euch rede, habe ich immer schon mit meinem Vater gesprochen. Und was ich nun an euch weitergebe, das habe ich vorher von ihm empfangen. Ehe Jesus den Mund auftat, um zu uns Menschen zu sprechen, hatte er schon ein Gespräch mit dem Vater hinter sich und schloß dieses Gespräch mit „Amen“ – mit dem Ja zu des Vaters Wort, mit der Ergebung in seinen Willen. Die Menschen, die ihn hörten, bekamen gerade noch dieses letzte Wort mit. Sie erlebten gerade noch, wie er sich von der Zwiesprache mit seinem Vater löste, sich zu ihnen herumdrehte und das weitergab, was er mit seinem „Ja, Vater“ bekräftigt hatte.

So kam es, daß sie zuerst das „Amen“ hörten, wenn Jesus ihnen eröffnete, was der Vater für sie bereithielt und was sie zu tun hätten, um aller auf sie wartenden Fülle teilhaftig zu werden und um zu erfahren, was das Leben sein kann und was Seligkeit ist.

So war dieser eine Ungeheure ihnen vertraut und nahe und doch zugleich fremd: Er war ihnen nahe, weil er voller Erbarmen war und weil er in einem immer noch den Menschen, immer noch das Kind Gottes sah, selbst wenn man in die Gosse gezerrt und in der Fremde verkommen war. Die Einsamen wußten: Hier ist jemand, der versteht mich. Und die Leidenden waren dessen gewiß: Dieser hält mich fest, wenn alle anderen sich von mir wenden; er braucht nur ein Wort zu sagen, dann müssen Leid und Tod von mir weichen.

Doch im gleichen Augenblick war er wieder ganz fern: Er kam aus einer Gemeinschaft mit Gott, die wir Menschen verloren haben, um die wir vielleicht ringen und nach der wir suchen. Er aber besaß sie und kam aus ihr; er lebte in immerwährendem Gespräch mit seinem Vater und läßt uns das letzte Wort „Amen“ gerade noch hören.

Wer war er, wer ist er, der so redet und der das tut, was *er* getan hat? Wer war er, wer ist er, der sich im Frühling an den Lilien gefreut hat wie du und ich; der Schmerzen, Einsamkeit und Ängste erlitten hat wie du und ich; der ein Mensch war wie wir, und der gestorben ist (nur viel schrecklicher), wie wir alle sterben müssen – und der doch von sich sagen durfte, was kein Mensch je von sich behaupten konnte: „Wo zwei oder drei versammelt sind in meinem Namen, da bin ich mitten unter ihnen?" Wer war er, wer ist er, der das zu sagen vermochte? Sollte er denn wirklich unter uns sein, sollte er leben?

Wenn das stimmen sollte, dann müßte er unser Leben ändern, dann wären alle Voraussetzungen umgestürzt, unter denen wir bisher lebten. Dann würden die weltgeschichtlichen Individuen, würden die Machthaber der östlichen und der westlichen Hemisphäre eine andere Rolle spielen, als wir bisher glaubten. Dann hätte auf einmal alles in meinem Leben einen anderen Sinn, einen anderen Stellenwert. Ich hätte plötzlich ein neues Thema, in dessen Namen ich lebte. Es wäre gar nicht mehr so wichtig, ob ich die Wohnung kriege, die ich haben möchte, ob ich die Stelle bekomme, um die ich mich bemühe. Denn ich wüßte auf einmal, daß einer bei mir ist, der sich etwas bei dem denkt, was er mir als den Weg meines Lebens vorzeichnet; daß er die Mühsal selber getragen hat, die er mir auferlegt, und daß er zugleich stärker ist, als alle Lasten schwer sind. Er wäre bei mir, während das Schifflein meines Lebens sich durch die Wellen kämpfen muß, und er könnte zugleich den Wellen mächtig gebieten. „Wer ist er, daß ihm Wind und Wellen gehorsam sind?"

Das ist die erschreckende und beseligende Frage, die uns nun gestellt ist und über die wir nachdenken wollen.

Es ist möglich – und Gott kann es so fügen –, daß kein Stein in meinem Leben auf dem anderen bleibt, wenn ich es erfahre, wer er ist. Niemand, der ihm begegnete, ist als derselbe Mensch wieder weggegangen. So kann es sein, daß auch wir unser „Amen" sprechen lernen: das Amen des Glückes, den Grund gefunden zu haben, der uns hält, den Frieden, der uns Geborgenheit schenkt, und einen neuen Sinn unseres Lebens, der uns zu neuen Ufern lockt.

EMPFANGEN VOM HEILIGEN GEIST, GEBOREN VON DER JUNGFRAU MARIA[1]

Und der Engel sprach zu ihr: Fürchte dich nicht, Maria, du hast Gnade bei Gott gefunden. Siehe, du wirst schwanger werden und einen Sohn gebären, des Namen sollst du Jesus heißen. Der wird groß sein und ein Sohn des Höchsten genannt werden; und Gott der Herr wird ihm den Thron seines Vaters David geben, und er wird ein König sein über das Haus Jakob ewiglich, und seines Reichs wird kein Ende sein. Da sprach Maria zu dem Engel: Wie soll das zugehen, da ich doch von keinem Manne weiß? Der Engel antwortete und sprach zu ihr: Der Heilige Geist wird über dich kommen, und die Kraft des Höchsten wird dich überschatten; darum wird auch das Heilige, das von dir geboren wird, Gottes Sohn genannt werden. Maria aber sprach: Siehe, ich bin des Herrn Magd; mir geschehe, wie du gesagt hast. Und der Engel schied von ihr.

LUKAS 1, 30–35.38

Es gibt Menschen – sie sind sicher nicht die schlechtesten –, die es sich um den 24. Dezember herum verbieten, einer unkontrollierten Gefühlswallung zu erliegen. Sie zwingen sich statt dessen zu der nüchternen und realistischen Feststellung, daß das eigentliche Weihnachtsthema sie nicht berührte: das Thema also, daß Gott Mensch, daß das Wort Fleisch geworden sei und daß der „holde Knabe im lockigen Haar“ das Schicksal ihres Lebens bedeute. Wer ehrlich ist, nimmt es eben genau und fürchtet sich vor gefühligen Vernebelungen, in deren Dunst die strenge und unerbittliche Frage, „was denn nun dran“ und was „des Pudels Kern“ sei, sich in nichts aufzulösen droht. Er nimmt es genau und will wissen, was dran ist. Und weil ihn diese Frage

[1] Vgl. das Kapitel über die Jungfrauengeburt in dem Buch des Verfassers „Gespräche über Himmel und Erde“ (Quell-Verlag).

sehr hilflos macht, quält ihn der Widerspruch zwischen seinen weihnachtlichen Gefühlen und der fragwürdigen *Sache*, von der diese Gefühle ausgelöst werden. „Empfangen vom Heiligen Geist, geboren von der Jungfrau Maria" – realisieren wir denn, was wir damit sagen? Und selbst wenn wir es zu wissen glauben: wer kennt nicht jene leichte Hemmung, die ihn überfällt, wenn dieser Satz im Glaubensbekenntnis auftaucht?

Wenn das mehr sein sollte als ein Märchen, dann müßte ja die Weltgeschichte einen anderen Sinn haben, als ich es bisher wähnte. Dann ginge es auch in meinem persönlichen Leben um ganz andere Themen, als ich es bislang wahrhaben wollte. Dann bekäme mein Bankkonto einen ganz anderen und sehr viel geringeren Stellenwert, während das tägliche Vaterunser und ein bißchen Liebe gegenüber meinem Nächsten plötzlich mit schwindelnd hohen Kurswerten notiert würden.

Damit sind wir bei dem, worüber wir nachdenken wollen: Was heißt dies „Empfangen vom Heiligen Geist"?

Zunächst ist in dürren Worten gesagt, daß der Mensch Jesus seinen Ursprung nicht in der menschlichen Generationenfolge hat, sondern daß Gott selbst in ihm den Raum der Geschichte betritt. Ich weiß, daß ich das jetzt wirklich etwas im Paragraphenstil gesagt habe. Aber es ist gut, zunächst einmal die genaue und von allem Beiwerk befreite Formel auszuhalten. Auch die Funktion der Atombombe läßt sich ja in nüchternen, mathematischen Formeln darstellen, obwohl das, was sie bei einer Explosion bewirkt, der Untergang einer Welt ist: der Verbrennungstod von Kindern, die Verwüstung kommender Generationen, verbrannte Erde und das Verstummen des Vogelgesanges. So ist es in umgekehrter Entsprechung auch hier: In jener nüchternen Weihnachtsformel sind Aufgänge statt Untergänge und ist Leben statt Tod verborgen.

Wenn ich die *schicksalhafte* Bedeutung jener Formel für uns alle nunmehr ein wenig ausziehen und markieren darf, dann sind sofort zwei Schwerpunkte zu erkennen:

Einmal: In Jesus Christus ist Gott selbst unter uns getreten. Das ist etwas anderes, als was uns in den alten Mythen berichtet wird, wenn etwa Zeus oder Apoll in Menschengestalt einen Ausflug auf die Erde machen, um eine kleine Inspektion dieser merkwürdigen menschlichen Rasse vorzunehmen. Denn die unsterblichen Götter, die sich hier vom Olymp herunterbemühen, riskieren dabei nichts. Sie berühren die Welt nur so, wie die

Tangente einen Kreis berührt, und kehren sicher auf den Olymp zurück.

Hier aber verläßt einer die Etappe des Himmels und kommt in unseren vordersten Graben, teilt mit uns die äußerste Verlassenheit, die Höllen menschlicher Angst, die Qualen von Hunger und Durst. Schließlich läßt er auch sein Herz durchschauern von den großen Versuchungen, die uns bedrängen: von der Versuchung, den Kelch des Leidens *nicht* zu trinken, sondern einen schmerzlosen Ausweg zu suchen; von der Versuchung, den Weg des geringsten Widerstandes zu wählen und die Macht der zwölf Legionen Engel zu alarmieren, um nicht in die Hände der Menschen zu fallen. Für Christus wird es zur Versuchung, „Gott" zu sein, sich sozusagen im entscheidenden Augenblick von der Krisensituation Golgatha abzusetzen und auf den Olymp zurückzuziehen. Deshalb ging es in Gethsemane und Golgatha hart auf hart. Nur ein kleiner Wink hätte genügt, um ihn allem Schrecken zu entreißen und die schmerzvolle Umzingelung durch Schuld, Leid und Tod aufzusprengen. Dieser rettende Wink aber, der seiner Hand möglich gewesen wäre, erfolgte nicht, sondern er ließ sich lebend und sterbend in die Hände seines Vaters fallen. Er liebte sich buchstäblich zu Tode. Darum – darum allein gibt es für uns die unglaubliche Chance, damit rechnen zu dürfen, daß Gott uns liebt, uns kennt, uns treu bleibt und nicht preisgibt.

Denn Liebe, nicht wahr, ist ja doch nicht nur das, was man an seinem Hochzeitstage empfindet, wenn der Himmel voller Geigen hängt und der Honigmond lockt. Auch ein Casanova in spe pflegt dann ein randvolles Herz zu haben, und er hält diesen Inhalt ganz bestimmt für Liebe. Ob es aber wirklich Liebe gewesen ist, erweist sich erst, wenn die beiden Leutchen mit ihrem Myrthenschmuck nun Jahr für Jahr zwischen den Prosazeilen des Lebens herumkriechen müssen, wenn Krankheit und Sorgen mit den Kindern kommen, wenn einer am anderen schuldig wird oder ihn enttäuscht. Wer wirklich liebt, geht dann gerade *nicht* weg, im Gegenteil: Je ärger es kommt, um so mehr halten sich liebende Hände fest. Der eine will es ja gar nicht besser haben als der andere; und wenn er mit Schmerzen in der Klinik liegt, leidet der andere wenigstens in der Phantasie alle Qualen mit.

Deshalb dürfen wir Gott glauben, daß uns sein Herz gehört. Er nickt uns nicht mit freundlichem Wohlwollen vom Himmel aus zu, sondern erleidet in Christus mit uns das Schicksal der

Flüchtlinge, als ihn der ungastliche Stall empfängt und als sich der Flüchtlingstreck nach Ägypten formiert. Darum leidet er bei der Versuchung in der Wüste genau das am eigenen Herzen, was auch in einem Menschen vorgeht, was in dir und mir vorgeht, wenn uns alle Herrlichkeit auf Erden verheißen wird (Macht und Einfluß und Prestige und alle Reiche dieser Welt) und wenn wir dafür nur mit ein bißchen Untreue, mit einem kleinen Sprung „etwas außerhalb der Legalität" und mit einer kleinen Verbiegung unseres Auftrags bezahlen sollen. So sehr wird Gott ein *Mensch,* so sehr *liebt* er, so unbedingt will er an sich selbst erfahren, was Mensch sein heißt. Darum können wir ihm diese seine Liebe und sein völliges Zugeneigtsein glauben.

Ist es wirklich noch eine dürre, seelenlose Formel, wenn wir sagten: „Das Wort ward Fleisch?"

Zweitens: Der Satz „Empfangen vom Heiligen Geist" bedeutet zugleich: Jesus Christus ist nicht von unten her, sondern von oben her. Aber auch das ist wieder nur eine Formel. Wenn ich sie etwas entfalten und deutlicher machen darf, möchte ich sagen: Die Gestalt Jesu ist nicht aus ihren erbbiologischen Zusammenhängen erklärbar. Er taucht wohl inmitten dieser Zusammenhänge *auf*: Auch er hat eine Mutter, die ihn gebar, und eine Ahnenkette wie wir alle, deren Glied er ist. Gleichwohl geht er nicht in dieser Eigenschaft auf, Glied einer Ahnenkette zu sein. Man könnte mit einigem Recht sagen: Hier geschieht etwas Ähnliches wie in der Schöpfung, hier ruft Gott etwas ins Dasein, das vorher nicht da und auch nicht keimhaft oder als „geprägte Form" vorbereitet war. Er stellt es zwar mitten in den Zusammenhang, in die Kontinuität der Geschichtsprozesse. (So kann man tatsächlich das geschichtliche Datum ziemlich genau angeben, an dem er geboren wurde, und kennt auch den geographischen Ort: das Provinznest Bethlehem, das durch ihn berühmt wurde. So irdisch, diesseitig ist das alles, und so wenig „geistig" und *über*geschichtlich ist es.) Und doch haben alle, die von der Gestalt Jesu angerührt waren, gemerkt: Er ist bei aller Nähe zugleich „ganz anders" als wir. Er tritt aus einem Raum auf uns zu, der geheimnisvoll außerhalb alles dessen liegt, was wir als Stätte *unseres* Lebens kennen, als jene Stätte, wo wir gezeugt und geboren werden, wo uns Leiden und Freuden bereitet sind und wo wir uns schließlich niederlegen, um zu sterben.

Darum ist die Weihnachtsgeschichte, die zurückhaltend und voller Scheu auf diesen Ursprung Jesu deutet, auch so ähnlich angelegt wie eine Notenpartitur, bei der man die obere und die untere Linie zugleich lesen muß. Auf der unteren Notenreihe sind massive, irdische Vorgänge: Da ist eine überfüllte Kleinstadt, in der die Leute zur Volkszählung zusammenströmen; da ist Mangel an Quartieren mit allen miserablen Begleiterscheinungen, die sich bei so etwas einstellen: Wucherpreise und Hartherzigkeit gegenüber Zahlungsschwachen. Und da ist eine werdende Mutter, die ihre schwere Stunde schließlich in einem Viehstall durchstehen muß, um kurz danach mit dem Neugeborenen zu fliehen, weil sie mit ihrem Kind das Opfer der „großen Politik“ zu werden droht.

Das alles ist wie eine Skizze dessen, wie unser menschliches Leben sich so abspielt und wie es in das größere Zeitgeschehen verstrickt ist. Was gäbe es Menschlicheres als eine junge Mutter, und was könnte typischer sein als die Gleichgültigkeit, mit der der allgemeine Weltverlauf darüber hinweggeht?! Was sind schon eine geängstigte Mutter und ein wimmernder Säugling in einer Situation, die durch statistische Fragen, durch Gesetze der großen Zahl, durch den Verfolgungswahn eines Tyrannen und schließlich durch die große Politik bestimmt ist? Was schert es einen Mächtigen dieser Welt, welche Schicksale in einem Flüchtlingstreck durchlitten werden, den seine Politik zur Folge hat? So irdisch und menschlich sind die Tonfolgen auf der unteren Notenlinie. Aber sie enthalten eben nicht die ganze Melodie.

Darüber nämlich, in der „oberen Reihe“, singen die Engel, darüber steht der Himmel offen. Und wer diese obere Zeile nicht mitliest, hat die ganze Partitur nicht verstanden. In ihr klingt eben beides zusammen: daß Gott ganz menschlich und nahe in unser Leben kommt, daß ihm nichts Menschliches fremd ist und daß er gleichwohl aus ganz anderen Räumen in unser Leben bricht. Darum gibt es den Zusammenklang von oben und unten, darum gibt es die doppelreihige Partitur, die Geburtsgeschichte im Stall und das Halleluja der Engel darüber.

Auch der Satz: „Geboren von der Jungfrau Maria“, deutet in die gleiche Richtung. Er will in der Sprache des Zeichens sichtbar machen: Hier geschieht etwas am Menschen, dem er nur stillhalten und angesichts dessen er nur passiv empfangend sein kann. Darum ist der Mann als Symbol dessen, „was Geschichte macht“, was schöpferisch das Leben bewältigt, hier nicht im Spiele, sondern das Bild der Jungfrau, der in Stille Hingegebenen und Lauschenden, gewinnt Gewalt. Die christlichen Bilder alter Kunst haben es auszudrücken versucht, daß es hierbei nicht um sexuelle Vorgänge geht, sondern daß Maria die Empfangende ist, indem sie das schöpferische Wort Gottes, wie seine Boten es ihr überbringen, mit ihrem *Ohr* vernimmt. Dieses Organ des *Vernehmens* ist hier das Organ der Empfängnis.

Wer wollte vor diesem Tor letzter Geheimnisse sagen, wo die Wirklichkeit aufhört und das Zeichen beginnt? Wer dürfte behaupten wollen, daß Gott nicht auch inmitten der *normalen* Vorgänge, die wir als Zeugung und Geburt kennen, hätte zu uns kommen und seine Zelte unter uns aufschlagen können, daß er auch *so* das Wunder der Gestalt Jesu hätte zustande bringen können? Wo die Unaussprechlichkeit des Wunders statthat, wo die Herrlichkeit Gottes in den Elendsräumen menschlichen Lebens plötzlich unter uns ist und wir ihn bei uns haben, wo er Freude und Kummer und schließlich auch mein letztes Stündlein mit mir teilt, da verstummt die Frage: „Wie mag solches zugehen?“, oder auch die Frage: „Wo ist die Grenze zwischen dem Zeugnis des Glaubens und dem Bezeugten selbst?“ Wir können nur stammeln, was uns widerfahren ist und daß nun jemand in unserem Leben das Regiment ergriffen hat, dessen Liebe uns sehr nahe ist und der uns bekennen läßt: „Du bist ein Mensch wie ich“, und dessen Liebe dennoch so elementar, so unbeirrt und so unfaßlich treu ist, daß wir zugleich bekennen müssen: „Mein Herr und mein Gott“ und „Du bist anders, als ich es je sein könnte; aber gerade darum sollst du mich haben.“

Die Hirten auf dem Felde gingen zu Boden, als die Übergewalt des göttlichen Lichtes sie umbrandete. Sie konnten nicht da hineinschauen, um ihre Beobachtungen und ihre „Studien“ zu machen – genausowenig wie die Jünger mit Fernrohren den Himmel abgesucht haben, als der Eine, der ihnen zum Schicksal geworden war, die Rückkehr zu seinem Vater antrat. Das einzige, was sie feststellten (die Hirten auf dem Felde und später die Jünger), war nur, daß sie eine große Freude im Herzen trugen und daß sich das Neue, Schöpferische und Schwingentragende in ihrem Leben durch die Rühmung Gottes Luft machen mußte. Was es im einzelnen war, das so verwandelnd in ihr Leben gegriffen hatte, das wußten sie nicht. Sie wußten nur, daß sie eben verwandelt *waren*. Und wenn sie sich dennoch anheischig machten, von dem zu berichten, was als realer Ausgangspunkt hinter diesem Wunder der Wandlung stand, dann konnten sie es nur stammelnd und in Bildern tun und mußten sich gleichsam der Zeichensprache bedienen. Denn das Gefäß der Gedanken und der normalen Sprache reichte nicht aus, um das Unerhörte zu fassen.

Der eine oder andere von uns mag jetzt bei sich denken: Es ist fast beneidenswert, die Dinge so sehen zu können. Ich spüre wohl, welche unerhörten Impulse für mein Leben dabei herausspringen würden, wenn ich das auch so sehen könnte. Aber *kann* ich es denn ehrlicherweise so sehen? Es hängt doch alles daran, ob ich diese Kunde annehmen, ob ich sie in meinem Bewußtsein realisieren kann: die Kunde, daß Gott mir so brüderlich nahegekommen ist, daß er mir selbst auf den verlorenen Wegen und den Durststrecken der „Entfremdung" nachgeht und mir in hundert Zeichen zusignalisiert: Ich bin bei dir, ich weiß um dich, du gehst mir nahe. Hängt nicht schließlich alles daran, ob ich das eine glauben kann: Dieser Mensch Jesus, dessen Größe auch die Atheisten ihre Reverenz erweisen (ich will es ja auch tun!), sei Gottes Sohn gewesen? „Die Worte hör ich wohl, allein mir fehlt der Glaube."

Im letzten Kriege schrieb mir einmal ein junger Soldat aus Rußland: „Wie schnell kann es jetzt mit mir zu Ende gehen. Ich möchte deshalb auch mit mir klarkommen, worauf man sich bis ins letzte verlassen kann. Ob das Christus ist? Er ist mir Vorbild, gewiß, und ich habe mir oft vorgestellt, was wohl mit mir passiert wäre, wenn ich ihm selber hätte begegnen können. Aber so sehr ich ihn auch bewundere – kann ich denn mein Leben auf ihn aufbauen? Er ist doch *auch* nur einer von denen, die vor mir über diese Erde gegangen sind, wenn auch der Größte. Aber ich müßte doch eben glauben können, daß er ‚Gottes Sohn' gewesen ist, wenn er für mich der Erlöser sein soll. Und eben daran hapert es; in diesem Punkt bin ich sehr hilflos."

Wie mancher könnte es in dieser Stunde gewiß ähnlich sagen: Was hilft es mir, festzustellen, daß die Hirten auf dem Felde und daß die Jünger von dazumal die Stätten des Geschehens um Jesus mit brennendem Herzen und mit einem neuen, erfüllten Leben verließen, was hilft es mir, wenn die Voraussetzung dafür fehlt, das alles nun bei mir *nach*zuvollziehen, und wenn dieser fremdartige, mythologische Begriff „Sohn Gottes" nur distanzierend *zwischen* ihnen und mir steht?

Allen denen, die so ihre Sehnsucht nach Frieden und Glaubenkönnen unter Kontrolle halten, allen, die so über ihre Ehrlichkeit und ihre wachsame Selbstkritik nicht hinwegkommen (*gottlob* nicht hinwegkommen!), kann ich in diesem Augenblick wohl etwas sehr Ermunterndes sagen: Auch die Menschen, die Jesus auf seinem Erdenweg begegneten, die ihm also *unmittelbar* konfrontiert wurden und denen er dann zum Herrn ihres Lebens wurde, auch diese Menschen waren ja nicht sofort und von Anfang an dessen gewiß, daß dieser Jesus von Nazareth „Gottes Sohn" und „übernatürlichen Ursprungs" sei. Dieses Sich-klar-Werden war mitnichten der Initialakt ihres Glaubens. In diese Gewißheit wuchsen sie vielmehr erst langsam *hinein*. Es mußte viel Wasser den Jordan hinunterfließen, bis sie soweit waren.

Wie aber fing es bei ihnen an?

Es fing so an, daß ihnen zunächst etwas ganz *Menschliches* an Jesus auffiel. Sicher ging es ihnen sehr nahe, daß hier jemand war, der so unbedingt und selbstlos lieben konnte und der auch den Ärmsten und Verkommensten noch mit dieser Liebe umfing. Gerade dann aber, wenn sie sich davon angerührt und in diesem Herzen geborgen wußten, mochten sie zugleich von dem Distanzierenden seiner Gestalt, mochten sie von seiner fremden Hoheit betroffen sein. War diese Liebe, die sie bei Jesus so beglückend wahrnahmen, wirklich dasselbe, was sie auch an und in sich selbst in ihren besten Stunden spürten? War sie nur eine Überbietung und Steigerung dessen, was sie ihrerseits nur fragmentarisch und in kümmerlichen Ansätzen hervorbrachten, wenn sie etwa Mitleid spürten und wenn ihr Herz einmal von Erbarmen erfüllt war? Oder war das, was sie bei Jesus bemerkten, nicht zugleich geheimnisvoll anders? Er liebte ja auch die *Nicht*-Liebenswerten, er wandte selbst jenen Rohlingen noch sein Herz zu, die unter seinem Kreuz randalierten und ihn in ihrer dumpfen, ahnungslosen Barbarei verhöhnten. Er bat seinen Vater um Vergebung auch für sie und blieb selbst ihnen noch nahe.

Wie war das möglich? Wie konnte hier etwas geschehen, das ihnen selber unerschwinglich gewesen wäre?

Erst allmählich mochte ihnen aufgehen, warum das war: Er sah seine Verfolger und seine Peiniger nicht nur mit den Augen des Unterlegenen, der sich von ihnen eingekesselt fühlte und der nun gar nicht anders konnte, als mit Haß und Verachtung auf diese Feinde zu reagieren, die ihm ans Leben wollten. Sondern er sah seine falschen Richter, er sah die Intriganten, Fallensteller und Henker mit den Augen seines Vaters an, der um seine verirrten Kinder trauerte. Er sah sie so an, wie der Vater im Gleichnis den verlorenen Sohn ansah, als er in die Fremde entwich, und wie er ihn später anblickte, als er geschändet, ruiniert – ein Schandfleck der Familie! – bei der Heimkehr wieder vor ihm stand. Jesus sah in den fragwürdigen Exemplaren der Menschheit um ihn her nicht den *Schmutz*, in dem sie steckten, sondern sah die *Perle*, die im Staube lag. Er sah nicht die Sadisten, Intriganten und Verblendeten, sondern er sah in ihnen das, wozu sie *eigentlich* bestimmt waren und was sie unglücklicherweise verfehlten. Weil er dieses andere in ihnen sah, darum konnte er sie lieben, sogar seine Feinde. Und er brachte diese Fähigkeit zur Liebe auf, ohne daß sie Krampf wurde. Indem er sie liebte, holte er das Eigentliche und Verschüttete ihres Lebens unter den Schmutzschichten hervor; er *liebte* es hervor. Darum wurden viele von denen, die sich so von ihm angesehen und geliebt wußten, unter diesem Blick anders und erfuhren die große Wandlung. Seine Liebe war nicht bloß (wie bei uns) Reaktion auf das Liebenswerte. Seine Liebe war schöpferisch. Sie rief eine „neue Kreatur" auf den Plan.

Das war das hoheitsvoll Fremde, das alle anrührte, die ihm begegneten. So hatte noch kein Mensch zu lieben vermocht. Er aber konnte es. Und er konnte es deshalb, weil er geheimnisvoll auf der Seite seines Vaters stand, weil er aus einer anderen Richtung kam als wir, und weil es nicht mehr menschlich war, so menschlich sein zu können. Derart paradox muß man hier reden. Denn unsere Begriffe beginnen zu tanzen, wenn wir mit menschlichen Worten auf das deuten wollen, was alles Menschliche übersteigt oder es erfüllt.

Auch das Wort „Gottes Sohn", mit dem man schließlich das Unsagbare zu sagen versuchte, ist solch ein stammelnder Versuch.

So ist beides, das Nahe und das Fremde, bei Jesus immer dicht beieinander. Nirgendwo kommt das in so schneidender Schärfe zum Ausdruck wie in der Geschichte vom wunderbaren Fischfang (Luk. 5, 1 ff.). Eben hat Jesus seine Vollmacht eingesetzt, um seinen Leuten in einer Not zu helfen. Er hat sie von der Vergeblichkeit ihrer nächtlichen Arbeit befreit und sie einen großen Fang tun lassen. Er ist ihnen brüderlich nahe und sozusagen ein „guter Kamerad". Petrus aber ergreift nun nicht etwa seine Hand (wie man das doch bei einem guten Kameraden zu tun pflegt), um ihm zu sagen: Dank, daß du uns herausgehauen hast! (Wir wissen doch, wie die Fußballer nach einem virtuosen Wundertreffer dem glücklichen Torschützen um den Hals fallen!) Sondern es ist ganz anders: Dem Petrus raubt es die Fassung. Er fällt vor ihm nieder und sagt: „Herr, gehe von mir hinaus; ich bin ein sündiger Mensch." Da ist mitten in allem menschlich so Nahen auf einmal wieder das Fremde und Distanzierende da. Dicht neben dem Glück der erfahrenen Hilfe steht der Schock über das Ungeheure: Du bist anders als ich; ich kann deine Nähe nicht ertragen; ich fühle mich relativiert und in meiner Blöße entdeckt. Geh von mir weg, ich halte das andere an dir, ich halte deine Hoheit nicht aus!

So ist es immer zunächst etwas ganz *Menschliches* an Jesus, das den Menschen nahekommt und ihnen auffällt. Doch gerade dann, wenn sie sich so an das Nahe und Vertraute halten, wird ihnen plötzlich klar, daß noch ein Rätselvolles und „ganz Anderes" im Hintergrund mächtig ist. Nie aber ist es so, daß Jesus sie mit seiner Gottheit „überfällt". Die Geschichte mit ihm beginnt stets mit dem Einfältig-Menschlichen, das wir verstehen können.

Keiner von denen, die an ihn glaubten, ist je auf die Idee gekommen zu sagen, es müsse so etwas wie einen „Sohn Gottes" geben, damit wir erlöst werden können. Solch eine Absurdität kann höchstens in Gehirnen ausgebrütet werden, die an christliche Tradition und dogmatische Begriffe gewöhnt sind, ohne Jesus selbst begegnet zu sein. Die Leute um Jesus haben alle und ausnahmslos etwas ganz anderes in ihm gesucht, als er wirklich war: einen Wundermann, einen Arzt, einen Weisheitslehrer oder auch nur einen gütigen Menschen. Die einen haben sein ratendes Wort gesucht, und andere haben mit abergläubischem Schauer nur sein Gewand berührt. Trotzdem hat er keinen von ihnen zurückgewiesen und ihm gesagt: Du suchst in einer falschen Richtung; ich bin dieses alles ja gar nicht; ich bin vielmehr – darf ich mich vorstellen –: der „Sohn Gottes". Sondern jeder durfte in höchst menschlicher Art *das* in ihm suchen, was er mit seinem begrenzten Urteil verstand oder auch mißverstand. Jesus ließ es sich gefallen, daß man ihn mit den Wunschbildern der eigenen Sehnsucht verwechselte. Und wenn einer dann doch dahinterkam, daß der Sohn Gottes ihm gegenüberstand, daß die Hoheit des Ungeheuren ihn anwehte, dann gebot er ihm Schweigen. Er wollte nicht, daß die Leute unter die Suggestion eines großen

Titels (etwa des Messias-Titels) und in den Bann eines „Dogmas“ kamen. Es genügte ihm, daß sie ihn ganz schlicht als Menschen nahmen, als Menschen „wie dich und mich“. Aber indem sie so nach dem äußersten Zipfel seines Gewandes griffen – es war ja noch gar nicht die *Hand* des Heilandes, nach der sie sich ausstreckten! –, würden sie immer tiefer in die Begegnung mit ihm hineinwachsen und schließlich verwundert und erschreckt, aber doch selig über die große Neuigkeit in ihrem Leben, sagen lernen: „Mein Herr und mein Gott.“

Ich habe lange Zeit mit der modernen, expressionistischen und ungegenständlichen Kunst nichts anfangen können. Ich hielt es für Unsinn und wirres Zeug, ganz ähnlich wie mancher von uns das christliche Dogmensystem (Gottessohnschaft, heilige Dreieinigkeit usw.) für abseitig und absurd halten mag. Dann las ich die Briefe von Franz Marc und vertiefte mich in die Biographien von Emil Nolde, Kandinsky und anderen Künstlern der Moderne. Da traten mir plötzlich Menschen entgegen, die mir durch irgend etwas imponierten: durch ihre Werkleidenschaft, durch ihren Charakter oder auch durch ihre Bereitschaft, für das, was sie wollten, Opfer zu bringen. Hier gab es ganz schlichte, menschliche Züge, die ich verstehen konnte und die mir einleuchteten. Gewiß war das alles nicht das Wesentliche an diesen Leuten, aber es war immerhin etwas. Daraus ergab sich für mich eigentlich eine sehr simple Folgerung. Ich sagte mir nämlich: Wenn an diesen Leuten das, was ich menschlich verstehen kann, intakt und redlich und vielleicht sogar imponierend ist, dann wird auch ihre Kunst kein Unsinn sein. Dann muß es wohl an *mir* liegen, wenn ich bisher noch nicht dahintergekommen bin. Von diesem Ausgangspunkt tastete ich mich dann allmählich in das Werk dieser Künstler vor, bis es mir nach den ersten Stadien der Fremdheit und der Skepsis nun vertrauter wurde und schließlich zu reden begann.

Das ist nur eine kümmerliche (und auch nur halbwegs stimmende) Parallele zu dem, wie es uns mit Jesus geht: Wir sollten all das, was uns dogmatisch und mythologisch vorkommt, ruhig einmal dahingestellt sein lassen und uns an das halten, was wir verstehen: daß da jemand ist, der Worte über die Sorge, über die Angst und über die Freiheit gesagt hat, die einem unter die Haut gehen; daß hier jemand ganz identisch mit seiner Lebensaufgabe ist; daß sich hier einer totgeliebt hat, weil es ihm mit dem Lieben ernst war und weil er keine Sicherungen und Reserven für sich selbst zurückbehielt. Das alles wäre dann nur ein *Zipfel* seines Gewandes, den ich in der Hand hielte; das wäre noch gar nicht er *selbst*. Es wäre vielleicht nur das Idealbild eines edlen Menschen und darum etwas trügerisch. Aber wenn ich ihn an *dieser* Stelle ergreife und festhalte und wenn ich ihn dann zu verstehen suche, meinetwegen „als ob" er meinesgleichen wäre, dann werde ich bald dahinterkommen, daß er sich meinem Zugriff geheimnisvoll entzieht und daß ich ihn auf meiner psychologischen und ethischen Wertetafel gar nicht unterbringen kann. Gerade dann aber, wenn ich diese Erfahrung mache, bin ich am Eigentlichen. Doch zunächst muß ich diese Wegstrecke natürlich-menschlicher Nähe gemeinsam mit ihm gehen.

Ich kann das mit der Spannung eines Experimentierenden tun, der sich darüber klar ist: Es könnte mein Weg ins Leben sein, den ich nun anzutreten wage, wenn ich mich mit Jesus einlasse. Es könnte sein, daß ich jetzt die Erfahrung wirklich mache, die mir verheißen ist: „Wer zu mir kommt, den will ich nicht hinausstoßen." Es könnte sein, daß Christus mich dann *mehr* hätte als *ich* ihn habe.

So ist alles, was wir von Christus erfahren und mit ihm erleben, von *unten* her aufgebaut. Es beginnt bei dem Allermenschlichsten. Wer vorzeitig Dogmen zu schlucken versucht, der könnte daran ersticken. Der Gott, der an Weihnachten Mensch geworden und zu uns in den vordersten Graben gekommen ist, der will auch menschlich von uns *genommen* werden. Der will, daß wir zu ihm sagen: „Guten Abend, wer bist du? Darf ich ein bißchen mit dir auf und ab gehen? Ich weiß nicht, mit wem ich es zu tun habe. Aber einiges an dir zieht mich an." So ähnlich mag auch der sowjetische Dichter Jewtuschenko zu ihm gesprochen haben, als er berichtete, er sei zwar kein Christ, aber einiges an Christus „gefalle" ihm. Nun, vielleicht wird Gott lächeln, weil das gar so harmlos ist. Aber sein Lächeln ist gütig, und es ist vielversprechend. Vielleicht sage ich erst beim Heimgehen, wenn ich wieder allein bin, wie die Jünger von Emmaus: „Brannte nicht mein Herz, als ich mit ihm redete?" Mein Herz wußte bereits mehr als mein Verstand; es war dem Verstand (wie ja häufig im Leben) schon einige Schritte voraus.

Ob ich es einmal so versuche und „klein anfange"? Der Glaube an Jesus ist auch darin ganz menschlich, daß er etwas Wachsendes ist und keine perfekten Dogmengerüste voraussetzt.

Ernst Jünger sagt einmal in den „Strahlungen": „Der Entschluß . . . sich zunächst an ein Glaubensgesetz zu halten, auch ohne innere Berufung, ist gar nicht so sinnlos, wie man gemeinhin denkt. Er gibt vielmehr die angemessene Eröffnung der metaphysischen Partie. Gott muß ja gegenziehen."

So menschlich kann es tatsächlich beim Glaubenlernen zugehen, daß es im Bilde des Spiels dargestellt werden kann: Gott wird nachziehen, wenn ich nur zur Eröffnung bereit bin. Aus dieser Verheißung leben wir. Und wenn dann das Spiel weitergeht, merken wir nachträglich: Gott war schon am Werk, als ich mich niedersetzte, um zum ersten Zuge anzusetzen. Der Heilige Geist ist immer schon eher da als meine Entschlüsse. Wenn aber der Spielende und Wagende so damit rechnen darf, daß Gott mitmacht und die Partie zu Ende führt, wieviel mehr wird diese Verheißung dann denen gelten, die hungern und dürsten nach der Gerechtigkeit und die satt werden sollen, die aus der Tiefe rufen und die in der Unruhe ihres Herzens Frieden begehren, denen die Nichtigkeit ihres Lebens zuwider ist und die sich nach des Lebens Bächen, nach des Lebens Quellen sehnen und nach dem „Einen, das not ist". Über uns ist der Himmel offen, wie in der Weihnachtsnacht, und wir sind zu Paradiesen gerufen, vor denen kein Cherub mehr steht.

Wir brauchen uns nur umzuwenden, denn er steht ja schon hinter dir und hinter mir und sieht uns an, längst ehe *wir* ihn erblickt haben.

GELITTEN UNTER PONTIUS PILATUS

Fürwahr, er trug unsre Krankheit und lud auf sich unsre Schmerzen. Wir aber hielten ihn für den, der geplagt und von Gott geschlagen und gemartert wäre. Aber er ist um unsrer Missetat willen verwundet und um unsrer Sünde willen zerschlagen.

JESAJA 53, 4.5

Wenn wir einen Roman oder eine Biographie lesen, dann pflegt uns der Autor an allen Dimensionen des Lebens zu beteiligen, das er beschreibt: Irrungen und Wirrungen, Liebe und Haß, Lebenserfüllungen und Enttäuschungen ziehen an uns vorüber und werden reflektiert im Spiegel menschlicher Herzen, deren Geheimnis da vor uns entblößt oder auch verhüllt wird. Und meist wird ein Riesenaufwand von Psychologie bemüht, um diese menschlichen Geschicke verständlich zu machen.

Wie unvergleichlich karger ist demgegenüber die Sprache der Bibel! Manchmal scheint es so, als ob sie nur das Skelett des Lebens beschriebe und als ob sie geradezu uninteressiert sei an der bunten Fülle der Details, an Düften, Tönen und Zwischentönen, an Seelenschwingungen und auch an der Sensation. Wenn man das Alte Testament liest, kann es einem über längere Strecken passieren, daß es von den einzelnen Königen nur in katalogartiger Knappheit heißt: „Er wurde geboren, tat, was Gott wohl oder auch übel gefiel, und starb . . .“ Punktum! Was wissen demgegenüber Illustriertenreporter aus dem Leben regierender und nicht mehr regierender Monarchen herauszuholen!

Leiden die biblischen Schriftsteller an Phantasiearmut oder gar an Blutleere? Offenbar liegt dieser verschiedene Stil des Erzählens daran, daß die Bibel andere Dinge für wesentlich hält als wir, daß sie die Achse des Lebens ganz woanders sucht. Wenn sie sagt: Dieser König tat, was Gott wohlgefiel, dann ist damit die entscheidende Kontur eines Lebens festgelegt. Dann ist in der Stenographie Gottes, aufs äußerste komprimiert, alles andere mitgesagt, z. B. dies: Dieser König hat Leidenschaften gehabt; aber sie durften nicht Herr über ihn werden, denn er stand in der Zucht eines anderen Herrn. Er hat Erfolge und Triumphe gehabt; aber sie machten ihn nicht toll, sondern er empfing sie als Segen, für den er demütig zu danken wußte. Er hat auch gelitten und sein Päckchen zu tragen gehabt, wie wir alle; aber wichtiger als eine spannende Psychologie des Leidens ist dem biblischen Schriftsteller, daß dieser König wußte, aus wessen *Hand* er die Heimsuchungen entgegenzunehmen hatte, und daß sie ihm so zu Läuterungen wurden.

Aus diesem kargen Tonkrüglein der Aussage: „Er tat, was Gott wohlgefiel", stieg für den, der das Andeutende zu verstehen wußte, der Geist eines lebendigen Menschen empor, mit allen Akten jenes Dramas, in dem unser Leben zu verlaufen pflegt.

Von diesem Stil äußerster Kargheit hat auch das Apostolische Glaubensbekenntnis gelernt. Geht es wirklich noch knapper, noch stenographischer, als wenn hier vom Leben Jesu gesagt ist: „Geboren von der Jungfrau Maria, gelitten unter Pontius Pilatus" – ? Da ist kein Roman eines Lebens, sondern da ist nur der Rahmen von Geburt, Leiden und Tod. Nicht als ob dieses Leben ohne all diese Ereignisse gewesen wäre, wie sie auch *unser* Leben alltäglich füllen. Auch seine Augen haben Frühlinge und Sonnenuntergänge gesehen, auch er hat den Duft der Blumen in sich aufgenommen, auch er hat gehungert und ist satt geworden und hat die Erquickung des Schlafes gekannt. Auch in seinem Leben gab es Einsamkeiten, aber sicher ebenso erfüllte Stunden der Freundschaft und menschlicher Nähe, sogar die hochzeitlichen Freuden in Kana.

Doch es ist merkwürdig: Allen, die dieses Leben nun romanhaft zu rekonstruieren suchten, zerfloß es unter den Händen, und schließlich war es nur der Herren eigener Geist, der sich in dem Leben dieses einen Unergründlichen spiegelte.

Deshalb greift die Kurzaussage: „Geboren von der Jungfrau Maria, gelitten unter Pontius Pilatus" nicht nach dem, was wir heute vielleicht „die Fülle des Lebens" (womöglich des „prallen" Lebens!) nennen würden; sie greift nach dem Band, das diese Fülle zusammenhält. Und dieses Band besteht darin, daß Jesus von Nazareth *gelitten* hat. Wer dieses Stichwort nicht im Ohr hat, dem verwirren sich alle Szenen dieses Lebens zu zufälligen Bildern eines Kaleidoskops; er erfaßt gleichsam die Pointe dieses

Lebens nicht. Diese Pointe heißt Leiden. Ich sagte: Auch er hat die Blumen gesehen und den Vogelflug verfolgt. Aber kein Dichter dürfte daraus eine lyrische Aussage machen oder ein romantisches Verhältnis zur Natur konstruieren. Es ist ganz anders: Weil er vom Schrecken über die Verlorenheit des Menschen erfüllt war und weil ihn die Leidenschaft des Rettens und Helfens bewegte, konnte es keine Naturästhetik für ihn geben, sondern selbst die Helle eines Frühlingstages mußte ihm wehe tun, weil sich von ihr das Dunkel des Menschengeschicks beklemmend abhob: Die Blumen und Vögel um ihn herum lebten ohne Sorge unter der Sonne Gottes und waren ohne Gedanken an den kommenden Tag in seiner Fürsorge geborgen. Der Mensch aber – um den es ihm doch ging! – war dem Vertrauen auf jene Fürsorge entglitten und zersorgte sich nun selber, war von der Angst vor dem morgigen Tag und dem Altwerden und einem einsamen Sterben gehetzt. Er wurde den Fluch nicht los, den er sich zugezogen hatte, seit er sein Leben in die eigene Hand zu nehmen begehrte. Auch wenn das Auge Jesu das Gleichnis der Natur durchschaute und die Signale seines Vaters zu lesen verstand, mochte dieses Glück des Einverständnisses verzehrt werden von der Qual, daß seine Menschenbrüder taub und unwissend durch diese Welt Gottes taumelten, daß sie alle diese Botschaften Gottes eben *übersahen,* die ihnen durch den Vogelflug oder die Lilien überbracht werden sollten.

Wer so liebte wie er, dem mußte alles – sogar der Blick in den Frühlingshimmel – zum Leiden werden. Denn er konnte alles nur im Lichte jenes *einen* Lebensthemas sehen: Daß Gott den Menschen suchte und daß sich dieser Mensch nicht finden ließ, daß er alle seine Botschaften und Zeichen übersah und überhörte. Nun war er, Jesus von Nazareth, um den Preis seines Lebens auf diese Spur des Verlorenen angesetzt.

Dieses Leiden am Menschen ist der Grundton in der Melodie seines Lebens von Anfang an: Schon als er diese unsere Welt betritt, ist kein Raum in der Herberge, können wir Menschen ihn nicht brauchen. Bei den Tieren tut er seinen ersten Schlaf. Die Krippe, in der er liegt, ist von dem gleichen Holz wie das Kreuz, an dem er schließlich endet. Schon als Säugling sind ihm Ruhe und Geborgenheit genommen. Er hat nicht nur lokale Schwierigkeiten in Bethlehem, sondern er wird auch zum politischen Skandal: Herodes, der Repräsentant des Staates, wittert schon in dem Kinde eine Macht, die an die Grundfesten der

Welt rührt und die eine Unruhe, ein Feuer in der Welt sein wird.

So geht er wie ein Fremdling, heimatlos und unbehaust, über unsere Erde und hat nicht, da er sein Haupt hinlegt. Und wenn sie ihm zujubeln: „Hosianna!", dann ist es ganz sicher ein Mißverständnis. Sobald sie es gemerkt haben, *wer* ihnen hier begegnet, brüllen sie: „Kreuzige ihn!"

Später, gegen Ende seines Lebens, bricht er in Tränen aus (Luk. 19,41), als er Jerusalem sieht, das sich ihm verschlossen hat und das die Unheilsvögel nicht bemerkt, die schon über ihm kreisen: „Wie oft habe ich deine Kinder versammeln wollen, wie eine Henne ihre Küchlein versammelt unter ihre Flügel; aber ihr habt nicht gewollt" (Matth. 23,37).

Das ist sein Leiden: Wissend mit ansehen zu müssen, wie der, den man liebt, ahnungslos in sein Verderben rennt, wie er alle Warnungen überhört und das rettende Seil nicht ergreift.

In Nietzsches „Zarathustra" heißt es einmal: „Ihr leidet noch nicht genug, denn ihr littet noch nicht am Menschen." Hier aber ist jemand, der am Menschen leidet. Und ein anderes Mal: „Die Liebe zum Menschen ist Gottes Hölle." Hier geht einer durch diese Hölle.

Schließlich schlägt noch die letzte, die unüberbietbare Einsamkeit über ihm zusammen, als ihn auch die noch verlassen, die seine Gefährten gewesen waren. Als Sokrates den Schierlingsbecher trank, war er von seinen Getreuen umgeben, von ihrer Verehrung getragen und starb unter philosophischen Gesprächen. Dieser aber hing zwischen Verbrechern, unter ihm grölte die Soldateska, und es waren nicht die Fetzen philosophischer Gespräche, die zu ihm empordrangen. Nur ein paar Frauen weinten still vor sich hin. Aber auch die weinten am Thema vorbei. Denn nicht *das* erschütterte sie, daß hier einer die letzte Qual ihrer (und unser aller!) Gottentfremdung durchlitt, sondern sie schluchzten nur über die durchgrabenen Hände und die Schmerzen seines Todeskampfes.

Fast könnte sich dies alles so anhören wie der Text einer Tragödie, in der der Held, der das Absolute will, von der Gesellschaft wie ein Fremdkörper ausgestoßen wird und an den Relativitäten dieser Welt zerbricht. Diese Schicksalskurve ist uns ja vertraut. Und mancher mag tatsächlich diesem Klang des Tragischen zum Opfer fallen, wenn er etwa die Oberammergauer Passionsspiele sieht, und vielleicht sogar, wenn er mit nur musikalischem oder literarischem Interesse die Matthäuspassion hört. Doch dann hätte er die falsche Wellenlänge eingestellt.

Was hier wirklich vor sich geht, begreifen wir nur, wenn wir die Frage stellen, *worin* denn dieses sein Leiden bestanden habe.

Sein Leiden läßt sich in einer einfachen Formel ausdrücken: Er hat daran gelitten, daß er so liebte, wie er das tat. Wer liebend ganz für den anderen da ist, will ja alles mit ihm teilen. Er möchte es nicht besser haben, wenn der geliebte Mensch durch finstere Täler und durch Abgründe muß, wenn ihm Einsamkeit und Angst beschieden sind. Darum bleibt Jesus auch nie, wie wir sagten, in der „Etappe", nie in der Sicherheit des Himmels, wenn die, die er seine Brüder nennt, „nach vorne" in den Lebenskampf müssen.

Darum können wir ihm diese seine Liebe glauben. Wie leicht ist es, sich als sogenannter „Menschenfreund" zu gerieren und bei Ansprachen im Betrieb oder in der Gewerkschaft zu sagen: „Auf den Menschen kommt es an." Wie leicht ist es, sozial gesonnen zu sein oder eine Summe, die man steuerlich absetzen kann, von Bankkonto zu Bankkonto zu transferieren. Das kostet einen im Grunde wenig, und das tut im allgemeinen nicht weh. Jesus Christus aber transferierte sich selbst aus der Geborgenheit bei seinem Vater in die Abgründe von Schuld, Leid und Tod. Wer sich auf Wohltätigkeitsbällen mit glitzernden Sektkelchen amüsiert und dazu eines Abendkleides bedarf, das ein Vielfaches von dem kostet, was als Abfallprodukt dann in die Opferbüchsen geht, darf sich nicht wundern, daß die also mit Wohltätigkeit Bedachten dabei nicht warm werden und daß sie undankbar genug sind, hämische Vermutungen darüber anzustellen, ob diese aufgetakelte und girrende Society sich nicht nur ein moralisches Alibi für ihr Amüsement habe verschaffen wollen. Ein Vergnügen mit schlechtem Gewissen ist ja nur eine halbe Sache! Darum mußte man sich, um die mäkelnde Stimme im Inneren zu übertönen, noch den zusätzlichen Luxus moralischer Selbstbefriedigung verschaffen – eben in Gestalt des Wohltätigkeitsvergnügens. Und irgendwo am Ende der langen Kegelbahn (man sieht es nicht mehr, aber immerhin . . .) rollt diese Münze in die Küche des Flüchtlings X oder in das Altersheim Y.

Hier aber, zwischen Bethlehem und Golgatha, geht einer an unserer Seite; für den sind wir nicht der anonyme Empfänger X und Y, sondern von dem sind wir bei unseren *Namen* gerufen.

Wer sein Leben hingibt, wer sich selbst *transferiert* und nicht nur einen neutralen Kontenbestand, *der will auch wissen, mit wem er es zu tun hat,* in dessen Seele lebt die Not des anderen, als ob es die eigene wäre. Hier weiß ich mich von jemandem angeblickt, der zu mir gehört und der sich durch keine Finsternis von mir trennen läßt.

Einer meiner Freunde war als Wehrmachtspfarrer im Kessel von Stalingrad. Da er eine große Familie hatte und überdies an Erfrierungen litt und auch sonst sehr leidend war, gehörte er zu denen, die mit den Verwundeten zusammen aus dem todgeweihten Kessel ausgeflogen werden sollten. Aber er verweigerte diese Rettung, weil er bei seinen Kameraden, bei dieser Gemeinde der Untergehenden, bleiben wollte. Wir haben nichts mehr von ihm gehört und wissen nicht, ob er in dieser Schlacht von Stalingrad oder irgendwo in Sibirien zugrunde gegangen ist. Aber eines wissen wir: Auch wenn er nur noch flüstern konnte und wenn seine schwachen Worte allen rhetorischen Schmuck und Tand verloren hatten, dann drangen sie doch noch als Boten des Lebens in die Herzen, wußten Verzweifelte zu trösten und die Sterbenden sanft hinüberzugeleiten. Hier war einer, dem man glauben konnte, dem es Ernst war. Denn er hatte sich mit in den Kessel von Stalingrad einschließen lassen. Er hat darin seinem Herrn nachgelebt, der das Wort sprach, daß niemand größere Liebe habe als der, der sein Leben für seine Freunde läßt.

Darum ist Jesus auf allen Schlachtfeldern und in allen Kesseln zu finden, auf und in denen wir bedrängt werden. Und es ist sehr trivial und verharmlosend ausgedrückt, wenn wir sagen, daß ihm nichts Menschliches fremd gewesen sei.

Nirgendwo kommt diese Solidarität mit uns, dieses An-unserer-Seite-Stehen tiefsinniger zum Ausdruck als in der Geschichte von der Versuchung in der Wüste: Er, der Reine, der Geheiligte – so dürfen wir hier doch sagen, ohne uns eines falschen Tones schuldig zu machen – läßt in der Wüste sein Herz von der gleichen Versuchung durchschauern, die wir menschlichen, allzu menschlichen Geschöpfe in unserer Labilität und Anfälligkeit täglich neu *zu erfahren haben.* Auch wir wissen in unserer kleinen Ecke etwas von den tollen Möglichkeiten, die der Versucher hier vor ihm aufreißt: alle Länder der Welt zu gewinnen, Prestige einzuhandeln, Karriere zu machen *und* – nur einen kleinen Verrat an unserer Aufgabe dafür in Kauf zu nehmen. (Wir haben im vorigen Kapitel davon gesprochen.) Auch wir wissen um die faszinierende Möglichkeit, den Weg des geringsten Widerstandes zu gehen, untreu und opportunitätssüchtig zu handeln. Jesus von Nazareth hat auch hier an unserer Seite gestanden. Auch er hat diese Stelle der Lebensfront ausgehalten, wo wir um Entscheidungen ringen müssen, wo die Alternativen undurchsichtig werden und die Vernebelungskünste des Versuchers es uns leicht machen, untreu zu werden und uns mit Bibelworten oder auch mit ethischen Argumenten oder „höheren Gesichtspunkten" herauszureden. All dem hat er sich gestellt, weil er uns liebte. Und wer in einem dunklen Loch sitzt, braucht nun nicht mehr nach oben zu blicken, wo der Spalt zum Lichten und Freien sich öffnet, sondern er braucht nur unter sich hinunter auf die Sohle seiner Tiefe zu sehen: *dort* ist Christus, dort, wo die Grenze der Verzweiflung und der Zerreißprobe ist. *Darum ist* er glaubwürdig. Und darum ist es keine Phrase, daß er für uns da und daß er unser Bruder sei. Bloße Gefühle sind ja billig, auch die Gefühle der Liebe. Sie hängen weithin von den Nerven ab. Und manche haben so nahe am Wasser gebaut, daß eine rührende Zeitungsnachricht ihre Tränendrüsen aktiv werden läßt. Doch gleich darauf essen sie mit ziemlichem Appetit wieder ihre Bratkartoffeln. Hier aber wird uns nichts von *„Gefühlen"* der Liebe berichtet. Nur zweimal heißt es, daß Jesus die Augen übergegangen seien, als menschlicher Jammer ihn ergriff. Lieben heißt hier nicht, von einer Seelenbewegung aufgewühlt zu sein (obwohl sie gewiß nicht fehlt; aber sie ist nicht das eigentliche Thema), sondern lieben heißt hier nüchtern und realistisch: *für den anderen dasein,* in seine Situation eingehen und nichts für sich selber zurückbehalten. Es heißt eben, sich *selbst* transferieren. In diesem Sinne hat dieser Eine gelebt.

Das negative Gegenbild dessen wird uns im älteren Bruder des verlorenen Sohnes deutlich (Luk. 15, 11–32). Sein Fehler war – sein einziger nur, aber er wurde zu seiner Lebensschuld –, daß er nicht lieben konnte. Sonst war er moralisch denkbar intakt: Er hatte dem Vater treu gedient, er hatte keine Seitensprünge gemacht, er war seriös und galt als Ehrenmann. Aber als sein Bruder in desolatem Zustand aus der Fremde zurückkam und sein Vater ihn an sein Herz riß, überquellend von Erbarmen und verzeihender Liebe, da blieb er kalt und lieblos, und die Eifersucht zerfraß ihn. Der Vater hatte seinen unglücklichen Jungen – eben weil er ihn liebte – auf dem Weg in die Fremde verfolgt, hatte alle Qualen des Heimwehs, allen Katzenjammer und alle Bitterkeit der Selbstvorwürfe mitleidend am eigenen Herzen durchgemacht und war nun beseligt, als der Gescheiterte zu ihm heimgefunden hatte und in die Geborgenheit zurückgekehrt war. Der moralinsaure Bruder aber hatte verachtend auf das verfehlte Leben des anderen herabgesehen. *Er* wurde ja in *keine* Abgründe gerissen, und die Versuchungen dieses wilden, unruhigen Herzens waren *ihm* fremd. Er saß in der Etappe eines wohlsituierten bürgerlichen Lebens. Und weil er nicht „liebte", darum fehlte es ihm auch an Phantasie, sich nur vorzustellen, wie jemand wegen Mordes, Raubes und Sittlichkeitsvergehens ins Zuchthaus kam; geschweige denn, daß er sich mit unglücklichen Kreaturen dieser Art solidarisch gewußt, daß er die wilden Wölfe, die in jenen Leben losgebrochen waren, auch in den Kellern des eigenen Herzens hätte heulen hören. Aber gerade *weil* er so furchtbar intakt und so gänzlich ohne Liebe war, darum schlug sein Herz im rechten Augenblick eben *nicht* im gleichen Takt wie das des Vaters. Indem er sich so von seinem Bruder distanzierte, distanzierte er sich unbewußt auch vom Vater selbst. Und schließlich war *er* es, der auf eine sehr hintergründige Weise in die Fremde wanderte. Aus dieser Fremde aber konnte es keine Heimkehr geben. Denn die Lieblosen finden nicht zurück. Die Heimwehkranken jedoch, die von unglücklicher Liebe Verzehrten, die von Hunger nach der Gerechtigkeit Umgetriebenen, dürfen heimkommen. Wer von beiden war also der „verlorene Sohn"?

Jesus Christus wartet darauf, daß ein ganz kleiner Funke von Sehnsucht ihm antwortet, wenn er uns spüren läßt, daß er sich mit uns im Kessel unseres Stalingrad hat einschließen lassen. Das Feuer, das er auf Erden entzünden wollte, in allen Ehren! Aber es wäre ihm schon genug, wenn dieser kleine, glimmende Funke in unseren Herzen angehaucht würde, wenn jenes ganz leise Vibrieren einer einzigen Faser sich zeigen würde, das der verlorene Sohn gespürt haben mag, als er sich plötzlich klar darüber wurde: Mein Vater hat mich nicht aufgegeben; es gibt einen, der nicht irre an mir wird: es gibt einen, der auch am Schweinetrog mein Nebenmann bleibt. Ich habe einen Doppelgänger meines Schmerzes.

Jesus Christus hat aber noch aus einem anderen Grunde an seiner selbstvergessenen Liebe gelitten:

Manchmal haben wir vielleicht einen unpharisäischen

Augenblick und sind bereit, einem Kollegen oder Nachbarn zu verzeihen, wenn er etwas Krummes gemacht und uns womöglich verleumdet hat. Dann sagen wir gern: „Wir wollen den Mantel der christlichen Liebe darüberbreiten, wir wollen es vergessen."

Natürlich ist das ein kleiner Selbstbetrug. Denn wir können das gar nicht vergessen; wir können es höchstens verdrängen. Und darum bleibt etwas Unterschwelliges zwischen uns. Alles bleibt sozusagen im Raume stehen. Nur wird es mit dem Fuß unter eine Kommode getreten. Doch wir ertappen uns dabei, wie unser Blick immer wieder von diesem Versteckten, aber noch Vorhandenen angezogen wird. Es bleibt geheimnisvoll zwischen uns. Es ist fast wie ein hypnotischer Zwang. Jeder von uns kennt das, wenn er sich selbst nur ein bißchen beobachtet.

Jesus Christus lehnt diesen nach ihm benannten „Mantel der christlichen Liebe" ab. Er sieht mit sehenden Augen, was an uns nicht in Ordnung ist, und hält dem Schmerze stand, der ihm zugefügt wird. Und dieser Schmerz ist sehr groß. Denn er leidet ja nicht nur unter dem, was die Menschen ihm antun: daß seine Gefährten etwa einschlafen oder ihn verleugnen, wenn er in Gethsemane ihre Nähe am nötigsten gehabt hätte; daß man mit falschen Zeugnissen gegen ihn intrigiert, und daß die Brüllmasse Volk, die ihn eben noch hochleben ließ, ihn im nächsten Augenblick niederschreit. Geschändet und von allen verlassen einer qualvollen Hinrichtung entgegenzugehen, das ist gewiß schon Leiden genug. Und doch ist es nicht der eigentliche Nerv in diesem Leben, der hier zuckt. Der Schwerpunkt in dieser seiner Qual lag ganz woanders: Das, was die Menschen ihm Böses taten, war doppelt schrecklich für ihn, weil er alles messen mußte an dem, wozu sie *eigentlich* bestimmt waren. Denn für sie alle hatte der Vater die Lichter im Vaterhause entzündet, damit sie heimfinden sollten. Für sie alle war die Tafel gedeckt; für sie alle war in der Nacht von Bethlehem der Weihnachtsfriede ausgerufen worden. Sie durften Kinder im Hause seines Vaters sein und trieben sich doch in der Fremde herum; sie waren lieber Knechte bei fremden Herren. Ihnen war das große Gut der Freiheit zugedacht, und sie verstrickten sich statt dessen in finsteren Leidenschaften. Sie sollten in der Klarheit des ewigen Wortes sichere Tritte tun und trieben sich statt dessen ungesteuert, ziellos und ohne Halt in zwielichtigen Bereichen herum. Sie nahmen die Heimat nicht in Anspruch, die ihnen bereitet war, sondern blieben unbehaust und waren von Angst getrieben. Und weil Jesus diesen Abstand überblickte zwischen dem, wozu sie eigentlich bestimmt waren, und dem Zustand, in dem sie sich de facto befanden, darum litt er an ihnen, und darum litt er nicht um *seinet-*, sondern um *ihret*willen. Denn er wußte mehr um sie, als sie um sich selber wußten.

Darum hatte sein Antlitz diese unergründlich wissenden Züge, die ihm der Künstler des Sigmaringer Christusbildes verlieh: Während sein Jünger schlafend an seiner Brust liegt, sieht er mit diesem wissenden Blick in die Welt, traum- und illusionslos, er sieht mehr, als wir Menschen sehen. Er sieht auch die ungeborenen Gedanken und Begierden in uns, er sieht, daß wir potentielle Mörder sind, er sieht die angstvollen Wahnvorstellungen in den Irrenhäusern und durchleidet die Verzweiflungen der Selbstmörder, die niemand erfährt. Er weiß um uns wie niemand sonst, wie nicht einmal wir selbst. „Einer muß wachen", der dieses alles sieht, einer muß wachen und standhalten; unter diesem Thema hat Manfred Hausmann dieses wissende Antlitz beschrieben.

Goethe hat einmal gesagt, man könne nur das verstehen, was man liebt. Hier ist jemand, der liebt, so wie kein Mensch je geliebt hat. Darum versteht er uns auch wie niemand sonst. Darum bricht er unter der Last dieses Verstehens zusammen. Ahnen wir, was das heißt, daß er die Sünde der Welt getragen habe, daß wir alle wie eine Last auf ihm liegen? Aber indem wir auf ihm liegen, trägt er uns.

Gibt es denn in der Tat einen größeren Trost, als zu wissen: Es ist jemand da, der ganz um uns weiß und dennoch nicht irre an uns wird? Vielleicht sind wir Leute, die in der menschlichen Gesellschaft angesehen und geachtet sind. Man respektiert unsere weiße Weste. Aber geht es den einigermaßen Feinnervigen unter uns dann nicht manchmal so, daß sie denken: Wenn die wüßten, wovon ich manchmal träume? Wenn die wüßten, welche heuchlerische Verstellung sich manchmal hinter meinem offenen Gesicht ereignet, welcher Morast an Neid und Mißgunst in mir ist, wenn ich äußerlich fair und mit aufgeblendeten Augenscheinwerfern meinem erfolgreicheren Kollegen oder Konkurrenten gratuliere? Wenn die wüßten, wie viele Gedankenmorde ich schon auf dem Gewissen habe, wie verlogen ich bin und wie egal mir mein Nächster ist! Wenn die wüßten, daß ich seinerzeit im Dritten Reich sehr genau über Geisteskranken- und Judenmorde hätte orientiert sein können. Aber ich *liebte* nicht, darum *verstand* ich auch nicht und darum *litt* ich nicht mit. Ich hütete mich sogar, zu lieben und Bescheid zu wissen, weil es mir an die Nerven gegangen wäre und ich vielleicht etwas hätte unternehmen müssen ... Es ist gut, daß sie das alles nicht wissen! Denn *wenn* sie es wüßten, so würden sie irre an mir werden. Darum brauche ich das Aushängeschild der weißen Weste ...

Hier aber ist einer, der dies alles von mir weiß und der trotzdem nicht irre an mir wird, sondern der mir sagt: Gerade für solche Leute bin ich da. Ich leide *mit* dir, wenn du an dir selber leidest.

Das ist der Trost, der uns hier zugesprochen wird: Ich bin durchschaut, aber ich bin von einem Liebenden durchschaut. Hier wird um mich gewußt, aber von einem Mitleidenden. Hier übernimmt einer meine Last. Fürwahr, er trug unsere Krankheit und lud auf sich unsere Schmerzen. Verstehen wir jetzt, was der Prophet damit hat andeuten wollen und daß er hier im Grunde nichts anderes als das Geheimnis der Liebe umschreibt?

Immer sonst im Leben, wenn zwei Menschen sich zusammenfinden und einen Freundschafts- und Liebesbund schließen, wollen sie das „auch", um sich das Leben leichter, erfüllter und schöner zu machen. Hier ist der einzige Ort in der Welt, wo einer so liebt, daß er nur die Last will, wo es die Selbstvergessenheit einer Liebe gibt, der es nur um mich geht.

Damit stoßen wir noch auf ein letztes Geheimnis. Es gibt einen etwas kitschigen Liedvers, der mit jener Vereinfachung der Linien, die dem Banalen ja manchmal eignet, ein wirkliches Problem ausspricht.

> Wüßten's doch die Leute, wie's beim Heiland ist,
> sicher würde mancher heute noch ein Christ.

Ja, das *ist* tatsächlich die Frage: Warum wissen's denn die Leute nicht? Die Leute sind ja mit ganz anderen Fragen beschäftigt: mit den Abzahlungsraten, ihren Beförderungsaussichten, ihrer Gehaltszulage und manchmal, wenn es kitzlig wird, sogar mit politischen Krisen. Um den Mann von Golgatha aber ist es stumm. Beim Aufheulen und Schnauben der Massen in einem Fußballstadion, wenn der Schuß am Tor vorbei- oder aber hineingeht, scheinen elementare Leidenschaften loszubrechen. Wo aber wäre einer so elementar ergriffen, wenn es um sein zeitliches und ewiges Schicksal geht?! Brechen etwa auf den Kanzeln oder *unter* ihnen solche Leidenschaften los, wenn da jemand von der Ungeheuerlichkeit zu reden wagt, daß einer sich zu Tode geliebt hat, daß er die Tollheit beging, den Menschen liebend zu durchschauen und damit seine Schultern unter die Last der Weltschuld zu stemmen? Ist es nicht zum Verrücktwerden, wenn man die Verteilung von Leidenschaft und Schläfrigkeit in dieser ausgefallenen Welt beobachtet?

Ja, wenn der Himmel zerrisse und Gott herabführe, wenn Christus auf einem Weltraumschiff mit Stichflammen und unter Qualmentwicklung in Hamburg landete, dann würde er die Fernsehschirme füllen und Schlagzeilen machen. Wäre es nicht vielleicht sogar barmherzig, wenn es so wäre, wenn er sich so hörbar und sichtbar machte und wenn er zwölf Legionen Engel die Propagandatrommel rühren ließe? Dann würde er sich doch unüberhörbar machen, dann würden auch die trägsten Phlegmatiker merken, was die Stunde geschlagen hat. Warum sorgt er sich so wenig darum, daß er bei den Menschen „ankommt", warum hüllt er sich in Schweigen, warum darf man ihn schmähen, ohne daß er sich rührt, warum darf man ihn totschweigen, ohne daß er „Laut gibt"?

Warum vollzieht sich das ganze Unternehmen von Bethlehem bis Golgatha so unter Ausschluß der Öffentlichkeit? Warum liegt dieses Kapital brach? Warum endet das alles in einem öffentlichen Totschweigen, wo es doch unser Schicksal ist? *Warum?* Kann einem diese Frage nicht die Fassung nehmen, wenn man einmal dahinterkommt, *was* hier los ist? Warum schweigt Gott?

Hier stoßen wir auf das letzte Geheimnis:

Würde er mit dem Pomp der Weltprominenz bei uns einziehen, dann könnten wir ihm seine Liebe nicht glauben. Was sich als groß in dieser Welt zu bezeichnen wünscht, das zeichnet sich ja immer durch Distanz aus, es zieht immer hinter Absperrungen an uns vorüber. Die Privilegien der Großen schaffen Abstand.

Hier aber ist jemand, der einer der Unseren sein will, ein Geselle der Ausgestoßenen, ein Bruder der Blinden und ein Gefährte der Einsamen, Leidenden und Sterbenden. Unter ihnen taucht er auf – *ohne* Privilegien, ein Teilhaber ihrer Geschicke, der Heiland der Welt im Inkognito.

Gerade und eben diese Liebe aber, die ihn in die Solidarität mit uns treibt, macht ihn unerkennbar. So kommt es, daß man ihn verwechseln kann mit einem Religionsstifter, mit einem

Weisheitslehrer, einem Rabbi oder auch einer provinziellen Figur an den Rändern der Weltgeschichte. Darum hat er auch nichts getan, um durch messianische Titel auf sich aufmerksam zu machen. Auch sprang er nicht, wie der Versucher ihm anriet, von der Zinne des Tempels, um demonstrativ zu wirken. Und selbst seine Wunder, die er tat, hielt er bewußt in der Zweideutigkeit, um eine Massensuggestion zu verhindern, die den Glauben nicht bewirkt, sondern ihn nur unterbunden hätte. Man sollte ihn nicht auf der Straße finden. Man sollte ihn nicht im Vibrieren der Nerven aufspüren, sondern er wollte mit dem Herzen gefunden sein.

Jesus von Nazareth mit dem Herzen finden, das heißt aber, dieses Herz selber schlagen hören und sich davon anrühren lassen, daß es ihm ganz allein um *mich* geht, daß es ihm *so* sehr um mich geht, als ob es nur mich allein auf der ganzen Welt gäbe, und daß er sich an mir zu Tode liebt. Dann plötzlich, wenn mich dies anrührt, wird das Inkognito gelüftet, und ich stehe der Majestät des Gottessohnes gegenüber. Dann sind meine Ketten zerbrochen, dann weiß ich überhaupt erst, in welchen Fesseln ich lag, dann erfahre ich, was das Leben zu sein vermag und was es heißt, der Lasten ledig zu sein und eine Freiheit zu gewinnen, die mich schwindeln macht.

GEKREUZIGT, GESTORBEN, BEGRABEN

Niemand hat größere Liebe denn die, daß er sein Leben läßt für seine Freunde.

JOHANNES 15, 13

Wir haben davon gesprochen, daß Jesus Christus sich totgeliebt hat. Wir haben das nicht im Sinne einer Sentimentalität, sondern als eine sachliche Diagnose festgestellt. Daß er sich totgeliebt habe, hieß ganz schlicht: Er war so sehr für uns da, und wir gingen ihm so nahe, daß er unser menschliches Geschick mit durchlitt und daß er mit uns zusammen genau dort stehen wollte, wo wir schuldig werden, wo wir leiden und sterben müssen. Darum konnte es keine Todesnacht geben, wo er nicht bei uns wäre, und darum durften wir schließlich auch sagen: „Wenn ich einmal soll scheiden, so scheide nicht von mir." Es gibt wohl niemanden, der nicht ein Gefühl dafür hätte, was das menschlich heißt, daß jemand da ist, der unser Schicksal teilen will und der uns in keiner Tiefe allein läßt.

Warum aber ist dieses Bild einer elementaren Lebensverbundenheit, warum ist dieses menschlich so Überwältigende, so „Evidente" in einen derartigen Rahmen eingefügt, warum ist hier von „Versöhnungstod" und „Stellvertretung" die Rede? Kaum daß unser Herz bewegt mittun wollte, als uns die Botschaft von jener selbstvergessenen Liebe anrührte, da muß unser Verstand schon wieder rebellieren und sich gegen ein Fremdes wehren, gegen eine mythologische Begriffsdichtung, die das menschlich so Nahe wieder zu ersticken droht. Wie qualvoll scheinen die geistigen Wechselbäder zu sein, denen uns die Kirche aussetzt!

Und doch haben Menschen von dieser Botschaft der Versöhnung gelebt, haben durch sie die Kraft bekommen, in den Abgründen Loblieder zu singen, haben sich dafür steinigen und den

Löwen vorwerfen lassen und sind für andere zu Quellen in der Wüste des Lebens geworden. Und nun bin ich naiv genug, an die Spitze dessen, was ich sagen möchte, eine sehr simple These zu setzen. Diese These lautet so: Das, was einmal ernst gewesen ist, bleibt für alle Zeiten ernst; das, was einmal Halt und Trost und Fundament in den äußersten Grenzsituationen des Lebens gewesen ist, verdient auch weiterhin, von uns aufs ernsteste bedacht und mit unseren Gedanken umkreist zu werden. Denn hier geht es doch offensichtlich nicht um irgendwelche Ideen, die irgendwelchen Leuten in irgendwelchen genialischen oder mystischen Augenblicken eingefallen sind – wohin kämen wir, wenn wir alle Einfälle ernst nehmen oder uns auch nur mit ihnen abgeben wollten! –, sondern hier geht es doch offenbar um Wahrheiten, die man ausprobiert hat und die in den äußersten Zerreißproben des Lebens standgehalten haben. Wer mit einem Achselzucken darüber hinweg- und zur Tagesordnung überginge, täte ja nichts Geringeres, als die zu verachten, die davon gelebt haben und damit gestorben sind (Psalm 73, 15). Er würde die Märtyrer zu Scharlatanen machen und die Kinder Gottes zu Waisenkindern erklären, die von makabren Illusionen gelebt hätten.

Wenn wir nun über diese letzten Fragen des Glaubens ein wenig nachdenken, dann ist es gut, gleich zu Anfang eine Feststellung zu treffen, die in ihrer Selbstverständlichkeit fast trivial klingen mag: Wenn das Kreuz von Golgatha ein Zeichen der Versöhnung ist, dann setzt das offenbar einen *Gegensatz* von Gott und Mensch voraus, einen elementaren *Widerstreit,* um dessen Beilegung es dann ginge.

Hier stocken wir bereits. Wer von uns hat denn Gott schon als seinen Gegner, wer hat ihn auch nur als Widerstand erlebt? Wenn jemand mir sagt, er fände seinen Gott in der Natur, kann ich sicher sein, daß Gott eine sehr harmlose Angelegenheit für ihn ist. Erinnern wir uns noch an einige kritische Gesichtspunkte, auf die wir beim Verhältnis von Mensch und Natur gestoßen sind? Eine sonnendurchglänzte Waldlichtung mag einen ergreifen; das Heer der Sterne am Winterhimmel mag einen die Größe der Schöpfung lehren – und ich habe auch allen Respekt vor solchen Gefühlen; nur eines passiert dabei ganz gewiß nicht: daß mich dieser Gott des Frühlings oder der Sterne verklagt, daß er mir als Gegner in den Weg tritt, daß er mir ein ernsthaftes Lebensproblem wird, das sich in meinem Gewissen festhakt. Der erhabene Gott der Natur, so haben wir es früher ausgedrückt, ist auch erhaben über mein Privatleben. Er wird mir niemals zu einer Lebenskrise, er läßt mich ungeschoren weitermachen. An diesem Gotte leide ich nicht; und woran ich nicht leide, das nehme ich auch nicht ernst.

Auch sonst ist mir Gott, wenn ich ehrlich bin, eine ziemlich verblasene Vokabel. Darum zergeht mir auch mein bißchen Religiosität wie eine Luftblase, wenn ich mit den *wirklichen* Realitäten meines Lebens konfrontiert bin: wenn etwa das Problem zu lösen ist, wie ich beruflich weiterkomme, wie ich einen sehr delikaten Liebesbrief schreibe, wie ich aus einer vertrackten Situation mit heiler Haut wieder herauskomme. Wer denkt bei so etwas an Gott? Solche Gedanken mögen allenfalls für Augenblicke der Windstille, der Besinnung und des Verschnaufens aufgehoben sein.

Aber es ist merkwürdig: Wenn Gott nicht in meinem Büro, in meiner Küche und im Schlafzimmer meiner Kinder ist, dann bleibt er auch in jenen Verschnaufpausen meist fort. Wenn ich ihn aus der Mitte meines Lebens verbanne, dann ist er auch an seinen Rändern nicht mehr zu finden. Dieser harmlose Gott des religiösen Gefühls ist ein sehr windiger Geselle. Darum ist es kein Wunder, daß er mir tatsächlich „Luft" wird. Er ist mir kein Widerstand, kein Halt und erst recht kein Schrecken.

Man braucht sich ja nur zu überlegen, wie der „Gottesgedanke" (schon dies Wort ist charakteristisch und spricht Bände) in der Regel entsteht: Wir stellen fest, wie das Leben so ist, und kommen dann zu dem Ergebnis: Es ist ungerecht, es ist sinnlos, es ist Kampf, es geht sehr fragwürdig in der Welt zu. C'est la vie – so ist das Leben! Und ich ziehe daraus die Folgerung: Wenn es einen Gott gibt, dann darf ich ihn damit behaften, daß er das Leben eben so gemacht hat, wie es ist. Indem ich mich also nach diesen Gesetzen des Lebens richte, bin ich offenbar auch im Einklang mit dem, der diese Art des Lebens geschaffen hat. Ganz offensichtlich ist *er* es doch, dessen Stimme auch in meinem wilden Blut mittönt und der sein Plazet gibt, wenn das Leben mir gebietet, dem „sacro egoismo" zu frönen und darauf bedacht zu sein, mir mein Stück aus dem allgemeinen Lebenskuchen herauszuschneiden. So ist doch das Leben – und so wird also auch der *Gott* sein, der dieses Leben geschaffen hat.

Dieser sogenannte „Gott des Lebens", den ich nach meinem

Bilde geformt und mir auf den Leib zugeschnitten habe, ist in der Tat nur eine Luftblase in lauter religiösem Schaum. Er ist aber keine Grenze, an die ich stoße, und kein Stacheldraht, in dem ich hängenbleibe.

Demgegenüber haben alle Gestalten in jenem großen Drama zwischen Gott und Mensch, das die Bibel vor uns abrollen läßt (Noah und Abraham, Jesaja und Johannes der Täufer, Paulus und später Luther), die Botschaft von der Versöhnung nur deshalb wie einen neuen Atemraum ihrer Seele, wie eine Begnadigung in der Todeszelle entgegennehmen können, weil Gott eben *nicht* eine solche Luftblase für sie war, sondern weil sie sich an ihm wund gerieben haben und weil sie spürten: Es ist im Grunde schrecklich, daß es Gott gibt – jedenfalls *kann* es schrecklich sein. Je ernster ich ihn nehme, um so mehr zerbreche ich an ihm. An dem gemessen, wie er mich entworfen und wozu er mich bestimmt hat, bin ich eine gescheiterte Existenz. Ich vergehe vor seinem wissenden Blick, der mich durchschaut. Ich habe das Zeug zu einem Mörder, einem Ehebrecher und einem Dieb in mir. Was Goethe als unerbittlicher Selbstbeobachter festgestellt hat, das haben auch sie, nur um ein Vielfaches gesteigert, unter den Augen der ewigen Majestät erfahren – unter jenen Augen, die sie nicht losließen und deren Heiligkeit sie dabei aushalten mußten. „Wenn mich nicht eine unsichtbare Hand umschränkt hätte (heißt es in „Wilhelm Meister“), hätte ich ein Girard, ein Cartouche, ein Damiens und welches Ungeheuer man nennen will, werden können: Die Anlage dazu fühlte ich deutlich in meinem Herzen. Gott, welche Entdeckung ... Welch Ungeheuer liegt in jedem menschlichen Busen.“ Ja, welche Entdeckung, können wir hinzusetzen, daß ich für dieses mein bedrückendes Geheimnis noch einen Zeugen außer mir habe und daß dieser Zeuge obendrein der ist, der mich einmal unversehrt aus seinen Händen entließ, dem ich mich einmal zurückzugeben habe und dem ich Verantwortung schuldig bin.

Wer das erfahren hat, der weiß, daß Gott schreckenerregend sein und daß er in den Gebeinen brennen kann und daß er viel mehr einem verzehrenden Feuer (5. Mose 4,24) als einer Luftblase unseres religiösen Gemütes gleicht. Der weiß es, wie unerträglich Gott sein kann, und lernt das Wort des Petrus verstehen: „Herr, gehe von mir hinaus, ich bin ein sündiger Mensch; ich halte dich einfach nicht aus.“ Der lernt es dann auch verstehen, warum man sich lieber harmlose Götter erdichtet, die nach meinem Bilde gemacht sind und mich bestätigen, oder warum man ihn lieber ganz verdrängt und ihn als ein Hobby der Bigotten beschimpft. Der weiß auch, daß dieses völlige Totschweigen Gottes, daß dieses ungenierte Über-ihn-Hinweggehen, als ob er gar nicht da wäre, nicht etwa von der Helle der Humanität und von der Herrschaft des Menschen im endlich eroberten Diesseits zeugt, sondern daß gerade dies die äußerste Finsternis und das furchtbarste Gericht ist. Und wo die Menschen meinen, sie hätten Gott zum Verstummen gebracht, da hat er sich nur zurückgezogen. „Dieu se retire – Gott zieht sich zurück", sagt Léon Bloy. Wo sie meinen, sie hätten sich von Gott befreit und Gott sei zu nichts geworden, da hält er sie gerade in das Gericht ihrer eigenen Nichtigkeit, da sind sie allein in der „weiten Leichengruft des Alls" (Jean Paul).

Wer das begriffen oder auch nur eine Ahnung davon hat, der wird die Botschaft von der Versöhnung natürlich mit ganz anderen Ohren aufnehmen als die Leute mit dem bißchen banaler Religiosität oder mit ihren nihilistischen Illusionen. Denn er weiß, *welcher* Abgrund hier überbrückt werden muß, um *welchen* Frieden es hier geht und *welches* Wunder es bedeutet, daß Gott selbst es ist, der die Hand herüberreicht und den Frieden der Weihnacht ausruft.

Doch selbst wenn mir das alles ein wenig einleuchtet und wenn ich mir – vielleicht nur theoretisch! – klarzumachen versuche, daß das Zerwürfnis des Menschen mit Gott *das* Problem unseres Lebens ist, dann mag mich die Frage nur um so mehr bedrängen, was denn das Sterben Jesu damit zu tun haben solle. Wie kann denn ein anderer das für mich in Ordnung bringen? Und warum kann er es nur *so* in Ordnung bringen, daß er für mich diesen qualvollen Tod stirbt? Kann Gott nicht auch *anders,* kann er nicht souveräner oder „eleganter" als auf diesen düsteren, an archaische Opferkulte erinnernden Wegen zu mir kommen und etwas Neues werden lassen? Warum kann es dabei nicht so schlicht und so menschlich zugehen wie in dem Gleichnis vom verlorenen Sohn? Da genügt es doch, daß der Vater den heimkehrenden Sohn einfach an sein Herz drückt. Dann müssen alle Fremden und Entfremdungen vor der Übermacht dieser Liebe zu Nichts zerrinnen. Warum diese Zwischenschaltung einer Blut-und-Wunden-Theologie, warum dieser furchtbare Umweg über den Galgen von Golgatha?

Nicht als ob ich jetzt rational erklären könnte, warum hier

das geschehen muß, was wir wohl mit dem *Herzen,* aber nie mit dem *Verstande* begreifen können: daß hier ein anderer an meine Stelle tritt und die Gerichte für mich aushält, die ich erleiden müßte. Ich kann es nicht erklären. Aber ich kann begründen, *warum* ich es nicht erklären kann.

Ich möchte das, was ich meine, an einem Gleichnis aus der Mathematik verdeutlichen: Die Quadratur des Zirkels, also die Verwandlung der Kreisfläche in eine quadratische Fläche, ist auf geometrischem Wege unmöglich. Aber indem der Mathematiker hier eine Fehlanzeige erstattet, ist er keinesfalls von der Aufgabe des Nachdenkens dispensiert. Sondern jetzt richtet sich sein Scharfsinn auf die Frage, warum jene geometrische Aufgabe grundsätzlich unlösbar ist.

Ganz ähnlich ist es auch hier: Wenn ich sagte, mit dem Herzen versteht man erst, was Vergebung der Sünden durch das Blut Jesu heißt, und daß man getröstet und friedvoll damit sterben kann, dann heißt das nicht, daß unser Verstand hier ausgeschaltet werden müsse und daß wir nur noch „glauben" dürften. Es gibt überhaupt keinen Augenblick, wo Gott uns vom Nachdenken dispensierte oder es gar verböte. Nur gibt er uns manchmal andere Themen für unser Nachdenken, als wir sie uns selber stellen. So ist es auch hier. Denn bei diesem innersten Thema unseres Glaubens heißt das Thema des Nachdenkens: Warum geht es hier um ein Geheimnis des Glaubens, das ich mit meiner Vernunft nicht aufhellen kann? Warum versagt hier unser Nachdenken? Gerade diese Frage fordert aber die Anstrengung des Nachdenkens.

Ich kann in diesem Kapitel nur einige Andeutungen darüber machen. Unser Nachdenken und Begreifenkönnen versagt ja nicht erst beim Kreuzesgeheimnis, sondern es setzt schon bei einer sehr viel früheren Frage an. Wir können nämlich nicht einmal die Gottesfrage selbst zu Ende denken.

Ich will das Problem, um das es hier geht, einmal so formulieren: Was passiert eigentlich, wenn ich das Wesen Gottes zu denken versuche? Wenn ich einmal die klassischen Lösungen an mir vorüberziehen lasse, die in der Geistesgeschichte für diese Frage aufgetaucht sind, dann lassen sie sich auf zwei Grundformen zurückführen: *Entweder* man sagt: Gott ist heilig und gerecht. Er sorgt dafür, wie der greise Harfner im „Wilhelm Meister" es sagt, daß alle Schuld auf Erden sich rächt und daß also die Weltgeschichte das Weltgericht ist. Nehme ich das bis ins Letzte ernst, dann heißt das, daß der Mensch zum Tode verurteilt ist und an seinem Frevel zugrunde gehen muß, daß sein Größenwahnsinn, in dem er sich an die Stelle Gottes setzen und die Erde in ein selbsterschaffenes Paradies verwandeln will, damit enden muß, daß er die Hölle erschafft. Und wenn wir heute wissen, was diesem Menschen an technischer Zerstörungsmöglichkeit, biologisch und physikalisch, in die Hand gefallen ist, dann meinen wir manchmal schaudernd die letzten Folgerungen dieser Konzeption zu erahnen. Wenn Gott nur gerecht ist, dann kann das Experiment des Menschen nur im Scheitern, dann kann es nur mit einer Explosion enden.

Die *andere* Lösung der Gottesfrage sieht entgegengesetzt aus. Man sagt: *Gott ist die Liebe*. Das heißt dann: Was auch immer geschieht, ob es die Selbsthingabe der Elsa Brändström oder ob es das verruchte Spiel mit dem atomaren Feuer ist, ob es Bodelschwinghs Liebe zu den Epileptischen oder ob es Hitlers Irrenmord ist: Gott umschließt alles dies mit ewigen Liebesarmen. Alle, ob gut oder böse, ob Philanthropen oder Halunken, bleiben ihm gleich nahe. Er steht liebend über den Polen von Gut und Böse. Er ist der Indifferenzpunkt aller Gegensätze. Dann ist Gott nichts anderes als eine große Klammer um das Leben. Und niemand kann im Grunde an ihm scheitern und aus dieser Klammer herausfallen. – An dieser Liebe aber werde ich nicht mehr warm. Denn diese Art Liebe geht ja nicht von einem *Herzen* aus, das an mir leidet und für mich schlägt. Sondern diese Liebe steht über mir wie das kalt-funkelnde Firmament einer Winternacht, das gleichgültig ist gegenüber dem, was unter ihm geschieht: gegenüber ehelicher Liebe und gegenüber Ehebrüchen, gegenüber dem Tun der Mitternachtsmission und gegenüber einer Schlägerei in St. Pauli. Diese Liebe könnte nicht mehr trösten, „wie einen seine Mutter tröstet“. Sie wäre im besten Falle die Umschreibung eines allgemeinen Optimismus. Beide Wege des Denkens – ganz gleich, ob ich Gott als Idee der Gerechtigkeit oder als Idee der Liebe verstehe – enden im Grunde im Nichts.

Genau das ist nun der Grund dafür, warum die Botschaft der Bibel in der Tat alles Denken übersteigt und warum der Friede Gottes – welch ein tolles Wort! – „höher ist als alle Vernunft“. Denn hier wird mir das Unfaßliche zugerufen, daß Gott *beides* sei, daß er gerecht ist und darum das Unheilige, das Frevelhafte verurteilen muß, *und* daß er gleichwohl ein Herz voll erbarmender Liebe hat, das nicht richten, sondern aufrichten möchte und das das Verlorene heimsuchen und nach Hause bringen will.

Dies Geheimnis des göttlichen Herzens kann kein Verstand ermessen. Es kann nur unser *eigenes* Herz anrühren. Und an dieser Stelle, wo das Herz sitzt, spüren und erfahren wir es ja auch ganz genau.

Und weil dieses Geheimnis so zart und unsagbar ist, darum reicht nur die Sprache der Bibel selbst aus, um es zu umkreisen. So etwa, wenn der Psalmist sagt: „Gott sei mir gnädig nach deiner Güte und tilge meine Sünden nach deiner großen Barmherzigkeit", und wenn er fürchtet, vor Gottes Angesicht vergehen zu müssen, weil er das Heilige nicht aushält und weil er in Deckung gehen muß wie die Hirten in der Weihnachtsnacht, als sie sich von Gottes Lichtglanz überfallen und erschütternd durchleuchtet sehen. Wenn aber der Psalmist so an Gottes heiliger Übermacht, wenn er so am ewigen Richter zerbricht, sagt er dennoch im gleichen Atem: „Tröste mich mit deiner Hilfe! Ein geängstet und zerschlagen Herz wirst du, Gott, nicht verachten."

Ähnliche Gedanken mögen den verlorenen Sohn in der äußersten Fremde am Schweinetrog beschäftigt haben. (Wie oft greifen wir auf dies Gleichnis zurück! Es ist, wie wenn es immer das letzte Wort behielte, wie wenn es voller „letzter Worte" wäre.) Da hat der unglücklich Verirrte sich vermutlich gesagt: „Mein Vater ist ein rechtlicher Mann; er ist streng und gerade und läßt sich kein X für ein U vormachen. Ich kann mich nicht vor ihm sehen lassen. Ich muß vor Scham vergehen, wenn ich an seine Rechtlichkeit und seinen heiligen Ernst denke." Aber gleichzeitig denkt er: „Dennoch *leidet* mein Vater an meinem Elend, weil er mich liebt. Und doch hält er an mir fest, weil ich sein Kind bin, und sicher hat er die Fenster erleuchtet, damit ich ein Signal seiner Liebe empfange! Ich darf heimkommen."

Im Herzen des verlorenen Sohnes ringen also diese *beiden* Stimmen miteinander. Die eine sagt: Mein Vater ist „gut"; ich darf mich in meiner Verworfenheit nicht mehr sehen lassen. Und die andere Stimme sagt: mein Vater ist „gütig", ich darf zu ihm heimkommen. Diese beiden Stimmen reden miteinander auch in *unserem* Herzen; aber kein Verstand kann sie auf eine gemeinsame Formel bringen. Das liegt daran, daß nur mein Herz begreifen kann, was in Gottes Herz vorgeht.

Und an dieser Stelle wird deutlich, was das Sterben Jesu uns sagen will: Gott selbst versöhnt Gerechtigkeit und Liebe miteinander; er selbst tritt in den Zwiespalt und gibt sein Liebstes. Aber was heißt das alles?

Was hier geschieht, das läßt sich mit dem ganz einfachen und doch unergründlichen Wort ausdrücken, daß Gott uns „vergibt“. Was ereignet sich denn, wenn ich einem anderen Menschen vergebe? Es heißt doch nicht (im vorigen Kapitel klang das bereits an), daß ich „vergessen“ könnte, was er mir angetan hat. Das kann ich ja gar nicht. Nein, wenn ich einem anderen vergebe, dann trete ich selbst in den Zwiespalt; dann sage ich mir: „Das, worin der andere an dir schuldig geworden ist, worin er dich gehaßt hat und gemein gegen dich gewesen ist, das ist auch in meinem Herzen da. Du bist in einer letzten Solidarität mit ihm.“ Wenn ich von Herzen zu meinem Nächsten sage: „Ich vergebe dir“, dann übernehme ich sozusagen die Last seiner Schuld auf das eigene Herz, als ob es meine Schuld wäre. Ich sage dann nicht zu ihm: „Es war gar nicht so schlimm, darum will ich es nicht tragisch nehmen.“ O nein, so eine harmlose Sache ist die Vergebung nicht. Sondern ich sage: „Doch, es war sehr schlimm, was du mir angetan hast; es war sogar entsetzlich. Aber ich weiß von mir selber, wie wankelmütig und böse das menschliche Herz ist. Darum kann ich es nachvollziehen, was du mir getan hast. Das alles liegt auch in *mir* auf dem Sprunge. Und so leide ich es denn mit dir durch. Ich versetze mich an deine Stelle. Ich trage deine Last mit.“ Wenn ich einem anderen Menschen vergebe, dann trete ich *mit* unter die Last seiner Schuld. Dann werde ich sein Bruder und seine Schwester, dann werde ich ein Lastträger an seiner Seite.

Genau dies geschieht auf Golgatha. In Jesus Christus, dem Leidenden und Gekreuzigten, tritt Gott selbst an unsere Seite. Alle Versuchung und Gefährdung unseres Herzens hält er selber aus. Leiden und Angst, Einsamkeit und Todesfurcht, alles Menschliche in seiner Fragwürdigkeit und Hinfälligkeit nimmt er auf sich, indem er sich selber dem Druck der menschlichen Geschichte stellt und in Endlichkeit und Verlorenheit eingeht. Gott nimmt unsere Last auf sich, weil er uns vergibt. Golgatha ist ein Schmerz in Gott.

Hier ist also keine billige Liebe, die nur zudeckt oder fünfe gerade sein läßt. Sondern hier ist der heilige Gott, für den unser verlorenes Leben ein unsagbarer Schmerz ist und der dennoch „Ja“ zu uns sagt, der den Vater über den Richter siegen läßt und unsere Last auf das eigene Herz nimmt. Dort, wo der Gekreuzigte hängt, da leidet Gott selbst. Das ist hier gemeint. Dort, wo er ruft: „Mein Gott, mein Gott, warum hast du mich verlassen?“, da gibt sich das ewige Herz selbst allen Verlassenheiten und Verzweiflungen preis, die je ein Mensch in seiner Gottesferne durchlitt. Da gibt es nichts mehr, was zwischen Gott und mir steht, weil er mein Bruder geworden ist, weil er auf der Sohle aller Abgründe neben mir steht.

Dort, wo das Gericht mich treffen müßte, da steht Gott selbst oder besser, da hängt Jesus Christus. Verstehe das, wer kann; ich verstehe es nicht. Aber die Lobgesänge aller Märtyrer steigen darüber zum Himmel empor, und alle, die Vergebung ihrer Schuld erfahren haben und darüber neue Menschen geworden sind, wissen, daß es *wahr* ist, daß es eine *Wahrheit* ist, von der man leben kann, die einen verwandelt und mit dem Glück eines neuen Anfangs beschenkt. Sie alle wissen es, und auch ich weiß es; und doch hat es niemand begriffen. Man kann es nur mit einem Lobgesang sagen. Doch wenn unsere Vernunft es aussprechen will, beginnt sie zu stammeln, so wie ich hier geradebrecht habe und nicht zu Rande gekommen bin und wie es mir einfach zu schwer war, was ich sagen wollte.

Dennoch kann es ein Kind mit dem Herzen verstehen, wenn die Mutter ihm vergibt und wenn damit etwas geschieht, was die Weisen dieser Welt nicht erklären können.

Gottfried Benn zitiert einmal ein sehr tiefsinniges, wenn auch sehr heidnisches Wort von André Malraux aus seiner „Psychologie der Kunst“. Dort heißt es: „Am Tage des Gerichts werden nicht die einstigen Formen des Lebens, sondern da werden die *Statuen* die Menschheit vor den Göttern vertreten.“ In diesem ungeheuren Wort meint Malraux doch folgendes: Wenn das Endgericht über den Menschen hereinbricht, dann braucht er einen Stellvertreter, weil er nicht bestehen kann. So mögen denn (darum bittet Malraux hier) die Götter nicht den Menschen in seiner Erbärmlichkeit ansehen (in seinem Morden und Lügen und in der Niedrigkeit seiner Gedanken), sondern dann mögen sie statt der Menschen selbst ihre *Statuen* ansehen, in denen sie ihr Wesen makellos und überhöht dargestellt haben, so wie es ohne ihr Versagen besteht und gelten möge.

In diesem Sinne ist Jesus Christus die Statue des eigentlichen Menschen. In ihm, der sein Schicksal mit meinem verbunden hat, wird Gott mich anschauen, wenn ich im Jüngsten Gerichte erscheinen muß. Wir haben schon früher einmal diese Szene der letzten Stellvertretung miteinander bedacht: Wenn der ewige Richter meinen Namen aufruft und die Stunde meiner Verantwortung geschlagen hat, dann wird er fragen: „Wer bist du?“ Und ehe ich antworten kann, wird der Verkläger das Wort ergreifen und zur Antwort geben: „Wer dieser ist? Er ist der, der das und das getan hat. Er hat seinen einsamsten Kollegen dicht neben sich übersehen, weil er keine mitfühlende Liebe hatte. Er war ein Knecht seines Ehrgeizes und hat erbärmlich wenig geliebt. Er war sich immer selbst der Nächste. Er hat nicht gemerkt, wie sie rechts und links von ihm nach seiner Hilfe, nach einem guten Wort und nach einem ganz kleinen Erbarmen schrien. Er drehte sich viel zu sehr um sich selbst, als daß er das alles hätte vernehmen können oder gar darauf hätte eingehen mögen.“

Und indem der Verkläger das sagt, wird tatsächlich meine ganze Vergangenheit vor mir aufstehen, und ich werde ihm recht geben müssen, so schwer und peinlich mir das auch ist. Denn ich *bin* ja meine Vergangenheit. Wenn ich wissen will, wer jemand ist, frage ich doch nach dem, was er „hinter sich hat“. Denn ein Mensch „ist“ doch das, was er hinter sich hat, was er geleistet und worin er versagt, was er getan und was er gelassen hat. Jeder Chef, der einen Angestellten einstellt, fragt nach seinem Lebenslauf, weil er sich unwillkürlich sagt: So wie es bisher bei ihm war, so „ist“ er eben. Und wenn es mit dem, was ich so hinter mir habe, einmal ganz ernst wird – und vor dem ewigen Richter wird es entsetzlich ernst und unausweichbar –, dann ist kein Entrinnen, dann bin ich am Ende. Aus dieser Identität mit meiner Vergangenheit finde ich nicht heraus.

Doch dann tritt mein Anwalt, mein Fürsprecher, vor, dann hat Jesus Christus das Wort. Und er sagt: „Es stimmt alles, was du gesagt hast, Verkläger! Und doch ist es ganz falsch, denn das, was dieser da hinter sich hat (er hat es *wirklich* hinter sich!), das ‚ist‘ er nun nicht mehr. Ich habe es durchgestrichen und als meine Last auf *mich* genommen. Ich habe die Anklageschrift ausgelöscht und an mein Kreuz geheftet“ (Kol. 2,14). Dann wendet er sich zum Richterthron hin: „Wenn du gefragt hast, Vater und Richter, wer dieser hier ist, dann antworte ich: Er ist der, für den ich gestorben bin und *mit* dem und *an* dem ich gelitten habe. Ich bin sein Bruder geworden, und er hat sich von mir annehmen lassen. Er wußte, daß er leere Hände hatte. Er wußte um sein beflecktes Gewissen. Er wußte um seine Erbärmlichkeit, aus der es kein Entrinnen gab. Und er hat es sich gefallen lassen, daß ich ihm sagte: Sei rein! Er hat es angenommen, daß ich ihm anbot, alles für ihn und mit ihm zu tragen. Er hat unter meinem Kreuz gestanden und gesagt: ‚Ich will hier bei dir stehen, verachte mich doch nicht.' So ist er denn, Vater, mein und dein Eigentum, und ich bringe ihn dir nun. Und wie er glaubensvoll auf mich geblickt hat, so sieh auch du ihn jetzt als meinen Bruder an und laß ihn immer bei mir sein, wenn ich in deinem Frieden und in deiner Herrlichkeit bin."

Das ist das Wunder der Wandlung: Ich bin nicht mehr identisch mit meiner Vergangenheit („ich lebe – doch nun nicht mehr ich", Gal. 2,20), sondern ich bin der Gefährte meines Heilandes. Nun darf mich nichts mehr aus seiner Hand reißen. Nun vertritt er mich mit *seiner* Angst, wenn die Angst nach *mir* greift, mit seinem Sterben, wenn *ich* meinen letzten Gang antrete.

„Die Statuen werden die Menschheit vor den Göttern vertreten" – wahrlich, diese heidnische Ahnung weiß gar nicht, *was* sie geahnt hat.

Daß ich so von Jesus angenommen bin, bedeutet, daß mich nichts mehr aus seiner Hand reißen kann. Denn die Würde der Gotteskindschaft, die er mir so verleiht, ist unaustilgbar. Alles andere vergeht ja: Wer nur nach Schönheit und Charme fragt, für den ist das Alter eine trostlose Sache. Wer nur nach Glück und Selbsterfüllung fragt, muß verkrüppelte Contergan-Kinder umbringen, weil sie eben unglücklich sind. Wer nur Leistung und Funktionstüchtigkeit achtet, für den sind die unheilbar Irren und die dumpfen Geister lebensunwertes Leben. Wie trostlos und unheimlich wird das Leben, wenn wir Menschen über Wert und Unwert befinden wollen. Wir wissen und haben erlebt, wohin das führt.

Hier aber ist eine unvergängliche Würde, weil ein anderer seine Hand auf mich gelegt hat und mich teuer erkauft hat und weil ich nun durch sein Leiden und Sterben geheiligt bin, so daß nichts und niemand anders mehr Hand an mich legen darf, auch ich selbst nicht.

Als der Polizei-Kommissar Scobie in Graham Greenes Roman „Das Herz aller Dinge" völlig verzweifelt ist über sich selbst, und als sein Versagen, seine große Schuld ihn erdrückt und er zum Selbstmord entschlossen ist, da treibt es ihn noch einmal (obwohl er sich für ungläubig und noch mehr für unwürdig hält) in die Kirche. Während er nun verzweifelt mit sich hadert, klingt vom Altar her Christi Stimme in seinen trostlosen Monolog: „Du behauptest, mich zu lieben, und doch willst du mir das antun (willst dir das Leben nehmen, das ich dir gegeben habe) und willst mich deiner in Ewigkeit berauben? Ich erschuf dich aus Liebe. Ich weinte deine Tränen (denn ich litt für dich und mit dir). Ich bewahrte dich vor mehr Unheil, als du jemals erfahren wirst. Ich pflanzte diese Sehnsucht nach Frieden nur deshalb in dein Herz, damit ich eines Tages diesen deinen Wunsch erfüllen und dein Glück erleben könne. Und jetzt stößt du mich von dir . . ."

Aber Scobie kann ihn nicht verstoßen, weil der, der sein Heiland wurde, ihn festhält. Und wenn er diese große Sünde begeht, dies teuer erworbene Leben dann doch verzweifelt von sich zu werfen: Dieser eine bleibt ihm auch noch in der untersten Hölle treu. Wo wir zu schwach und verzweifelt sind, nach der ewigen Hand zu greifen, da hält sie uns fest und fängt uns auf, wenn wir stürzen. Sie greift nach uns wie nach Petrus, als er in den Wogen versank. Sie bleibt uns noch treu, wenn wir uns selber untreu werden und wenn uns alle verlassen. Sie legt sich unter meinen Kopf, wenn ich nur noch seufzen kann und wenn ich allem entrückt bin, was mich an menschlichen Lauten noch erreicht. Selbst der Tod darf nicht zwischen ihn und mich treten. So unverlierbar bin ich sein Eigentum.

Mir ist eine Geborgenheit verliehen, die mich schon hier in aller Unruhe umhüllt und die mich dereinst begleiten wird, wenn der ewige Richter seine Toga ablegt und mir als mein Vater sagt: „Ei, du frommer und getreuer Knecht, gehe ein zu deines Herren Freude."

Da will ich immer wohnen
und nicht nur als ein Gast,
bei denen, die mit Kronen
du ausgeschmücket hast;
da will ich herrlich singen
von deinem großen Tun
und frei von schnöden Dingen
in meinem Erbteil ruhn.

NIEDERGEFAHREN ZUR HÖLLE

Es war aber ein reicher Mann, der kleidete sich mit Purpur und köstlicher Leinwand und lebte alle Tage herrlich und in Freuden. Es war aber ein Armer mit Namen Lazarus, der lag vor seiner Tür voller Schwären und begehrte, sich zu sättigen von dem, was von des Reichen Tische fiel; dazu kamen auch noch die Hunde und leckten ihm seine Schwären. Es begab sich aber, daß der Arme starb und ward getragen von den Engeln in Abrahams Schoß. Der Reiche aber starb auch und ward begraben. Als er nun bei den Toten war, hob er seine Augen auf in seiner Qual und sah Abraham von ferne und Lazarus in seinem Schoß. Und er rief und sprach: Vater Abraham, erbarme dich mein und sende Lazarus, daß er das Äußerste seines Fingers ins Wasser tauche und kühle meine Zunge; denn ich leide Pein in dieser Flamme. Abraham aber sprach: Gedenke, Sohn, daß du dein Gutes empfangen hast in deinem Leben, Lazarus dagegen hat Böses empfangen; nun wird er hier getröstet, und du wirst gepeinigt. Und über das alles ist zwischen uns und euch eine große Kluft befestigt, daß, die da wollten von hier hinüberfahren zu euch, könnten nicht, und auch nicht die von dort zu uns herüber können. Da sprach er: So bitte ich dich, Vater, daß du ihn sendest in meines Vaters Haus; denn ich habe noch fünf Brüder, daß er sie warne, auf daß sie nicht auch kommen an diesen Ort der Qual. Abraham sprach: Sie haben Mose und die Propheten; laß sie dieselben hören. Er aber sprach: Nein, Vater Abraham, sondern wenn einer von den Toten zu ihnen ginge, so würden sie Buße tun. Er sprach zu ihm: Hören sie Mose und die Propheten nicht, so werden sie auch nicht glauben, wenn jemand von den Toten aufstünde.

LUKAS 16, 19–31

Über den Himmel kann man streiten. Da sind viele Fragen im Schwange, etwa diese: Ist der sogenannte Himmel einem Jenseits zugeordnet, in dem wir die Erfüllung finden, die uns in unserem irdischen Leben versagt bleibt? Oder ist diese Hoffnung auf ein Jenseits nur die feige Ausrede derer, die sich weigern, schon hier und jetzt der verfahrenen sozialen Situation entgegenzutreten und den hungernden indischen Kindern zu helfen? Geht es also nicht vielleicht um eine raffinierte Seelenstrategie: nämlich die Unglücklichen auf ein Jenseits zu vertrösten, wenn man ihnen hier und jetzt (wo sie eben in der Patsche sitzen!) nicht zu helfen bereit ist? Kann man die Aufbegehrenden nicht mit solchen Vertröstungen niederhalten und Revolutionen verhindern?

In der Tat muß man sich fragen, ob der Himmel nicht tatsächlich immer wieder hat herhalten müssen, die Massen zu verdummen, sie vom Diesseits abzulenken und durch Illusionen zu narkotisieren. Es ist keineswegs unverständlich, wenn der militante Marxismus dem sogenannten Christentum diesen Vorwurf macht und wenn er den Zukurzgekommenen und Ausgebeuteten statt dessen irdische Paradiese verspricht. Wir wissen, welche Begeisterung durch seine Versicherung ausgelöst werden kann: Wir holen euch den Jenseits-Himmel auf die Erde herunter; wir vertrösten euch nicht, sondern wir handeln; wir füttern euch nicht mit dem Opium von Himmelsillusionen, sondern wir geben euch Brot, das ihr jetzt essen könnt.

Kein Wunder, daß Millionen darauf anbeißen. Und doch stimmt es nachdenklich, daß viele, die den Himmel auf Erden versprachen, in Wahrheit die Erde zur Hölle gemacht haben und daß die versprochenen Paradiese sich immer wieder als Diktaturen des Schreckens herausstellten.

Wie gesagt: Über den Himmel läßt sich streiten. Er hat offensichtlich den Rang eines echten Diskussionsthemas. Die Vorstellung einer *Hölle* dagegen scheint nur peinlich, ja, sie scheint fatal zu sein. Hat Nietzsche wirklich nur zu Unrecht auf den Terror gescholten, den das Christentum ausgeübt habe, wenn es die Phantasie der Menschen durch die Drohung mit höllischen Feuern, mit glühenden Teufelszangen und ewiger Pein anregte? Wenn die Vertröstung auf den Himmel immer wieder von irdischen Machthabern als Trick verwendet wurde, war dann die Drohung mit der Hölle nicht sozusagen das negative Pendant dazu: nämlich der Versuch des Klerus, die Leute nun auch mit Hilfe dieses Jenseits-Terrors an *ihre* Kandare zu bringen?

Doch das ist nicht die einzige Peinlichkeit, der wir uns hier überantwortet sehen. Die andere besteht darin, daß das Wort

„Hölle“ für unsere Ohren so entsetzlich mythologisch klingt. Wenn eine Illustrierte vor einiger Zeit fragte: Brennt in der Hölle wirklich ein Feuer?, konnte sie gewiß sein, bei Millionen ein schadenfrohes Grinsen hervorzukitzeln, und selbst die subalternen Geister wußten sich überzeugt, daß sie unendlich erhaben darüber seien. Wo sollte denn dieser Ort der Qual geographisch überhaupt zu lokalisieren sein? Die Physik des Erdkerns hat doch auch den Ungebildeten darüber belehrt, daß hier keine metaphysischen Geheimnisse zu holen sind.

Aber auch die tiefer Gegründeten, ja selbst ernsthafte Christen zucken zurück. Klingt es aus dem Munde Jesu nicht befremdlich, wenn ausgerechnet er vom höllischen Feuer spricht (Matth. 5,22) und davon, daß die Lieblosen und Ungerechten einmal das „Heulen und Zähneklappen“ überkommen werde (Matth. 22,13); wenn er von einer furchtbaren Stunde spricht, in der wir Rechenschaft ablegen und für das geradestehen müssen, was wir getan haben (Matth. 12, 36; 25, 19 u. a.)?

Ist die Vorstellung eines doppelten Ausgangs der Geschichte, ist die Endgültigkeit, die Nichtrevidierbarkeit einer ewigen Verdammnis nicht schlechthin unvereinbar mit einem Gott der Liebe und mit einem Heiland, der sich für die Verlorenen opfert? Würde statt dessen ein Happy-End am Ende aller Irrungen und Wirrungen unseres Lebens nicht einer Religion der Liebe sehr viel besser anstehen?

Fragen über Fragen, die gerade den überkommen, der sich nicht einfach snobistisch abkehrt, sondern der ein hörender, ein zum Ernstnehmen entschlossener Mensch sein möchte. Sollte es also wirklich ein verbindlicher Glaubenssatz sein, wenn das offizielle Bekenntnis der Kirche das Ungeheuerliche tut und Jesus Christus zusammen mit der Hölle in *einem* Satze auftauchen läßt: „Niedergefahren zur Hölle?“

Wenn wir das ernst nehmen und nicht nur konventionell herunterleiern wollen, müssen wir durch jene Fragen hindurch. Keiner kann hier so billig davonkommen, daß er einfach sagt: Das muß man eben „glauben“! Demgegenüber würde ich die Gegenthese aufstellen: *Man darf auf keinen Fall etwas glauben, worüber man nicht nachzudenken wagt.* Das „Geheimnis“, auf das wir bei diesem Nachdenken stoßen, kommt schon früh genug. Aber dies Geheimnis darf nicht zur Ausrede der Faulen oder Gedankenlosen, der im *billigen* Sinne „Frommen“ werden.

Mit dem, was wir soeben die „mythologische“ Seite der Sache nannten, wird man noch am ehesten fertig. Von dem nämlich, was jenseits unserer Erfahrungswelt liegt, *können* wir ja nur in Bildern und Gleichnissen sprechen. Und jeder Kundige weiß, daß es kein Bild gibt, das nicht hinkt. Erst recht muß es bei irdischen Bildern von dem, was *nicht* von dieser Erde ist, zu perspektivischen Verzerrungen kommen. So wird die Hölle etwa als ein raum-zeitlicher Zustand vorgestellt; aber diese Vorstellung gehört auf das Konto des Bildes und nicht auf das der gemeinten Sache. Schon Luther spöttelt über die lokalen Vorstellungen eines höllischen Ortes: „Davon, daß es einen besonderen Ort geben sollte, in dem die verdammten Seelen jetzt sind, wie es die Maler malen und die Bauchdiener predigen, halte ich nichts.“

Und genausowenig, wie es eine Lokalisierung der Hölle gibt, kann man auch *Termine* nennen, an denen sie für uns begänne. Die Hölle ist durchaus nicht nur der Zeit *nach* dem Tode oder *nach* dem Jüngsten Gericht zugeordnet, sondern sie kann uns schon (wie wiederum Luther gern betont hat) hier und jetzt in ihr dämonisches Kraftfeld ziehen. Denn sie ist die Gottferne in jeder Gestalt. Sie ist die äußerste Verlassenheit.

Wer keinen Halt mehr hat und keinen Sinn mehr erkennt und ins Bodenlose stürzt, der weiß, was „Hölle“ ist. Der Verlust des liebsten Menschen, die Schlußqualen der multiplen Sklerose, der Anblick eines bestialisch ermordeten Kindes: das alles brauchte noch nicht die Hölle zu sein, solange ich die väterliche Hand halte, die sich in mein Dunkel reckt. Aber wenn ich in meinen Schmerzen *weder* den Sinn erkenne noch die Hand jenes Einen halte, der den Sinn weiß und dessen höheren Gedanken ich vertrauen kann, dann kommt es wirklich zu jener kritischen Ladung von äußerer und innerer Qual, die die „Hölle“ sein kann. Denn das Schreckliche an der Hölle sind nicht die Brandblasen, die man an ihren angeblichen Feuern bekommt, sondern das Schreckliche an ihr ist das völlige Verstoßensein ohne Hoffnung und die verzehrende Gewissensqual, die keine Vergebung kennt. Wenn der Mörderkönig Claudius im „Hamlet“ vergeblich zu beten versucht, aber den Bannkreis seines brennenden Gewissens nicht sprengen kann und in den Ruf ausbricht: „Beten kann ich nicht“, dann hat Shakespeare damit sehr genau die Hölle umschrieben. Er hat überhaupt wie wenige diese Dimension der Qual gekannt.

So liegt das Wesentliche des Glaubenssatzes über die Hölle nicht darin, daß sie ein Zustand nach dem Tode sei. Das ist allenfalls ein *Teil*aspekt jenes Zustandes der Verstoßenheit, um den es hier geht. Ginge es bei ihr nur um eine postmortale [1] Folgeerscheinung meines verfehlten Lebens, dann wäre ja alles ziemlich harmlos und brauchte einen im Augenblick noch nicht aufzuregen. Was geht uns das Morgen, was geht uns erst recht das „Plusquamfuturum" [2] an! Heute ist heut', und noch *lebe* ich ja im Licht. Und nach dem zweiten Schlaganfall wäre immer noch Zeit, seinen Frieden mit Gott zu machen und den Teufel um seine Beute zu prellen.

Es ist aber sehr merkwürdig (das gilt auch für andere Glaubenssätze), daß die Bibel über die zukünftigen Dinge niemals so spricht, daß sie *nur* zukünftig sind, sondern immer und konsequent so, daß sie meinen jetzigen Lebensaugenblick förmlich umstellen und in ihn hineinfunken:

Wenn Jesus Christus wirklich einmal wiederkommen sollte, „zu richten die Lebendigen und die Toten" (nur angenommen!), sähe da nicht buchstäblich alles anders aus, was ich *jetzt* erlebe? Vielleicht erscheint mir im Augenblick nichts wichtiger, als daß ich ein Auto kriege oder daß meine Liebesaffäre klappt oder daß ich den großen Coup lande, von dem ich träume. *Wenn* aber Christus einst wiederkommt (nur angenommen!), dann sind plötzlich alle Wertmaßstäbe wie „wichtig" und „unwichtig" verwandelt; dann kommt mir das, was im Augenblick meine Leidenschaft wie Sauerstoff entflammte und mit sich fortriß, vielleicht wie eine Luftblase vor. Dann erscheint mir das alles vielleicht plötzlich nicht mehr wie ein *Ziel*, sondern wie etwas, das mich gerade von meinem Ziel *abkommen* läßt. Die kommende Herrlichkeit, von der die Botschaft der Bibel kündet, wirft ihren Schatten weit zurück und trifft mich in *diesem* Augenblick. Ein Kind, das auf Weihnachten wartet, ist ja nicht erst am Heiligen Abend selbst von Freude erfüllt, sondern die Erwartung prägt und beglückt und beflügelt es schon lange vorher. Wer es wissen darf, daß die Erlösung sich naht, erhebt schon jetzt sein Haupt, und er kann furchtlos lachen, wo andere in Deckung gehen.

So ist es nach der negativen Seite nun auch mit der *Hölle*:

[1] Nach dem Tode eintretende. [2] Das soll die fernere Zukunft bedeuten.

Wenn es wirklich diese Möglichkeit des absoluten Scheiterns, des Verstoßenseins gibt (nur angenommen!), dann trifft mich der Anhauch dieses Schrecklichen schon jetzt und hier, und dann wird es zu einer Aktualität, die mein Leben verändern kann. Dazu bedarf es dann keineswegs so sadistischer Vorstellungen wie der, daß man auf höllischen Rösteisen gegrillt wird. Es kommt mir entscheidend darauf an, daß wir das begreifen: *Jetzt* stehen wir vor der Möglichkeit jenes Scheiterns und der unrevidierbaren Verfehlung unseres Lebensthemas. *Jetzt* wandern wir am Rande des tödlichen Kraters. Ich will versuchen, das, was ich meine, in einigen Gedankenschritten deutlich zu machen: Zunächst könnte man wieder einen Einwand machen, der folgendermaßen argumentierte: Allen Vorstellungen von der Hölle ist zweierlei gemeinsam, daß sie nämlich erstens besagen: Hier geht es darum, daß man sein Heil *endgültig* verwirkt hat, daß man aus dem Vaterhaus *ein für allemal* ausgestoßen und zur ewigen Fremde verurteilt ist. Und hier geht es zweitens darum, daß dieser Zustand *Qual* und *Leiden* bedeutet. Aber gerade *das* sei eben, so mag jener Einwand lauten, das Fragwürdige aller Höllenvorstellungen. Denn die Ferne von Gott *sei* ja gar keine Qual, jedenfalls brauche sie es nicht zu sein.

Dafür scheint es in der Tat sehr eindrucksvolle Illustrationen zu geben: Wie wenige Menschen suchen die Nähe Gottes überhaupt auf! Das weitaus größte Menschheitskontingent, auch in Deutschland und vielleicht gerade bei uns, interessiert sich doch keinen Deut für Gott. Die Parteigänger Gottes sind eine winzige Splitterpartei; und selbst in einer großen Kirche ist am Sonntag doch nur ein Mikroprozentsatz derer versammelt, für die sie da ist. Aber die Leute, die ohne ein Vaterunser am Sonntagvormittag ins Grüne fahren, empfinden ihre Gottesferne doch durchaus *nicht* als Qual! Im Gegenteil: sie amüsieren sich königlich. Und wenn sie überhaupt einen Gedanken an göttliche Dinge verschwenden, dann höchstens den des Bedauerns, daß es Leute gibt, die sonntags, von vermeintlicher Höllenangst geplagt oder von Himmelssehnsucht beflügelt, inmitten dunkler Gemäuer hocken, statt sich die Frühlingsluft um die Ohren blasen zu lassen.

Alle die, die so denken, *leiden* doch gar nicht unter ihrer Gottesferne! Diese Gottesferne *ist* doch gar keine Hölle, *ist* doch gar keine „Qual" für sie.

Ist das in der Tat nicht ein sehr ernsthafter Einwand gegen

den Glaubenssatz von der Hölle? Denn der Begriff der Hölle begreift doch Gottesferne und Qual als ein und denselben Zustand, während sich jetzt herausstellt, daß beides durchaus nicht zusammenzugehören braucht, daß man vielmehr in seiner Gottesferne höchst vergnügt sein kann und daß die Atheisten sogar meinen, sie hätten das wahre Leben nun erst gefunden und hätten sich von den quälenden Schuldkomplexen der religiös gebundenen Menschen befreit.

Ich habe diesen Einwand absichtlich etwas entfaltet, weil er uns auf ein tiefes Geheimnis der Hölle führen kann, wenn wir ihn durchdenken. In mancher Hinsicht hat nämlich dieser Einwand recht. Wir können in unserer Gottesferne und in unserer „Sünden Maienblüte" tatsächlich höchst vergnügt sein. (Und auch umgekehrt kann man die Christen, die von Gott reden, nicht selten für sauertöpfische Spielverderber halten.) Das liegt daran, daß wir Gott in unserem Leben tatsächlich übersehen können und uns gar nicht klarzumachen brauchen, *was* wir verlieren, *wenn* wir ihn verlieren. Denn noch meldet sich Gott ja in einem Worte, das man überhören kann und das einen natürlich dann, *wenn* man es so überhört, auch nicht zu beunruhigen braucht. Noch ruft er ja nur unseren Glauben an, und den können wir verweigern. Einmal aber kommt der Augenblick – so habe ich es früher schon ausgedrückt –, wo wir schauen *dürfen,* was wir geglaubt haben, und wo wir schauen *müssen,* was wir *nicht* geglaubt haben.

Wenn wir die Dinge so sehen, ist die Hölle nichts anderes als der Zustand, in dem ich Gott erkennen muß, ohne doch zu ihm zu können. Solange ich den nicht kenne, von dem ich getrennt bin, ist die Trennung in der Tat *keine* Qual. Was ich nicht weiß, macht mich nicht heiß: und wen ich nicht kenne, der läßt mich gleichgültig. Doch die Quelle des Lebens sehen zu müssen, ohne von ihr trinken zu können, das tut weh. Das ist dann die Qual der erlittenen Fremde, aus der es keine Heimkehr gibt.

Niemand hat diesen Zustand des unrevidierbaren Vorbei so erschreckend und tiefsinnig ausgesagt wie Christopher Marlowe, der Schöpfer der modernen englischen Tragödie, und zwar in seinem Faust-Drama, das Goethe so sehr bewundert hat. Hier fragt Faust einmal den Mephistopheles, seinen höllischen Begleiter, wie er es eigentlich angestellt habe, der Hölle zu entrinnen und sein Unwesen auf der Erde zu treiben, da er – Mephistopheles – doch auf ewig an die Hölle gebunden und sozusagen in ihr interniert sei. Auf diese Frage Fausts antwortet Mephistopheles mit einem hintergründigen Bekenntnis:

> Dies ist die Hölle ja, und nicht entrann ich ihr.
> Denkst du, daß ich, der Gott schon selbst gesehn
> und von des Himmels Freudenkelch genippt,
> nicht tausendfach der Hölle Qual empfinde,
> da ich des ew'gen Heils verlustig bin?

Nicht wahr: hier ist die gleiche ironische Ablehnung des Gedankens, daß die Hölle ein Ort sei, an den man festgeschmiedet werde. Die Hölle ist kein „Ort", sondern der Mephistopheles nimmt die Hölle immer mit. Er trägt sie in sich herum, auch wenn er seine Exkursionen ins irdische Leben unternimmt. Er hat die Traurigkeit Luzifers, des gefallenen Engels, der Gott selbst gesehen hat und von dem himmlischen Freudenkelch nippte. Darum *weiß* er eben, was er verloren hat, als er sich von Gott lossagte. Hölle heißt: wissen müssen, was ein für allemal verwirkt ist, heißt also, dieses Wissen nicht mehr verdrängen und sich nicht mehr aus den Augen wischen können. Hölle ist wissende Trauer über eine verfehlte Entscheidung, die sich nicht revidieren läßt; wissende Trauer über den verspielten Einsatz, nach dem das Spiel abbricht.

Das ist nun tatsächlich ein Hinweis auf die *Zukünftigkeit* der Hölle: denn *„jetzt"* kann ich ihr tatsächlich entrinnen, indem ich die Frage nach meinem Heil verdränge. Es kommt aber der Augenblick, in dem alle Verdrängungen aufhören und in dem ich schauen muß, was ich nicht geglaubt habe.

Genauso zeigt uns das Gleichnis vom reichen Mann und armen Lazarus, wie die Frage „ewige Seligkeit" und „ewige Verwerfung" aus dem fernen Jenseits mitten in unser Leben führt. Es ist ja erstaunlich, wie dieses Gleichnis die jenseitigen Zustände sozusagen nur in punktierten Linien andeutet, in gleichsam verschwebenden Bildern, die man nicht greifen kann und auch gar nicht greifen soll. Was ist denn „Abrahams Schoß", was ist denn der „Ort der Qual"? Da geht es doch um alles andere als um eine Geographie des Jenseits! Das eigentliche Thema sitzt ganz woanders: Es besteht im Schicksal der fünf Brüder, die in ihrem ahnungslosen Lebensbummel, in ihrem Ausgefülltsein durch Arbeit und genießerisches Behagen gar nicht merken, daß sie an einem Scheidewege stehen, daß sie nämlich wählen müssen zwischen einem Weg, dessen Ende die ewige und beseligende Gemeinschaft mit Gott ist, und zwischen einem anderen Weg, an dessen Ende Gott sprechen muß: Ich kenne euch nicht, denn auch ihr habt mich nicht erkannt, als ich euch begegnete, als ich euch anrief in meinem Wort, als ich mein Liebstes für euch gab und an euch litt, als ich in eurem gefangenen, hungernden und nackten Nächsten vor euch trat. „Wartet nur, wartet nur auf die erste Viertelstunde Schweigen", sagt Georges Bernanos in seinem Roman „Tagebuch eines Landpfarrers"; „dann werden die Menschen das Wort hören. Nicht das Wort, gegen das sie sich gesträubt haben, das Wort, das ruhig sprach: Ich bin der Weg, die Wahrheit und das Leben – sondern jenes Wort, das aus dem Abgrund heraufsteigt: Ich bin die auf ewig verschlossene Pforte, die Straße ohne Ausweg, die Lüge und die Verdammnis."

Vor *dieser* Entscheidung stehen die fünf Brüder. Vor dieser Entscheidung stehen wir alle. Wir sollen wissen, mit welcher Fracht die Entscheidungsstunde unseres Lebens beladen ist, und daß wir uns weder auf einer Fahrt ins Blaue befinden noch im Sonnenschein eines „lieben Gottes" spazierengehen, bei dem uns nichts passieren kann.

Doch: es *kann* uns etwas „passieren". Wir können das Thema unseres Lebens verfehlen. Es kann eines Tages alles verwirkt sein. Gott läßt seiner nicht spotten, und auf keinen Fall kann man mit ihm spielen. Seine Liebe ist nicht eine banale Lebensversicherung, sondern ein Wunder, das uns der Katastrophe entreißt, in die wir zu stürzen drohen. Es ist das Wunder der ewigen Arme, in die wir uns fallen lassen dürfen, denen wir uns aber auch anvertrauen *müssen*, wenn der Abgrund keine Gewalt über uns gewinnen soll.

So ist die Hölle gleichsam ein Wächter, der uns den Ernst der Entscheidung deutlich machen soll: daß Entscheidung etwas ist, das man verfehlen kann und das dann Scheidung bewirkt. Wir können unser Leben verspielen. Wir können seine Pointe verfehlen. Wir können vergeblich gelebt haben. Diese Möglichkeit gibt es.

Wehe dem, der diesen Ernst zur Lächerlichkeit macht und hier von Mythologie und von Hirngespinsten zu reden wagt. Wer diese mögliche Finsternis am Horizont unseres Lebens leugnet, hat uns nicht etwa von einer Illusion befreit, sondern er macht gerade umgekehrt unser Leben selbst zur Illusion, zu einem Lebensbummel ohne Ziel. Er läßt uns wie auf der „Titanic" mit Essen und Trinken, Feiern und Lustigkeit über das Meer fahren, ohne den Eisberg zu bedenken, der uns tödlich verwundet und in die Tiefe reißt.

Wenn wir es so zur Kenntnis und dann ernst nehmen, daß der Glaube etwas anderes ist als eine religiöse Form von Optimismus, daß er dunkle und erschreckende Ränder hat, daß es bei ihm um die Frage geht, ob man das Leben gewinnt oder verwirkt, dann ist es gar nicht mehr so schwer, sich vorzustellen, daß die Gestalt Jesu Christi so oder so in Beziehung zu jener dunklen Macht gesetzt werden mußte, die wir die „Hölle" nennen. Denn daß es einen Heiland für mich gibt, kann ja nicht bedeuten – darauf wies ich schon hin –, daß „nun nichts mehr passieren könne", daß es keine Verfehlung meines Lebensthemas mehr gebe und daß die Möglichkeit eines ewigen Scheiterns nun ausgeschlossen sei. Wäre es so, dann würde der Heiland zu einem Symbol trivialer Harmlosigkeit, zu einer Figur, die das Happy-End garantiert. Dann würden Kreuz, Blut und Tränen nicht mehr zu ihm passen. Er würde dann zur Galionsfigur an unserem illuminierten Lebensschiff, auf dem wir essen, trinken und tanzen könnten und das uns sicher zu fernen Zielen trüge, während allenfalls am Ufer – wie das Högveld-Buch es zeigt – Raubtiere entlangschleichen.

Eine so harmlose Spazierfahrt ist aber unser Leben nicht. Sonst hätte es nicht des Opfers von Golgatha bedurft, durch das der Mann der Schmerzen uns retten mußte.

Andererseits aber muß es uns gerade im Gedanken an Christus fast unerträglich sein, daß es jene düsteren Räume des Scheiterns und der Qual geben sollte, jene Räume, die seine Heilandsarme nicht mehr umgreifen könnten und aus denen die verlorenen Seelen vergeblich nach ihm riefen.

So ist es kein Wunder, daß die Gedanken des Glaubens immer wieder dieses Problem „Heiland und Hölle" umkreisten und daß sie dieses Geheimnis mit dem Bild von der Höllenfahrt Christi auszudrücken suchten.

Die *einen* wollten damit sagen – es waren vor allem die Calvinisten –, daß Jesus auch diese äußerste Erniedrigung auf sich genommen, daß er sich bis zur Solidarität mit den Verlorenen herabgeneigt und auch *ihr* Bruder geworden sei. Hatte er nicht am Kreuze gerufen: „Mein Gott, mein Gott, warum hast du mich verlassen?" Hatte er nicht schon hier, in seiner letzten Lebensstunde, die äußerste Finsternis der Gottverlassenheit auf sich genommen? Hatte er sich nicht der Verzweiflung des Nichts ausgesetzt, so daß er auch auf der untersten Sohle aller Seelenqualen *bei* uns sein und unsere Hand halten kann? Die Höllenfahrt von Golgatha – wir ahnen, was das heißt und welche Liebe, welches selbstvergessene Opfer daraus spricht. So antwortet der Heidelberger Katechismus auf die Frage, warum Christus zur Hölle herabgestiegen sei: „. . . daß ich in meinen höchsten Anfechtungen versichert sei, mein Herr Christus habe mich durch seine unaussprechliche Angst, Schmerzen und Schrecken, die er auch an seiner Seele zuvor am Kreuz erlitten, von der höllischen Angst und Pein erlöset."

Die *anderen* – vor allem die Lutheraner – haben das Bild von der Höllenfahrt so gedeutet, daß Jesus Christus als Sieger und Überwinder auch in die dunkelsten Bezirke eingebrochen sei, daß er – wie Luther in seiner Torgauer Predigt von 1533 sagt – „hingegangen und die Fahne genommen als ein siegender Held und damit die Tore aufgestoßen und unter den Teufeln rumoret, daß hie einer zum Fenster, der andere dort zum Loch hinausgefallen ist". Hier wird nicht ohne jenen christlichen Humor, der ja selbst wieder eine Haltung der Weltüberwindung ist, dieses Schauspiel genossen, in dem auch das Dunkelste zerstieben muß, wo jener Eine mächtig wird, von dem uns kein Tod und keine dämonische Macht mehr scheiden kann. Auch hinter dieser Szene taucht das Bild des Gekreuzigten auf, aber nicht nur als das Bild des Erniedrigten und Beleidigten, sondern als des Gehängten mit der Krone – wie bei den romanischen Kruzifixen.

Alle diese Deutungen – es gibt noch sehr viel mehr – stehen nicht im Widerspruch zueinander, sondern sie verhalten sich sozusagen komplementär: Man muß sie wie einen Mehrfarbendruck verstehen, der erst die ganze Fülle und Leuchtkraft dessen, was hier gemeint ist, hervortreten läßt.

Wer könnte zu sagen wagen, daß dies alles ein unwirklicher Mythos sei? Wer müßte hier nicht bekennen (sofern er nur ein wenig von all dem begriffen hat), hier habe sich etwas begeben, auf das wir unser Leben bauen können? Vielleicht dürfen wir das Geheimnis dieser Begebnisse so umschreiben: Was hier geschieht und in tastenden Bildern ausgesagt wird, ist so *anders* als unsere „normale" Wirklichkeit, daß wir es auf keine Weise mit unseren irdischen Begriffen umschreiben können. Gleichwohl ist es so *real*, daß wir gar nicht anders können, als es eben mit unseren irdischen Bildern und Gleichnissen zu umkreisen.

Mit diesen Mitteln des andeutenden, gleichnishaften Sagens weist das Neue Testament nun noch auf ein Letztes hin, das sozusagen an der Grenze dessen steht, was man überhaupt noch sagen kann. Es spricht nämlich davon, daß auch den Bewohnern des Totenreichs noch das Evangelium gesagt werde (1. Petrus 4,6) und daß Jesus mit seinem befreienden Wort selbst bis hierher dringe.

Ich sagte, dieses Wort liege an der Grenze aller Aussagemöglichkeit überhaupt, und ich muß kurz begründen, wie ich das meine. Für uns Menschen ist die Lebensspanne zwischen Geburt und Tod der Zeitraum, in dem wir den Anruf Gottes hören und uns entscheiden müssen. Dieser Zeitraum ist die begrenzte Frist, innerhalb deren alles passieren muß, worauf es ankommt. Er ist die begrenzte Frist, in der wir – wie die fünf Brüder des Gleichnisses – am Kreuzweg stehen und wo wir alles gewinnen und alles verlieren können. Wir haben nicht die Verheißung, daß diese Frist prolongiert werden könne und daß wir sie darum vertrödeln dürften, daß es also noch so etwas wie Nachholkurse im Jenseits gäbe.

Der reiche Mann hat gewußt, was er tat, als er aus der Hölle heraus Abraham anflehte, seinen fünf Brüdern zu sagen: „Eure Uhr läuft ab." Es gibt keinen anderen Weg zu Gott, als daß wir seinen Ruf ernst nehmen: „Heute (heute!), wo ihr meine Stimme höret, verstocket eure Herzen nicht!"

Aber vielleicht hat Gott noch andere Wege zu *uns*, über die wir als Menschen nicht verfügen. Vielleicht hat *er* über den Tod und über unsere begrenzte Frist hinaus noch Wege zu denen, die seinen Ruf nicht vernahmen: zu denen, die vor Christus lebten (war er nicht ein Spätling in der Geschichte?), und zu den Milliarden, die auch heute außer Hörweite seines Wortes leben. Wir können es ja einfach nicht fassen, daß das, was für *uns* das Wort des Lebens ist, denen entzogen sein und für die ein Verdammungsurteil bedeuten sollte, die es in ihrem irdischen Leben nicht vernehmen. Sollte jener Heiland, der von sich sagt: „Niemand kommt zum Vater, denn durch mich", für die Millionen in Rußland und Asien, die ihn nicht kennen, zum verrammelten Tor, zum Gericht und zum Ausschluß werden?

Wenn unser Nachdenken über die Liebe Jesu, über sein unermeßliches Erbarmen in diese letzte Gedankennot und in diese Hilflosigkeit unseres Geistes entführt wird, dann soll uns dieses geheimste aller Worte zugerufen sein: „Für *euch*, denen das

Wort vom Heil gesagt ist, bildet der Tod zwar die letzte Grenze eurer Entscheidung; und ich will noch den letzten Seufzer des Sterbenden auf mein Herz nehmen, wenn er sagt: Gott, sei mir Sünder gnädig. Für *mich* aber, den Herrn über Lebende und Tote, bestehen keine Grenzen, um mein Erbarmen mächtig werden zu lassen. Und ich weiß auch die Toten noch zu finden, die mich rufen: alle jene, die falsche Götter angebetet haben, weil sie mich nicht kannten, und die nun von ihren Fetischen und Götzen verlassen sind; alle jene, die in ihrer Jugend weggerafft wurden und die als Unvollendete starben; und auch die Atheisten, die meinem Wort entrückt waren oder es nur als entstellte Karikatur vernahmen. Mein Erbarmen hat kein Ende. Auch der Tod kann es nicht begrenzen. Ich kann nicht von den verlorenen Seelen lassen. Mein Leiden war groß und furchtbar genug, um auch sie damit aufzuwiegen."

Ob es mir gelingen konnte, auch angesichts dieses hintergründigsten aller Themen deutlich zu machen, wie selbst Hölle und Höllenfahrt nur die dunkle Folie bilden müssen, vor der das Licht der Freude, des Erbarmens und der rettenden Nachricht brennt? Wie entlegen die Gebiete und wie beklemmend die Einöden auch sind, in die wir mit unseren Gedanken vordringen (selbst wenn es Hölle und Totenreich sind!): immer stoßen wir auf die Herrlichkeit Jesu, die uns empfängt und Geborgenheit schenken will. „Führe ich gen Himmel, so bist du da: bettete ich mich in die Hölle, siehe, so bist du auch da" (Psalm 139, 8). Was einen Augenblick wie Ausweglosigkeit aussehen könnte – daß wir ihm nicht zu entrinnen vermögen –, ist im Grunde ein unaussprechlicher Trost. Denn was uns so umzingelt und einkreist, ist ja eine Liebe, die um uns bangt und uns nicht verloren geben will und die uns unter ihre Flügel versammeln will, wie eine Henne ihre Küchlein.

So enden auch die schwersten Gedanken, die manchmal an kaum noch denkbare Grenzen führen, in einfachsten und schlichten Bildern, wie sie in Kindergebeten auftauchen. „Breit aus die Flügel beide, o Jesu, meine Freude . . .": das ist im Grunde alles, was wir lernen müssen. Im Schatten dieser Flügel können uns auch die dunkelsten Geheimnisse nicht mehr schrecken. Denn wir denken dann vom Ort unserer Geborgenheit aus. Wir blicken vom Hafen aus auf das wildbewegte Meer und vom Vaterhaus auf die Fremde. Der Friede Gottes ist höher als alle Vernunft – selbst als alle Probleme der *glaubenden* Vernunft.

Eine sehr bekannte und bedeutende Frau erzählte mir einmal von ihrem kleinen achtjährigen Sohn, den die Frage von Himmel und Hölle sehr beschäftigte, wie das ja manchmal bei Kindern der Fall ist. Bei Tisch sagte er zu einem Diplomaten, den er in einen Disput darüber verwickelte: „Ich glaube nicht, daß es eine Hölle gibt; und Papa und Mama glauben es auch nicht." Der Diplomat, der durch die Zitierung der hochgestellten Eltern etwas in Verlegenheit gebracht war, wollte trotzdem nicht „kneifen" und ging auf den kindlichen Ton seines kleinen Tischgenossen ein, als er erwiderte: „Ja, wenn es keine Hölle gibt, wohin sollen dann die bösen Menschen kommen?" Da sagt der kleine Prinz: „Die bösen Menschen kommen auch ins Paradies, nur mit traurigem Herzen."

So einfach lassen sich diese Dinge tatsächlich sagen. Denn der kleine Mann gehörte zu jenen Unmündigen, aus deren Munde sich Gott ein Lob zurichtet: Das traurige Herz, das Gott gesehen hat und nicht mehr zu ihm kommen kann – das und nichts anderes ist die Hölle.

Wir aber leben noch in der angenehmen Zeit, in der Stunde der Verheißung, und die Tür zum hochzeitlichen Saal ist geöffnet. Wir würden es aber nicht ernst nehmen, daß sie eben eine Tür ist, wenn es uns an Klarheit darüber gebräche, daß nicht wir, sondern ein anderer über den Schlüssel verfügt und daß die Türe verschlossen sein könnte, wenn wir die Öffnungsfrist versäumen.

EINE ZUSATZFRAGE:

WO SIND UNSERE TOTEN?

Unsere Heimat aber ist im Himmel, von dannen wir auch warten des Heilandes Jesus Christus, des Herrn, welcher unsern nichtigen Leib verklären wird, daß er gleich werde seinem verklärten Leibe nach der Wirkung seiner Kraft, mit der er kann auch alle Dinge sich untertänig machen.

PHILIPPER 3, 20.21

Als wir im vorigen Abschnitt über die Hölle sprachen, stießen wir wiederholt auf die Frage des Todes und auf das, was jenseits der Todesgrenze mit uns geschieht. Ich möchte damit fortfahren, daß ich über das Wesen des Sterbens und die Frage des Fortlebens nach dem Tode spreche.

Ist der Rhythmus der Jahreszeiten, ist die Abfolge von Frühling, Sommer, Herbst und Winter nicht eine Darstellung des Lebens selbst? Was im Winter stirbt, steht im Frühling zu neuem Leben auf, erreicht seine sommerliche Fülle und endlich die herbstliche Zeit der Frucht. Dann beginnt der Reigen von neuem, und in ewigem Kreislauf wiederholen sich die Rhythmen von Sterben und Auferstehen. Ist das nicht auch das Gesetz unseres menschlichen Lebens und seiner Generationenfolge?

Wir wissen, wie nahe sich diese Parallele immer wieder gelegt hat. Und dennoch müssen wir fragen, ob damit nicht die große Lüge, ob damit nicht unser aller Selbstbetrug beginnt.

Im Tagebuch eines jungen Fliegers, der im ersten Weltkrieg fiel, las ich ein bezeichnendes Erlebnis: Er stand fasziniert vor einem Fliederbusch in voller Blüte. Als er ihn auseinanderbog, erblickte er die halbverweste Leiche eines Soldaten. Warum fuhr er entsetzt zurück? An den Anblick von Toten war er doch längst gewöhnt; das hätte ihm kaum die Fassung rauben können. Aber dieser tote Mensch da in seiner Zerstörung bildete einen unerträglichen Gegensatz zu dem, was ihn eben noch als blühende

Natur angerührt hatte. Hätte er abgerissene und verwelkte Blüten dicht neben dem Flieder gefunden, dann hätte ihn das nicht erschüttern oder auch nur verwundern können. Denn sie hätten in der Tat nur zwei Stadien inmitten des gleichen Lebensprozesses bedeutet. Die einen wären ein Hinweis auf den Auf-Rhythmus, die anderen aber auf den Ab-Rhythmus gewesen. Hier jedoch schrie ihn ein Widerspruch an, der in keine natürliche Formel zu passen schien. Das war jedenfalls sein spontaner Eindruck. Der tote Mensch da fiel aus dem Rahmen der Natur heraus.

Ohne daß der junge Flieger den tieferen Grund für sein merkwürdiges Reagieren hätte angeben können, war er doch auf eigentümliche Weise dem nahe, was das Neue Testament über das menschliche Sterben zu sagen weiß. Denn auch hier ist dieses Sterben nicht einfach als ein „Stück Natur", als bloß physischer Vorgang des Erlöschens verstanden, sondern hier erscheint der Tod als leibhaftige Unnatur und als das, was gerade *nicht* sein soll. Das ist jedenfalls eine der Sinn-Seiten in den Geschichten über die Totenerweckungen Jesu: Sie sind so etwas wie ein Protest gegen das menschliche Sterben, gegen den Tod als Feind, als „letzten" Feind. In ihnen leuchtet zeichenhaft die Verheißung auf, daß auch dieser letzte Feind einmal überwunden sein werde.

Der Tod ist hier geradezu als ein Fremdkörper in der Schöpfung Gottes verstanden. Und in der Tat, im Schöpfungsentwurf Gottes ist nichts davon enthalten, daß der Räuber Tod einfach daherkommen darf, um die Bande der Liebe zu zerreißen, daß es Scheiden und Abbruch geben muß, wo unser Herz in der Liebe die innigsten Erfüllungen erfuhr, und daß es Massengräber und gewaltsame Untergänge, daß es den frühen Tod der Unvollendeten und daß es ein sinnloses Hinweggerafftwerden geben darf.

Dieses Rätsel des Fremdlings Tod inmitten der Schöpfung kann auch von ganz weltlich bestimmten Menschen empfunden werden. So sagt der Psychiater Alfred Hoche einmal in seinem Buch „Jahresringe": „Es ist ein eigentümliches Schauspiel, daß der Mensch, der das Aufhören jedes Lebens um sich her . . . als oberstes, unerbittliches Gesetz (der Vergänglichkeit) kennt, es für seine Person so schwer findet, sich zu fügen. Der Gedanke dünkt ihn unerträglich, daß diese ungeheure subjektive Welt, die er in sich trägt und die in dieser Gestalt nur einmal lebt, einfach weggewischt werden soll, unerträglich, einfach am Wegesrande zusammenzusinken, während die anderen weitergehen, plaudernd, als wäre nichts geschehen. Die Energie dieses Gefühls spottet jeder Logik."

Was Hoche hier als das „unerträgliche Gefühl" bezeichnet, deutet darauf, daß im Tode des Menschen noch etwas geschieht, das alle Natur übersteigt und was deshalb nicht aus ihr erklärbar ist. Denn hat man je gehört, daß ein Naturgesetz – auch das von Werden und Vergehen – dem Menschen unerträglich wäre und daß es sich dem Zugriff seiner Logik widersetzte? Was *ist* nun das, was in unserem Sterben die Natur übersteigt und aus ihr „herausfällt"?

Paulus hat das rätselhafte Wort gesprochen, daß der Tod der „Sünde Sold" sei (Röm. 6, 23). Dieses Wort wirkt auf uns wohl deshalb so befremdlich, weil hier ein ganz außer-biologischer Begriff, nämlich der der Sünde – also der Trennung von Gott –, zur Auflichtung des Todesgeheimnisses verwendet wird. Werden hier nicht, so möchte man fragen, zwei Gesichtspunkte miteinander vermengt, die einfach unvergleichbar sind, ja die überhaupt nichts miteinander zu tun haben? Was will denn Paulus mit dieser so abenteuerlichen „Begriffsverwirrung" sagen, wenn er Tod und Sünde aufeinander bezieht?

Paulus spielt hier auf Vorgänge an, die wir aus der Sündenfallgeschichte kennen: Wenn Adam und Eva nach der verbotenen Frucht greifen, so heißt dies doch, daß sie in die Hoheitszone Gottes einbrechen, daß sie also die „Grenzen der Menschheit" überschreiten, daß sie „Über"-Menschen sein und eine illegale Gottebenbürtigkeit erraffen wollen. Indem sie sich so zur Grenzenlosigkeit erheben – es ist der alte prometheische Trieb, der hier wirksam wird – und indem sie die verbotene Zone des Ewigen betreten, werden sie hinter die Schranken der Zeitlichkeit zurückgestoßen, werden sie aufs neue und in gleichsam erhöhter Zeichenhaftigkeit dem vergänglichen „Staub" zugeordnet, aus dem sie gemacht sind. So werden sie hinter die Grenze ihrer Endlichkeit zurückgewiesen, und der Tod wird zum Wächter an dieser Grenze bestellt. *Mitten* im Umkreis biologischer Prozesse, *mitten* in der Auflösung des Organismus und der „Entwässerung der Zellen" zeigt sich also noch etwas ganz anderes als ein bloß physischer Vorgang: da wird zeichenhaft auf ein Geschehen zwischen Gott und Mensch gedeutet. Da erfährt dieser Mensch in der Hinfälligkeit seines Sterbens, daß er eben *nur* Mensch, daß er ein hinfälliges Gemächte ist und von Gottes Ewigkeit durch einen breiten Graben geschieden bleibt.

So hat Gott in unserem Tode ein Zeichen dafür aufgerichtet, daß wir eben nur *Menschen* und keine *Götter* sind und daß selbst der prometheische Mensch, der im Sputnik die Räume des Kosmos durchmißt und manchmal zum Hochgefühl einer Gottähnlichkeit emporgerissen wird, in einem kleinen Grabkämmerlein endet, und daß die Tausende, die seine Triumphstraße jubelnd umsäumten, zurückbleiben müssen, wenn er allein und ohne Gepäck vor dem letzten Schlagbaum steht.

Ob nicht gerade der Mensch unserer Tage, dem technisch alles möglich zu sein scheint, dieser Erinnerung bedarf? Ich denke daran, wie Justinus Kerner, der Dichter der „Seherin von Prevorst", das technische Zeitalter prophetisch vorausgeahnt hat, längst ehe es anbrach. Gerade er hat das Sterben sehr betont als Schranke der Zeitlichkeit sichtbar gemacht, hinter die der ewige Richter den alles erraffenden, alles für möglich haltenden Prometheus der Neuzeit zurückverweist:

Fahr zu, o Mensch, treib's auf die Spitze,
Vom Dampfschiff bis zum Schiff der Luft,
Flieg mit dem Aar, flieg mit dem Blitze!
Kommst weiter nicht als bis zur Gruft.

Es gibt noch weitere bedeutsame Zeichen, an denen sich die Andersartigkeit unseres menschlichen Sterbens gegenüber dem natürlichen „Verenden" des Tieres erweist. Wir Menschen – und wir allein! – *wissen* ja um unsern Tod. Wir wissen darum, daß uns eine bestimmte Zeitstrecke zugemessen und daß unsere Lebensfrist begrenzt ist. So kann Hölderlin sagen:

Freier atmen die Vögel des Waldes,
Wenngleich des Menschen Brust sich herrlicher hebt.
Und der die dunkle Zukunft sieht, er muß auch
sehen den Tod und ihn allein fürchten.

Weil das so ist und weil wir schon als junge Leute um diese begrenzte Frist wissen, darum geht es beim Sterben gar nicht nur um den Schrecken des „letzten Stündleins" und um die etwas schaurige Frage, wie es einmal sein wird, wenn wir im Todeskampf Abschied von unserem Leben nehmen, und wohin es dann geht: ob wir ins Nichts versinken oder vor unserem Richter stehen werden. Um diese Frage geht es ja strenggenommen gar nicht, wenn Hölderlin davon spricht, daß wir sehend und wissend auf unseren Tod zugehen. Ginge es dabei nur um das letzte Stündlein, dann würden sich wohl nur die *alten* Leute für den Tod interessieren, und zwar einfach deshalb, weil sie ihm ja sehr nahe sind und weil sich natürlich ihre Phantasie mit der Stunde des Abschieds beschäftigen muß.

Durch unsere heutige Dichtung und Philosophie, von Rilke bis Heidegger, geht aber eine ganz andere Art des Wissens um den Tod: Wir wissen, daß wir „endlich" sind und daß unser Leben einer Einbahnstraße gleicht, die unaufhörlich einem Endpunkt zustrebt und auf der es keine Umkehr gibt. Das wissen wir ja tatsächlich, und damit rechnen wir auch, selbst wenn wir keine philosophischen Überlegungen darüber anstellen und wenn wir außerdem noch sehr junge und sehr unbekümmerte Leute sind. Wenn wir uns zum Beispiel beeilen, um eine Arbeit unter Dach und Fach zu bringen, dann tun wir das deshalb, weil die Zeit „vergeht". Diese Redewendung unserer Sprache „die Zeit vergeht" ist ja sehr verräterisch. Oder ich denke an die Angst des jungen Menschen, „ja nichts zu versäumen", ja nichts anbrennen oder auch kalt werden zu lassen, an seinen Wunsch, alles „mitzunehmen", was die Jugendzeit zu bieten hat. Auch hinter dem Wissen um die verrinnende Jugend, aber genauso hinter der Bemühung, sie oft gewaltsam zu konservieren und auf keinen Fall altern zu wollen, steht das Wissen um den Tod. „Frist- und Zeitgewinn ist unser Leben", sagt Shakespeare. Schon dem ersten Teil eines Satzes spürt man ab, daß er auf einen Punkt zueilt.

Auch darin meldet sich wieder ein geistliches Wissen, das wir freilich weithin vergessen haben: Unser Leben läuft ab auf einer gerichteten Zeitstrecke, die durch Geburt und Tod begrenzt ist. Gerade deshalb stimmt eben das Bild vom Rhythmus der Jahreszeiten nicht, das ich am Anfang nannte. Denn dieser Rhythmus wiederholt sich ja stets aufs neue. Er verläuft zyklisch, und die Kreislinie kehrt immer wieder in sich selbst zurück.

Mit unserem Leben aber ist es doch ganz anders. Hier kehrt nichts zurück, was wir einmal durchlebten, und auch wir selbst kehren nicht zurück, wenn der Schlußpunkt einmal erreicht ist. Wir gehen sozusagen durch einen langen Korridor mit vielen Türen, die alle an der Rückseite keine Klinke haben. So können wir nicht zurück und können nichts revidieren, was wir getan oder auch versäumt haben. Darum schleppen wir unsere Vergangenheit immer mit. Darum halten wir unseren Schuldschein in Händen und müssen mit ihm immer weiter, und neue Zettel gesellen sich dazu. Das ist auch der Grund dafür, warum die „Bewältigung der Vergangenheit" zum Problem wird, und zwar zu einem Problem, das im Grunde unlösbar bleibt.

Hier wird dann plötzlich das Thema Jesus Christus aktuell. Denn Jesus ist nicht nur deshalb der Todüberwinder, weil er uns über die Todesgrenze hinüberhilft und danach ewiges Leben eröffnet, weil *er* nicht von uns scheiden wird, wenn wir einmal scheiden müssen. Sondern Christus ist der Todüberwinder schon dadurch, daß er die Fessel löst, mit der wir an unsere Vergangenheit gekettet sind. Wenn er zu mir sagt: „Dir sind deine Sünden vergeben", dann ist alles getilgt, was in meinem Leben, was in allem, was ich *hinter* mir habe, unbewältigt ist. Dann gehört es nicht mehr zu mir. Dann gibt es auf einmal einen Augenblick, in dem ich sagen kann: Nun darf ich meinen Weg noch einmal neu beginnen; denn nun hat sich *der* zu mir bekannt und mich bei der Hand genommen, über den der Tod keine Macht hat und der „meinen nichtigen Leib verklären wird, daß er ähnlich werde seinem verklärten Leibe". Nun kann ich gelassen und unbeirrt meinen gegenwärtigen Lebensaugenblick auskosten. Ich brauche mich nicht mehr belastet zu fühlen von dem, was ich hinter mir habe: von den falschen Weichen, die ich gestellt habe, von dem, was ich schuldig *geblieben* und worin ich schuldig *geworden* bin, von allem, was ich nicht fertiggebracht habe und was unbewältigt geblieben ist. Einer ist da, der es mit seiner gebietenden Hand hinweggewiesen hat und mir nun sagt: Es darf dich nicht mehr von mir trennen; ich habe diese deine Last auf *meinen* Rücken geladen. Gerade weil ich so *unter* dir und *für* dich gelitten habe, darum bist du mir teuer und darum habe ich dich lieb.

Wie er mir so die Last der Vergangenheit abnimmt, so auch die der *Zukunft:* Sicher ertappe ich mich auch jetzt noch dabei, daß ich mich sorgend und bangend in diese meine Zukunft verbohre: Ich frage mich, was aus mir und meinen Kindern werden wird, was meinem Volk bevorsteht, und ob es nicht innerlich vor die Hunde gehen wird.

Es kommen wahrhaftig noch Gespenster genug von der Zukunft her auf mich zugekrochen und greifen nach mir. Das letzte Gespenst ist der Tod selbst. Aber wenn der sich zu mir bekennt, an den der Tod seine Macht verlor, dann weiß ich, daß mich nichts treffen darf, was nicht seine Zensurstelle passiert hat und von ihm für gut befunden wurde. Je mehr Sorgen mich quälen, um so mehr habe ich auch, was ich „auf ihn werfen" kann („Alle eure Sorge werfet auf ihn . . ."). Und alles, womit ich so auf ihn ziele, das verbindet mich ihm mehr und mehr und gibt ihm die Möglichkeit, sich immer neu als Sieger zu bewähren und der Herr meines Lebens zu werden.

So verwandelt er alles, was ich seiner Hand anvertraue. Und schließlich verwandelt er sogar den Tod. Ich brauche nicht mehr künstlich jung zu bleiben und Vergangenes krampfhaft festzuhalten. Ich kann jetzt getrost alt werden. Denn nun weiß ich, daß er für jeden Augenblick nicht nur für das Kind, sondern auch für den Greis, seine Überraschungen und Gaben bereithält. Und wenn Tod und Endlichkeit vorher nur als schmerzliches Abschiednehmen und als Verlust, wenn sie nur als Negativum erschienen, so werden sie jetzt Gewinn und Heimkehr. Denn ich weiß nun, *wer* mich auf der anderen Seite erwartet und zu ewiger Gemeinschaft mit mir sich beruft. Nun kann ich sagen (und das ist, weiß Gott, keine erbauliche Phrase): „Mit Freud' fahr ich von dannen zu Christ, dem Bruder mein, auf daß ich zu ihm komme und ewig bei ihm sei."

Obwohl das alles sehr tröstlich ist (jedenfalls für mich tröstlich, der ich noch auf der Wegstrecke zwischen Geburt und Tod dahinwandere), so bleibt doch noch eine schwere Frage übrig. Diese Frage überfällt uns etwa an frischen Gräbern oder auch dann, wenn unser Blick in einer stillen Stunde über die Bilder unserer Lieben gleitet: über die Bilder unserer Söhne, Väter und Männer, die wir auf den Schlachtfeldern oder im Bombenkrieg verloren oder die Unglück und Krankheit uns entrissen. Diese Frage lautet: *Wo sollen wir unsere Toten suchen?* Wo sind sie? Die Liebe, die sehnsüchtig die Fährte der Toten verfolgen möchte, ist zu stark, als daß sie sich diese Frage verwehren lassen könnte. Vielleicht ist diese Frage tatsächlich falsch gestellt. Dann könnte es keine Antwort auf sie geben, dann könnte dieses Rätsel nicht gelöst werden. Dann müßten wir zusehen, daß wir von der Qual dieser Frage *erlöst* würden. Und so ist es wohl tatsächlich. Doch zuvor soll sie einmal so stehenbleiben, wie unser ganz kindlich reagierendes Herz sie stellt.

Was also geschieht mit den Menschen, die wir geliebt haben, wenn sie die Augen schließen? Was wird einmal mit *uns* geschehen? Versinken wir dann in eine dunkle Nacht, bis die Posaunen des Jüngsten Gerichts uns aus den Gräbern rufen?

Luther hat gelegentlich gesagt, wir sollten unsere Gedanken nicht in den Zonen solcher unlösbaren Fragen herumvagabundieren lassen. Es sei ganz einfach so: Die Toten seien aus dieser Zeitlichkeit abgerufen, während für uns die Zeit noch weiterlaufe. Darum könnten wir uns den Zustand des Totseins nicht vorstellen. Es sei damit ähnlich wie beim Schlaf: Auch der Traum hält sich ja nicht an die normalen zeitlichen Abläufe. Vielleicht erwachen wir nach langem Schlaf und wissen nichts von der Zeit, die inzwischen verronnen ist. So sei es auch mit dem Schlaf der Toten, der am Jüngsten Tage endet: Wenn wir auferweckt werden, ist dieses Zwischenstadium in einem Nu vergangen, und wenn unsere Gräber dereinst gesprengt werden von der letzten Posaune, dann meinen wir, daß wir eben erst eingeschlafen seien. Nur den Zurückbleibenden, die weiter an die Zeitlichkeit verhaftet blieben, erscheine das als ein langgestrecktes Zwischenstadium.

So verblüffend einfach hier alles aufzugehen scheint und der Zustand nach dem Tode dann gar kein Problem mehr ist, so wenig will uns diese Lösung befriedigen. Wir möchten trotz allem mit dem Liede sagen: „Was die lange Todesnacht mir auch für Gedanken macht ..." Sie *macht* uns eben Gedanken: Sind unsere Toten allein in dieser Nacht, oder sind sie in der Herrlichkeit? Als einer meiner liebsten Studenten im Kriege fiel, hörte ich seinen Vater beten: „Wenn es möglich ist, so grüße ihn." Ich habe dieses Gebet nicht vergessen. In ihm war in aller Kindlichkeit, ganz ohne Neugier und in innigem Glauben die Frage enthalten, wo der Vater seinen Jungen suchen solle.

Es ist sehr bemerkenswert und gibt zu denken, daß die Bibel kaum über diesen Zustand der Toten spricht. Sie wird dafür wohl ihre Gründe haben. In der Regel spricht sie nur von dem, was uns unmittelbar angeht. Sogar die sorgende Frage nach dem „anderen Tag" kann uns ja verboten sein; wieviel mehr die Frage nach dem Übermorgen der Todesnacht! Alles konzentriert sich darauf, daß *jetzt* die angenehme Zeit sei; alles geht um den gegenwärtigen Augenblick: „Heute, so ihr seine Stimme höret, verstocket eure Herzen nicht!"

Als der Vater des großen Theologen Adolf Schlatter im Sterben lag, standen fromme Stundenbrüder um sein Lager und suchten ihn rührend und erbaulich zu trösten: „Bald wirst du in Zions goldenen Hallen sein und auf das kristallene Meer blikken, bald wird dich der Glanz am Throne des Lammes umhüllen.“ Und so redeten sie und ließen ihre fromme, aus ehrwürdigen Bildern der Bibel genährte Phantasie spielen. Da richtete sich der Sterbende noch einmal auf und fuhr sie an: „Laßt mich in Frieden mit dem Quark! Ich wünsche nur am Halse des Vaters zu hängen.“ Bloß dieses *eine* Bild, wie der Vater den verlorenen Sohn empfängt, wollte er gelten lassen.

Damit hat der Sterbende in der Tat auf den wesentlichen Blickpunkt verwiesen. Er wollte nichts wissen von einem himmlischen „Milieu“, von Kulissen des Jenseits und von Zions Gassen, sondern es ging ihm darum, daß er beim Vater geborgen sein und an der Stätte Frieden finden würde, die ihm sein Herr und Heiland bereitet hatte.

Genau das ist die Art des Fragens und Betrachtens, die die Bibel uns einüben will: Es geht nur und allein um die Gewißheit, daß die Gemeinschaft, die wir mit Jesus Christus haben dürfen, durch niemanden und nichts, auch durch den Tod nicht, unterbrochen werden darf. Und man muß einmal die Worte großer Gewißheit an sich vorüberziehen lassen, die die gewaltige Sprache der Bibel hier auszusagen weiß: daß weder Tod noch Leben mich von der Liebe scheiden dürfen, die sich mir ein für allemal verbunden hat; daß wir im Leben und im Sterben des Herrn sind; daß wir einen Bau im Himmel haben, wenn die Hütte unseres Erdenleibes zerfällt. „Lässet auch ein Haupt sein Glied, welches es nicht nach sich zieht?“, so heißt es in dem Triumphgesang der Christen wider den Tod.

Immer ist es der *eine* Trostgedanke, der ständig wiederkehrt: Die Treue Gottes, mit der er uns umfängt und an sich zieht, hört auf keinen Fall auf. Es gibt keinen Augenblick, *auch* nicht den des Todes, in dem sie unterbrochen werden könnte.

Unsere Unsterblichkeit liegt also nicht in uns selbst. Sie besteht nicht in der Unzerstörbarkeit eines Seelenfunkens, dem Tod und Verwesung nichts anhaben könnten – das alles wären nur Träume, durch die wir die harte Wirklichkeit des Todes verdrängten –, sondern unsere Unsterblichkeit und unsere Immunität, unsere Unverletzlichkeit gegenüber dem letzten Feinde besteht *nur in dieser Treue,* die uns nicht fallen läßt. „Mit wem Gott einmal begonnen hat zu reden, es sei im Zorn oder in der Gnade“, so kann Luther sagen, „der ist fürwahr unsterblich“, der bleibt also für immer Teilhaber dieser Geschichte; mit dem redet Gott weiter in alle Ewigkeit. Was wir im Glauben schon jetzt erfahren und geschenkt bekommen – diese Gemeinschaft mit Gott –, bleibt auch unser Erbteil, wenn die Todesnacht kommt. Das bleibt uns treu. Seine Hand reckt sich auch in *diesen* Abgrund. Und zwischen mir und jeder Finsternis wird Jesus Christus stehen.

Nur so kann die Frage nach der langen Todesnacht in einem höheren Sinne „uninteressant" werden. *Die Frage lautet nun nicht mehr, was mit mir los sein wird, sondern sie lautet, wer bei mir bleibt und mich als sein Eigentum festhält.*

Es gibt ein Wort Jesu, in dem diese höhere Gleichgültigkeit gegenüber der langen Todesnacht unerhört dicht ausgesagt ist. Es ist das Wort an den Schächer, der neben ihm am Kreuze hängt und zu ihm gesagt hatte: „Gedenke an mich, wenn du in dein Reich gehst!" Jesus antwortet ihm: „Heute noch wirst du mit mir im Paradiese sein."

„Heute!" – Also gibt es *doch* den unmittelbaren Übergang vom letzten Atemzug in die Sphäre himmlischer Gefilde? *Was* aber diese Gefilde des Paradieses sind und *wann* der Schächer sie betreten wird, das liegt als Frage unendlich fern. Der ganze Akzent dessen, was der sterbende Herr sagt, liegt auf den einzigen beiden Worten „mit mir". Du wirst „mit mir" sein, denn du hast dich ja zu mir bekannt, und darum werde ich mich auch zu *dir* bekennen. Du bleibst bei und mit mir: jetzt schon, wo unser Todeskampf einsetzt und die letzte Qual über uns hereinbricht, wo ich dir meine Hand nicht reichen kann, weil sie an diesen blutigen Balken angenagelt ist; und dennoch bist du bei mir und in mir, und siehe: *das ist schon das Paradies.* Denn nun braucht dich dein Verbrechen nicht mehr zu quälen, das dich an diesen Galgen gebracht hat. Nun bist du nicht mehr allein, und keine Todesnacht darf über dir zusammenschlagen. Und gleich wenn du deinen Geist aufgibst, wirst du wiederum und auf eine neue Weise mit mir und bei mir sein, dann warte ich auf der *anderen* Seite auf dich; dann treffen wir uns *wieder* bei dem, in dessen Hände wir nun unseren Geist befehlen. Dieses „Heute", in dem du mit mir und bei mir bist, hört nicht auf. Sieh, lieber Freund, das ist ja das Paradies, das ist ja das Reich, in das ich nun gehe: daß ich dich bei mir habe und dich nicht *von* mir lasse – von Golgatha bis in alle Ewigkeit nicht von mir lasse.

Das Paradies ist nicht Raum und ist nicht Zeit. Darum hat es auch keine Stunde, in der es beginnt, und keinen Ort, an dem man es suchen könnte. Wir sind schon *jetzt* darinnen, wenn uns das Glück des Glaubens geschenkt ist. Und es wird uns dereinst in seiner Fülle umfangen, wenn wir das schauen, was wir geglaubt haben. Das Heute, in dem unsere Geschichte mit Jesus Christus beginnt, ist auch der Beginn des Paradieses. Und im letzten Grunde ist es nicht einmal ein „Zustand", sondern eine „Gestalt": Es ist der Heiland selber, in dessen Frieden wir geborgen sind. Es ist der Vater, an dessen Halse wir hängen. So hat es Kierkegaard in seiner Grabschrift ausgedrückt:

Noch eine kleine Zeit, dann ist's gewonnen.
Dann ist der ganze Streit in nichts zerronnen.
Dann will ich laben mich an Lebensbächen
und ewig, ewiglich mit Jesus sprechen.

So wird unser Blick nach drüben vor allem zuchtlosen Schweifen bewahrt und auf den Einen verwiesen, der im Leben und im Sterben unser einziger Trost ist.

Ich will noch einer letzten Frage nicht ausweichen, einfach weil sie gestellt ist und vielleicht auch mit einigem Zagen von denen gestellt wird, die bisher mitgegangen sind.

Gibt es ein Wiedersehen mit den Toten?

Vielleicht ist das wieder einmal eine menschliche, „allzu menschliche" Frage. Und vielleicht müssen wir lernen, auch sie zu überwinden, statt sie zu beantworten, so wie wir das bei der Frage nach der „langen Todesnacht" schon lernen mußten. Aber man darf das nicht einfach so hinsagen. Man muß darüber nachdenken.

Wir können diese Frage nach dem Wiedersehen in einer falschen Scheinfrömmigkeit stellen: dann nämlich, wenn man beim Abschied von einem geliebten Menschen sich plötzlich „religiös zu interessieren" beginnt. Dieses religiöse Interesse pflegt der Hoffnung zu entstammen, dieser „Mittler" Jesus Christus könne einem auch den Kontakt mit unseren Toten vermitteln. Dann aber geht es uns nicht um ihn selbst. Vielmehr ist er uns nur Mittel zum Zweck: er soll unser Kontaktmann sein[1]. Es geht

[1] Ein Oberprimaner berichtete in einem Aufsatz über die inneren Wirkungen, die der Tod seiner Mutter und seines Großvaters bei ihm hervorgerufen hatten. Er

uns dann ähnlich wie den fünftausend Leuten, die Christus wunderbar speiste. Denen war er gerade recht, um ihren knurrenden Magen zu beruhigen; für ihn selbst interessierten sie sich nicht (Joh. 6, 26). Aber er entzieht sich uns geheimnisvoll (genauso wie er sich den Leuten von damals entzog), wenn es uns nicht um ihn *selbst* geht, um ihn selbst als unser ein und alles. Wenn wir ihn als Mittel zum Zweck mißbrauchen – auch als Kontaktmann zu unseren Entschlafenen –, wird er uns zur schweigenden Wand, an der alle unsere Fragen zurückprallen.

Nur wenn wir hier selbstkritisch und zuchtvoll bleiben, dürfen wir überhaupt weiterfragen. Dann aber darf unser Fragen tatsächlich ein Stück weiter vorstoßen: Gewisse mystische Vorstellungen verwenden gern das Bild, unser menschliches Leben gleiche einem Strom, der sich in den unendlichen Ozean der Ewigkeit ergießt. Wenn es so wäre und unser aller Lebensströme sich in das All-Eine ergössen, dann hörte unsere Individualität auf, dann würden alle getrennt fließenden Gewässer in jenem all-umfassenden Meer der Ewigkeit aufgehen. Dann wäre auch die Frage nach einem Wiedersehen in der Ewigkeit gegenstandslos. Denn diese Frage ist nur dann sinnvoll, wenn Individualitäten vorausgesetzt bleiben, die sich überhaupt begegnen können.

Was wir mit Jesus Christus erleben, ist aber in diesem Bild vom Ozean und den sich ergießenden Strömen gar nicht unterzubringen. Etwas ist nämlich entscheidend anders: Wir bleiben ja als solche, die er angenommen hat, bei ihm geborgen. Wenn seine Treue bleibt, dann bleiben ja auch die, denen sie gilt. Gewiß: Wir werden verwandelt. „Es wird gesät verweslich und wird auferstehen unverweslich. Es wird gesät ein natürlicher Leib und wird auferstehen ein geistlicher Leib" (1. Kor. 15, 42 ff.). Und zwischen beiden Gestalten unseres Ichs liegt die Zäsur des Todes. Aber in beiden bleibt unsere Identität erhalten. An die Stelle des Bildes vom Ozean und den Strömen, die ihre Identität verlieren, tritt ein anderes und sehr viel tröstlicheres Bild: nämlich das Bild vom Vater und seinen Kindern, die seine Kinder *bleiben* – einfach deshalb bleiben, weil jedes von ihnen

stellt bei sich „eine stärkere Hinwendung zum Christentum" fest und sagt dazu: „Das ist vielleicht dadurch zu erklären, daß man den geliebten Menschen gern wiedersehen möchte, man nicht an eine ewige Trennung glauben kann. Dieses Wiedersehen verspricht einem das Christentum." (Thun, Die religiöse Entscheidung der Jugend, Stuttgart 1963, S. 290.)

in seinem Herzen lebt. Sie mögen leben oder sterben – sie sind ihres Vaters, sie bleiben im Kindesstande.

Ob sie sich also auch untereinander in der Ewigkeit begegnen, ob sie sich erkennen werden? Ob die Mutter ihr früh verlorenes Kind, ob die Witwe ihren heimgegangenen Lebensgefährten wiederfinden und ihn aufs neue umarmen darf?

Warum zucken wir zurück, wenn wir so fragen? Schien sich nicht eben erst das Recht zu dieser Frage zu ergeben, wo wir davon sprachen, daß wir in Ewigkeit erhalten bleiben und daß wir keine Ströme sind, die sich im Meer der Ewigkeit verlieren?

Ich glaube zu wissen, warum wir zurückschrecken. Sowie wir diese Frage stellen, droht der Gedanke einer „Wiedersehensfeier" über uns *Herr* zu werden, bei der Gott draußen bleibt. Unsere Toten aber gehören nicht mehr uns, sondern sie sind in seinen ewigen Händen geborgen. Wir können sie nur suchen, indem wir nach diesen *Händen* suchen. Und wir dürfen wissen: Wenn wir diesen Händen nahe sind, in denen die Seinen ruhen, dann sind uns auch die ganz nahe, nach denen unser Herz ruft. *Das muß uns genügen.* Und indem wir uns daran genügen lassen, können die beiden einzigen Fragen über uns Macht gewinnen auf die alles ankommt: Die *eine* Frage, ob wir den gefunden haben, bei dem es diese Bergung gibt; und die *andere* Frage, ob wir denen, die uns die Nächsten sind und die wir noch ein Stück weit auf unserem Erdenweg begleiten dürfen, in Klarheit gesagt haben, wo wir sie dereinst zu finden hoffen und wem wir uns im Leben und Sterben anvertrauen dürfen. Es gibt nur *einen,* der alle Fragen löst und uns von falschen Fragen *er*löst. Es gibt nur *ein* Thema, auf das alles ankommt, und es gibt nur *eins,* das not tut. Alles andere, was wir *auch* noch zu wissen begehren oder wonach wir uns *auch* noch sehnen (die Aufhellung des Todesrätsels und der langen Todesnacht, die Gewißheit über das Schicksal der Toten und der Lebendigen), wird uns von dorther „zufallen". Alle Fragen aber, die an diesem einen vorbeifragen, enden in Illusionen, Aberglauben und okkultem Wahnwitz.

Manchmal, wenn wir von einem geliebten Menschen Abschied nehmen, weil er auf eine weite Reise geht – gerade im Kriege war es oft so, wenn ein Soldat an die Front mußte –, dann machen wir wohl miteinander aus, daß wir abends um eine bestimmte Stunde zu einem bestimmten Stern aufsehen, damit unsere Blicke sich im Unendlichen treffen und wir so durch den leuchtenden Punkt im Universum miteinander verbunden bleiben. So ist es auch bei der Verbindung mit unseren Toten. Wir wissen, wer der „Stern" ist, „auf den wir schauen" dürfen, wenn einer von uns seine letzte Reise antritt und aus dieser Zeitlichkeit scheidet. Wir wissen, in welchem Stern sich auch dann unsere Blicke kreuzen. Der eine schaut auf ihn aus *dieser* und der andere aus *jener* Welt. Denn dieser Stern leuchtet ja über beiden, weil Jesus Christus der Herr dieser und der zukünftigen Welt ist und weil er auch über dem „äußersten Meer" noch seine Wache hält.

Abgesehen davon gibt es *keine* Verbindung mit den Entschlafenen. Doch dürfen wir ihm alles sagen, wozu unser Herz uns treibt: unsere Grüße und unsere bangen Fragen. Selbst unsere törichten Wünsche wird er nicht verschmähen. Und auch unser letzter Seufzer, den kein Mensch mehr versteht, wird an sein Herz dringen und von ihm angenommen werden.

Er ist der Stern, auf den wir schauen; er ist die Brücke zwischen Zeit und Ewigkeit. Auf ihn hin haben sie alle gelebt, und auf ihn hin sind sie gestorben: die Patriarchen und Propheten und Apostel. Und auch mit den Menschen der letzten Tage wird es so sein. So kann das letzte Wort nur die Rühmung sein: „Alles, Herr, bist du."

AUFERSTANDEN VON DEN TOTEN

ERSTE FRAGE:

WAS SOLLTE AM IRDISCHEN JESUS AUSSERORDENTLICH SEIN?

Alles, was mir mein Vater gibt, das kommt zu mir; und wer zu mir kommt, den werde ich nicht hinausstoßen.

JOHANNES 6, 37

Ziemlich viel am christlichen Glauben können wir widerstandslos annehmen, auch wenn wir kritische Leute sind: Was das Evangelium zum Beispiel über die Nächstenliebe verkündet, scheint uns glatt einzugehen. Wir können es im Katalog unserer Tugenden gut unterbringen. Auch daß jemand, wie Jesus das tat, bis zum bitteren und blutigen Ende seinem Auftrag treu bleibt, nötigt zur Ehrfurcht. Wir haben von dorther fast so etwas wie ein Leitbild für kompromißlose Überzeugung empfangen, und wir reagieren empfindlich, wenn sich jemand in Spott und Polemik an dieser Gestalt vergreift. Der Mann am Kreuz ist tabu auch für die, die sich sonst über den christlichen Dogmenkram aufregen.

Es scheint also eine ziemlich breite Basis für einen gewissen christlichen „common sense" zu geben. Nur an *einem* Punkt hört die Gemütlichkeit und das freundlich zustimmende Kopfnicken abrupt auf: Wenn man die Behauptung hört, der Leichnam dieses so respektablen Mannes sei wieder lebendig geworden und aus dem Grabe herausspaziert. Ich drücke mich bewußt burschikos aus, um deutlich zu machen, daß sich hier nicht nur unser Verstand, sondern daß sich auch unsere Phantasie strapaziert fühlt. Wenn man die Behauptung einer „Auferstehung" hört, dann knallt unser innerer Mensch sozusagen die Tür zu, dann scheint aus dem Bilde des ergriffenen und ergreifenden Menschen plötzlich eine gespenstische Mythengestalt zu werden, die uns das wieder ferne rückt, was uns einen Augenblick lang anzurühren begann.

Aber auch wir sogenannten Christen sollten uns hier einer

kleinen Selbstprüfung unterziehen. Wir weisen diesen Satz „Auferstanden von den Toten“ zwar nicht von vornherein ab, er gehört sozusagen zum eisernen Bestande der christlichen Konvention, und wir sind durch das allsonntägliche „Lobopfer und Bekenntnis unseres christlichen Glaubens“ sozusagen ein bißchen an ihn gewöhnt. Es macht uns vielleicht nichts aus, das so mitzusprechen.

Es „macht uns nichts aus“ – diese Feststellung enthält im Grunde eine schlimmere und radikalere Widerlegung des Auferstehungsglaubens, als alle atheistische Aggressivität sie je zustande bringen könnte. Denn entweder *ist* Christus auferstanden; dann sieht die Welt und sieht mein Leben völlig anders aus als bisher. Oder er ist *nicht* auferstanden; dann bleibt alles beim alten. Und das sollte mir „nichts ausmachen“? Ich habe keine Ahnung von dem, was hier auf dem Spiel steht, wenn ich unbekümmert meine christlichen Routinesprüchlein klopfe und den frommen Väterglauben festhalte.

Dorothy Sayers, die große englische Kriminalschriftstellerin, drückt es einmal so aus: „Die Leute, die den auferstandenen Christus sahen, waren jedenfalls überzeugt, daß das Leben wert ist, gelebt zu werden, und daß der Tod nichtig ist: eine sehr andere Haltung als die des modernen Defätisten, der so fest überzeugt ist, daß das Leben ein Unglücksfall und daß der Tod – ein bißchen inkonsequent – eine noch größere Katastrophe sei.“ – Und diese Weichenstellung für mein Leben, diese beiden Grundmöglichkeiten meiner Existenz, sollten mich kaltlassen und mir „nichts ausmachen“?

Man kann verstehen, warum die Weltmenschen einen Laden nicht mehr betreten wollen, in dem solche Leute hinter der Theke stehen und in dem man so wenig von seinen eigenen Waren zu halten scheint. Was nützt es, wenn man als Christ treuherzig oder sogar gedankenlos versichert, daß ich in einer Nebentasche meines Seelenkoffers auch diesen Glaubenssatz „Auferstanden von den Toten“ noch mit mir herumtransportiere, wenn dieser Satz in meinem Leben so gar nichts bedeutet? Sollte dieser Satz stimmen, dann müßte er doch zur „Magna Charta“ meines Lebens werden, er müßte auf meinem Paß noch *vor* meinem Namen und in Schlagzeile stehen. Er müßte sich auf Schritt und Tritt (in meinem Labor, in meinem Büro, in meiner Wohnstube und in meinem Schlafzimmer) auswirken und bestimmend werden. *Wenn* Jesus Christus lebt und herrscht, dann könnte ich zum

Beispiel nie mehr ganz hoffnungslos sein. Meine *Sorgen* müßten mir mindestens drei Meter vom Leibe bleiben. Ich wüßte dann von meinen heimgegangenen Lieben, daß sie nicht nur *von* mir gegangen, sondern daß sie auch zu ihm *heim*gegangen sind. Ich könnte manche Enttäuschung in meinem Leben nicht mehr so furchtbar ernst nehmen. Und auch mein Auto, mein Fernsehapparat und die erhoffte Gehaltserhöhung bekämen in der Werteskala meines Lebens zweifellos einen etwas anderen Stellenwert.

Das bloße „Glaubensgeplapper" der Christen, dieser Transport von wer weiß wie vielen Dogmen durch die Jahrhunderte hin, ohne daß sich irgendein Effekt für unser Leben daraus ergibt, muß für Gott ein Greuel, es muß eine Qual für ihn sein. Wir gleichen einem seltsamen, etwas unterbelichteten Menschen, der eine zauberhafte Blume sucht, deren Berührung sein Leben verwandeln müßte. Er ist überzeugt, daß diese Wunderblume irgendwo wachsen müsse, und er merkt nicht, daß er den Samen dieser Blume in seiner Tasche (in jenem Nebengelaß seines Seelenkoffers!) schon bei sich trägt. Wir sind Leute, die alles in der Tasche tragen, was ihr Leben erfüllen und sie ans Ziel ihrer Sehnsucht bringen könnte. Aber wir vergessen, es auszusäen und aktiv werden zu lassen. So bleibt es ohne Frucht und wird totes Kapital.

Wenn es aber so ist, dann lohnt es sich, darüber nachzudenken, *warum* die Botschaft von der Auferstehung für uns eine so geringe Rolle spielt oder sogar eine unzumutbare Legende bedeutet. Mit dem Gekreuzigten werden wir ja viel leichter fertig. Warum eigentlich?

Ich glaube ganz einfach deshalb, weil uns in ihm unser eigenes Schicksal begegnet. Wir suchen zu unserem Trost das brüderliche Wesen, dem nichts Menschliches fremd ist und das am eigenen Leibe erfahren hat, wie das ist, wenn man allein und verlassen ist, wenn man sich von Intrigen umstellt sieht, wenn faszinierende Versuchungen einem das Herz erschauern lassen oder wenn die Todesangst den kalten Schweiß ausbrechen läßt. *Diese Solidarität des Menschlichen suchen wir.* Wir suchen jemanden, der so ist, wie du und ich auch sind. Aber ein Gottwesen, das allem Irdischen entrückt ist, läßt uns kalt. Wir empfinden es als Erleichterung und Trost, wenn wir Angst vor einer Operation haben oder über einen Kollegen enttäuscht sind oder in einer finanziellen Misere stecken, und irgend jemand sagt uns dann: „Du, ich kenne das; ich habe in der gleichen Patsche gesessen.“ Er braucht uns dann gar kein „lösendes Wort“ zu sagen; selbst auf einen guten Rat können wir verzichten. Es genügt, wenn er nur da ist und uns hört und uns das Gefühl gibt: Ich stehe auf dem gleichen Teppich wie du, und ich weiß, wie das ist, wenn er einem unter den Füßen weggezogen wird.

Deshalb strömen die Menschen wahrscheinlich auch an den Karfreitagen in die Kirchen. Sie wollen das Bild ihres eigenen Jammers sehen, jemanden, der bei ihnen steht und der weiß, was es heißt, ein Mensch zu sein. Sie wollen dieses Bild sehen, um mit der Rolle fertig zu werden, die einem nun einmal zugewiesen ist. Auch der Gekreuzigte braucht kein „lösendes Wort“ zu sagen; er braucht die Bande des Todes nicht zu „lösen“, er braucht nicht „aufzuerstehen“. Es genügt, daß er da so ohnmächtig festgenagelt ist und den Kopf neigt, so wie wir ihn hängen lassen.

Unsere Verstrickung in vieles, was uns knechtet und bindet und verzweifeln läßt, ist viel zu massiv, als daß wir nicht das tiefste Mißtrauen hegten gegenüber allen vermeintlichen Ausgängen und Lösungen und Patentrezepten. Daß jemand mit dem Tode fertig geworden wäre, daß uns etwas anderes als das große Nichts der Todesnacht erwartete und daß wir von ewigen Armen aufgefangen würden: das ist wohl zu schön, um wahr zu sein. Hier wäre das äußerste Mißtrauen am Platze. Nicht nur das aufklärerische Mißtrauen gegenüber Mythen und Legenden, sondern vor allem das sittliche Mißtrauen gegenüber dem eigenen inneren Schweinehund, der zu feige ist, das Leben auszuhalten, und sich dann solche Formen des Happy-End zusammenphantasiert. Sehen wir es nicht ganz einfach, daß auch das größte Leben untergeht? Auch Plato und Franz von Assisi, auch Michelangelo und Bach sind gestorben. Es gibt keinen Stern am Himmel des Geistes, der nicht herabgestürzt wäre, auch wenn ein Widerschein von seinem Glanze die Nachgeborenen noch treffen mag. Und mit diesem *Einen* sollte es anders sein? Ja, noch mehr: auch *uns* sollte er durch die Nichtigkeit des Lebens und durch das Nichts der Todesnacht hindurchreißen, damit wir nicht mehr „davonzugehen“ brauchen wie ein Vieh, sondern heimgehen dürfen in einen Frieden, der nicht aufhört, und in Erfüllungen, die alle Vernunft und alle Phantasie übersteigen?

Wenn das stimmt, dann kann diese Gewißheit nicht billig zu haben sein. Dann müssen wir vor allem mißtrauisch sein gegen uns selbst, gegen alles feige Wunschdenken. Dann müssen wir unseren Zweifeln frontal gegenübertreten. Wer zweifelt, der läßt alles christliche Gedankengut und alle Dogmen zunächst einmal fahren. Er ist bereit, ins Leere zu stürzen, und ist nur von einer einzigen letzten Gewißheit getragen: *Wenn* es Christus gibt, dann wird er mich nicht stürzen *lassen,* sondern dann wird er mich auffangen. An ihm und an nichts sonst fällt die Entscheidung. Und wenn ich ihm begegnen sollte – so wie der Zweifler Thomas dem Auferstandenen begegnete – und wenn ich sagen muß: „Mein Herr und mein Gott", dann kriege ich auch alle Dogmen zurück, die ich im tollen Wagnis meines Zweifels zunächst über Bord geworfen habe. Dann kriege ich sie wie „nebenbei", sozusagen als Trinkgeld, wieder zurück.

Es gibt, wenn ich recht sehe, vor allem *ein* fatales Problem, das ich aushalten muß, wenn ich kein billiger Traditionschrist sein will:

Alles, was mit dem Glauben zusammenhängt, wäre ziemlich leicht und problemlos, wenn ich Christus als einen Lehrer letzter Wahrheiten auffassen könnte, als jemanden also, der gültige Dinge über die Idee der Liebe, über das „Prinzip Hoffnung" oder über das Gesetz von „Stirb und werde" zu sagen hätte und durch sein eigenes Existenzschicksal zu demonstrieren wüßte. In diesem Falle würde die Stimme meines Gewissens ja sofort positiv reagieren und ihn bereitwillig in den Areopag der großen Menschheitslehrer versetzen. Aber das geht nun gerade nicht. Denn die Pointe aller Berichte der Evangelien besteht darin, daß mir etwas von ihm „erzählt" wird, daß es sozusagen historische Berichte über das gibt, was er gesagt, getan und gelitten hat. Auch der Bericht über seine Auferstehung gehört dazu. Ich kann also nicht einfach sagen: Hier höre ich Worte und Sätze, die mich durch ihre innere Wahrheit überzeugen, so wie etwa Plato mich überzeugt, wenn er über die Gerechtigkeit oder den Eros spricht, oder wenn Bert Brecht die bürgerliche Sattheit geißelt. Hier dagegen wird wirklich von einem Menschen „erzählt": daß er dem Versucher begegnete und dessen raffinierten Ablenkungsmanövern widerstanden hat; daß er phantastische und reichlich mirakulöse Krafttaten vollbrachte und daß er mit seiner Liebe auch noch die umfing, die ihm ans Leben wollten. Selbst die Nachricht, daß er nicht im Tode geblieben sei, sondern daß Gott ihn auferweckt habe, gehört zu diesen Berichten. Es hängt offenbar alles daran, ob diese ganz menschlichen (und manchmal auch die Grenzen des Menschlichen sprengenden) Dinge *wahr* sind und ob man sich auf sie *verlassen* kann. *Wenn* sie wahr sind, wäre es ungeheuerlich und müßte aufs tiefste die Art und Weise bestimmen, wie ich mich zu meinem Schicksal, zu meinen Mitmenschen und auch zu meinem Tode von nun an zu verhalten hätte.

Ist aber nicht eben das Ungeheuerliche, daß solche Schicksalsfragen meines Lebens *von der Glaubwürdigkeit geschichtlicher Berichte abhängen* sollen? Spürt man hier nicht, wie recht Lessing mit seinem tiefsinnigen Stoßseufzer hatte, wenn er ausrief, daß nur allgemeine Vernunftwahrheiten (zum Beispiel mathematische Sätze) den letzten Grad von Gewißheit erreichten, niemals aber „zufällige Geschichtswahrheiten", niemals Berichte der Historiker und Reporter über Dinge, die sich nur „angeblich" ereignet haben sollen? Wenn aber solche Berichte immer einen letzten Unsicherheitsfaktor enthalten (wenn sie nämlich auf Aussagen von Zeugen beruhen, die sich irren können, oder auf Feststellungen von Historikern, die vielleicht windigen Quellen zum Opfer fallen oder sie falsch deuten), wie kann dann mein zeitliches oder ewiges Schicksal auf einem derart schlüpfrigen Boden gegründet werden? Wie kann meine ewige Seligkeit von historischen Gutachten oder auch Moden abhängen?

Warum macht Gott es uns so schwer und traktiert uns statt dessen nicht lieber mit ewigen Wahrheiten, moralischen Lehrsätzen oder Sentenzen der Weisheit, die von keinem Zweifel benagt werden und zu denen man nur „Ja" und „Amen" zu sagen braucht? Warum macht Gott es uns so schwer, warum überfordert er unseren Willen zur Redlichkeit so? Denn es ist doch kein Mutwillen, kein intellektueller Snobismus, wenn wir zweifeln. Wir *wollen* ja die Wahrheit, und es ist doch unsere Ehrlichkeit, die uns zur Skepsis zwingt.

Wenn man mit der Botschaft und mit der Gestalt Jesu umgeht, so stößt man – das glaube ich – eines Tages auf die Lösung dieser tiefen und beunruhigenden Frage. Und diese Lösung hängt sogar mit dem Herzpunkt des Evangeliums zusammen. Dieses sein Zentrum besteht doch darin, daß Jesus Christus und daß *in* Jesus Christus Gott *selbst* an unsere Seite tritt, daß er sich dem Druck der Geschichte aussetzt, wie *wir* ihm ausgesetzt sind, daß er Hunger und Durst, Lebenslust und Todesangst, Schuld und Leid mit uns durchmacht. Er will kein Gott in Distanz, sondern er will uns brüderlich nahe sein, damit wir ihm glauben können, daß er uns liebt und daß es ihm in einer unendlichen Leidenschaft um uns (um dich und um mich) geht.

Hier handelt es sich also nicht um große Gedanken, wie sie von erhabenen Geistern zu allen Zeiten gedacht worden sind, sondern hier geht es um eine Tat Gottes, der sich zu uns bekennt.

Auf meiner Reise durch Amerika kreuzte ich die Spur eines Mannes (es war ein bekannter und sicher hoch-honorierter Rechtsanwalt), der aufs tiefste beunruhigt war durch die moralische Verkommenheit, durch die Vertierung des menschlichen Antlitzes in den Schreckenszonen der Slums. Pläne zur sozialen Flurbereinigung gab es und gibt es en masse. Aber er wußte (und gerade als Christ wußte er es), daß soziale Kommissionen, die sich unter Polizeischutz in solche Laster- und Elendsregionen wagten, für die Ausgestoßenen selbst unglaubwürdig sein mußten, daß sie auf Ablehnung stießen und den erloschenen Funken der Humanität nicht zu entzünden vermochten. Die Bewohner der Slums wußten: Wir sind für diese Sozialreformer nur ein Geschwür am Leibe der Gesellschaft, von dem man sich befreien möchte. Daß wir auch „Menschen" sind, interessiert sie überhaupt nicht. Sie wollen nur einen Infektionsherd (im moralischen und hygienischen Sinne) tilgen.

So wären diese Bewohner der Slums Tiere geblieben, auch wenn man sie mit zivilen Textilien be- oder verkleidet hätte. Dieser Jurist aber wußte, daß das Menschliche in diesen entmenschlichten Wesen nur durch *Liebe* geweckt werden konnte. Weil sie aber eine solche Liebe denen nicht glaubten, die da hin und wieder vom Olymp ihrer bürgerlichen Welt herabstiegen und ihnen Sozialvisiten machten, mietete er sich eine schäbige Bude inmitten dieser Dreck- und Wanzenzonen und wohnte bei ihnen und gab ihnen zu verstehen: Ihr seht, daß es mir Ernst ist mit euch, daß ich euer Bruder sein möchte, der euch lieb hat, und nicht nur ein Sozialmanager, für den ihr ein „gesellschaftliches Problem" seid.

So begannen denn die, die ihm begegneten, ihm seine Liebe tatsächlich zu *glauben*. Darum empfingen sie von ihm eine neue Hoffnung: daß es etwas bedeuten könne, ein Mensch zu sein. Hier begann etwas in ihnen zu atmen und wach zu werden, von dem sie schon längst keine Ahnung mehr hatten. Vom Schreibtisch in einem Wolkenkratzer hätte er vielleicht Großplanungen kommandieren können. Er aber wollte eine tiefere Gestalt der

Genesung. Er wollte die Funken „Hoffnung“ und „Glaube“ erwecken. Er wollte ein Salz sein, das der Fäulnis von *innen* zu Leibe geht. So ließ er sich in die Tiefe brüderlicher Nähe herab und teilte das Schicksal derer, denen er nahe sein und für die er glaubwürdig sein wollte. Und wenn man ihn sah, konnte man ihn mit seiner Umgebung verwechseln, so konsequent war er in seiner Solidarität auch äußerlich.

Nicht unähnlich diesem Vorgang hat Gott in Jesus Christus an *uns* gehandelt. Er ist in die Jammerzonen des Menschlichen gekommen, und er sucht nicht nur den armen Lazarus mit seinen Schwären, sondern auch den reichen Mann in seinem glänzenden Elend auf. Darum können wir ihm seine Liebe glauben: Wenn wir uns in zwielichtigen Zonen herumtreiben, wenn wir der Übermacht unserer Triebe erliegen, wenn wir gemein und eifersüchtig und voller Haß und Gier sind oder wenn wir verlassen und geschlagen vom Schicksal dahinschleichen, dann brauchen wir uns nicht mehr in Bitterkeit und Zynismus zu sagen: Ein prima „Gott-Ebenbild“ bist du armer Jammerlappen! Jetzt ist es aus mit dem Luxus frommer Gefühle oder gar Gebete; in diesen Zonen gibt es keine Götter und keinen „lieben Gott“ mehr! Nun bist du nur noch ein Wurm, der sich krümmt. Nun schüttelt dich eine Angst, die dich verrückt macht, oder beelendet dich eine Langeweile, die dir das Leben zum Überdruß werden und keinen Pfifferling mehr wert sein läßt.

Nein, nun darf ich es ganz einfach wissen: Auch der, dem alle Gewalt im Himmel und auf Erden gegeben ist, hat sich der Unangefochtenheit seiner göttlichen Existenz entäußert und hat sich in alles Dunkle, in alle Abgründe reißen lassen, die mich mit ihrem Schrecken umgeben. Wenn ich ihn mit meinen Augen suchen will, dann darf ich nicht in die Stratosphäre blicken. (Wenn im Film ein Betender gezeigt wird und er blickt ekstatisch nach oben, ist es gerade falsch.) Sondern nun muß ich ihn in der Tiefe suchen: im kümmerlichen Stall und bei den Tieren, in der Wüste mit ihrem Durst und ihrer satanischen Versuchung, am Galgen in seiner Preisgegebenheit, in seiner Gottverlassenheit und seiner Todesangst – *vielleicht* aber auch in der heiteren Runde der Hochzeit zu Kana, wo es ziemlich hoch und auf jeden Fall sehr menschlich hergeht.

Er ist an allen Stationen meines Lebens, wo ich lachen oder auch heulen oder verstummen muß. Denn ihm ist nichts

Menschliches fremd, und er will mich *dort* abholen, wo ich nun einmal bin.

Eben darum aber, weil er so bei mir ist, ist er nun auch mit anderen menschlichen Erscheinungen *verwechselbar* – wie jener Mann im Slum. So kann ich etwa sagen: Er ist ein „Religionsstifter“ wie Mohammed auch (und ich kann ihn in die allgemeine Religionsgeschichte einordnen und darüber zum Relativisten werden). Oder ich kann sagen: Was soll mir dieser antike Mensch bedeuten, der einige Jahre in der Provinz des Imperium Romanum ein begrenztes Aufsehen erregt hat? Oder ich kann ihn auch für einen religiösen Menschen, für einen Heiligen oder für einen Bankrotteur oder einen Phantasten halten. *Alles das ist möglich.* Ich kann mit einer gewissen Trauer (oder auch snobistisch) sagen: Wenn Gott schon so nett sein wollte, mich persönlich anzureden und mich mit ewigen Dingen vertraut zu machen, warum hat er sich dann bis zur Unkenntlichkeit maskiert und begegnet mir auf der Ebene der Geschichte als *ein* Punkt unter vielen andern auf der Zeitlinie? Wie komme ich denn dazu, ihn hier zu *erkennen* und mich davon überzeugen zu lassen, hier (ausgerechnet hier!) sei mehr zu finden als bei Sokrates oder auch nur bei einem x-beliebigen Handwerker aus der Zimmermannsbranche?

Ob wir verstehen, was jetzt hinter dieser Frage steht und wonach sie im Grunde fragt? Ob wir verstehen, daß wir hier auf der Spur eines unerhörten Geheimnisses sind? Daß Gott uns keine ewigen Wahrheiten vom Himmel zuruft, bei denen unsere Vernunft begeistert akklamiert, sondern daß er uns in einem Stück irdischer Geschichte begegnet, daß Gott uns so auf eine massiv *irdische* Art begegnet und daß man das von Geschlecht zu Geschlecht weitererzählen muß – *gerade das ist das Geheimnis seiner Erscheinung.* Gerade das ist die Kehrseite einer Liebe, die mitten in unserem menschlichen Dasein auftaucht und es teilt und sich aller göttlichen Privilegien entschlägt. Darum sind die Menschen des Neuen Testaments auch nicht *dadurch* überwältigt worden und zum Glauben, zu einem neuen Atem ihrer Existenz gekommen, daß ihnen bestimmte Sätze aus der Predigt Jesu einsichtig oder evident geworden wären. Würde das so gewesen sein, dann hätten die Intellektuellen und die Gescheiten zweifellos einen Vorrang vor den harmlosen Gemütern und bescheidenen Geistern gehabt. Sondern sie erfuhren die große Wandlung ihres Lebens dadurch, daß sie den *Herrn* entdeckten und daß sie plötzlich in dem, der so aussah wie sie selber und „an Gebärden als ein Mensch erfunden" wurde, den Heiland entdeckten, vor dem sie erschreckt zurückwichen und schließlich das „mein Herr und mein Gott" stammeln mußten. Aber dann griff ihnen die neue Gewißheit auch tief ans Herz; dann gab es Furchen in ihrer Seele und nicht nur Wellengekräusel auf der Oberfläche ihres Intellekts.

In Südafrika erzählte man mir eine merkwürdige Geschichte. Zu einer großen technischen Ausstellung mit allen Wundern unserer Zivilisationswelt holte man eine Gruppe von primitiven Buschmännern aus dem Urwald, die – kulturgeschichtlich gesehen – noch beinahe auf der Stufe von Steinzeitmenschen standen. Man verfrachtete sie sogar in einen Stratosphärenklipper, um ihre Begegnung mit der modernen Welt möglichst drastisch zu gestalten. Selbstverständlich war das eine Attraktion für die Herrn Psychologen, die sich denn auch gleich auf die armen Wilden stürzten, um herauszukriegen (natürlich nicht mit Hilfe eines Fragebogens!), was denn wohl den tiefsten Eindruck auf sie gemacht haben mochte. Unter sich hatten sie gewettet, daß es ganz bestimmt der Flug in zehntausend Meter Höhe gewesen sei oder vielleicht auch ein Elektronengehirn, das ihnen gezeigt wurde.

Aber die guten Leutchen gaben eine andere und sehr verblüffende Antwort auf die Frage, was ihnen den größten Eindruck gemacht habe. Ein ganz ordinärer Wasserhahn in einer Küche hatte sie am meisten fasziniert. Daß jemand aus einer gewöhnlichen Wand kostbares Wasser herauszaubern konnte, das war für sie *das* umwerfende Erlebnis gewesen. Der Stratosphären-Jet und die elektronische Zahlenhexerei waren für sie Ereignisse in einer Märchenwelt, inmitten geheimnisvoller Bezirke von Göttern und Dämonen, in denen eben alles möglich war. Darüber brauchte man sich gar nicht zu wundern! Gerade deshalb war es ihnen auch nicht unter die Haut gegangen. Doch der Wasserhahn war etwas aus ihrer alltäglichen Welt. Was Durst war, das wußten sie. Und sie kannten auch die Mühsal der Wassersuche und den Schrecken der Dürre. Darum war ihnen gerade *das* ein Wunder und kam ihnen nahe (wir würden heute vielleicht sagen: es kam ihnen „existentiell" nahe), was ihnen im *Umkreis ihres Lebens* vertraut und fremd zugleich war, was mit ihrem Durst und ihrer Hoffnung und ihrer Mühsal zu tun hatte.

In dieser Weise mag sich auch *unsere* Begegnung mit Jesus vollziehen: Die Sphäre der Ewigkeit, aus der er kommt und in die ihn seine Erhöhung zurückversetzt, mag uns so fremd und fern sein wie den Buschmännern das Düsenerlebnis. Aber etwas anderes wird uns dafür sehr nahe kommen: daß hier einer mit uns im Zimmer unseres Lebens ist, in diesem Zimmer, in das wir lachend unsere Kinder hereinstürmen sehen, in dem wir beglückt einen schönen Brief lesen, in dem wir uns manchmal müde auf der Couch ausstrecken, unser reichliches oder karges Mahl einnehmen und manchmal auch verzweifelt auf und ab rennen; daß er bei uns *in* diesem Zimmer unseres Lebens ist und in Schrecken und Lust dieses gleiche Leben auch an sich selbst erfahren hat – und daß er hier (in diesem Zimmer meines Daseins) lebendiges Wasser aus der Wand quellen läßt. *Das* rührt mich an. Denn er ließ und er läßt die ewigen Dinge nicht im Himmelsglast über uns schweben, sondern er läßt sie ja mitten in unserem Leben dasein: Er segnet die Kinder (so reizend und so unartig sie nun einmal sein können mit ihren Rotznäschen und ihren zerrissenen Hosen). Er läßt den Segen Gottes mitten unter den Aussätzigen sein. Die schwermütigen und erstarrten Herzen werden plötzlich durch einen Strahl aus der Ewigkeit aufgetaut. Inmitten der Plackerei mit feindseligen Zeitgenossen schnappt seine Herzenstür nicht zu (wie überall sonst), sondern da ereignet sich das Wunder der Liebe; und mitten in Angst und Schmerz wird eine segnende Hand erkennbar.

Hier also, im weltlichen, allzu weltlichen Kleinbetrieb des täglichen Ablaufs geht der Kran mit dem lebendigen Wasser auf. Nicht um überirdischen Himmelstau geht es, den ich in frommen Entrückungen spüren dürfte, sondern um dieses Wasser, das ich im Zimmer meines irdischen Lebens haben kann. Er hat mir den Handgriff gezeigt, der es zum Fließen bringt. In seiner Gestalt sehe ich das Wunder, daß die Ewigkeit in meine Zeit gekommen ist und alles gewandelt hat.

Nun wimmelt es nur so von Signalen, daß ich geliebt bin, daß mir Botschaften gesandt und Aufgaben gestellt werden. Das Leben rollt plötzlich nicht mehr so mechanisch und in leerer Eintönigkeit ab, sondern es wird zum Ort eines erregenden und mich ständig in Atem haltenden Austauschs: In jedem Menschen, der mir begegnet, in jedem Kummer, den ich verkraften muß, und in jedem Spaß, der mir ja auch nicht versagt ist, steckt ein Brief des lieben Gottes mit einem Spezialgruß, mit einer Nachricht, die mich zum Dank auffordert oder mich tröstet, die eine Prüfungsaufgabe enthält oder auch eine große Gnade, die mich beglückt. Es ist ein permanenter Austausch mit Gott, eine plötzliche Verschiebung aller Themen, die mir das Leben stellt.

Wenn ich soweit bin und das lebendige Wasser in meiner Stube entdeckt habe, dann kann es natürlich nicht ausbleiben, daß ich nun auch zu fragen beginne, woher dieses Wasser kommt und wo die ewigen Brünnlein quellen. Wenn ich einmal auf der Spur dieser Frage bin, dann wird die Gestalt Jesu mir noch einmal und auf andere Art zum Geheimnis. Dann kann ich dem Faktum nicht ausweichen, daß er zwar bei mir im Schiff und im Zimmer ist, daß ich aber nun fragen muß: Wie kommt es, daß ihm Wind und Wellen gehorsam sind und daß er den Brunnen des lebendigen Wassers in meinen Wüsten gebietet? Dann entsteht die Frage, ob er in all seiner Menschlichkeit wirklich *nur* ein Mensch ist wie du und ich, ob auch *sein* strahlender Stern in die Tiefe der Vergänglichkeit stürzte, ob der Tod auch *hier* sein letztes Wort gesprochen habe. Dann wird die Frage akut, ob er lebt und regiert und gegenwärtig ist. Gewiß: Er neigte sein Haupt und verschied. Er ist mein Bruder auch dort, wo es mit mir zu Ende geht. Aber wie kann ich zu sagen wagen: „Wenn ich einmal soll scheiden, so scheide nicht von mir!" –? Kann ich so zu einem Toten sprechen oder kann ich so nur einen *Lebendigen* ansprechen, der mich auf der anderen Seite empfängt und in ewige Hütten zu geleiten weiß?

Damit stehe ich vor der Frage von Ostern, vor dem Wunder des dritten Tages. Wir müssen wie die Jünger von Emmaus einen langen Marsch machen, bis unser Herz zu brennen beginnt und wir fragen müssen, woher dieser Brand stammt.

Wir haben in diesem Kapitel einen weiten Weg durchmessen. Wir haben mit einem Zweifel eingesetzt: mit der Zweifelsfrage nämlich, warum Gott uns die entscheidende Frage unseres Lebens nicht mit Hilfe einer ewigen Wahrheit, sondern durch historische und sehr menschliche Nachrichten stellt. Wir haben diesen Zweifel einfach zu Ende gedacht. War das wirklich ein „bitteres" Ende, oder stießen wir dabei nicht gerade auf das Eigentliche und Befreiende? Fanden wir uns nicht plötzlich auf dem Wege nach Emmaus vor, wo der Auferstandene uns ganz nahekommt? Auch der Zweifel ist ein Briefumschlag, in dem

Gottes Botschaften verborgen sind. Darum sollen wir die Annahme dieses gefürchteten Kuverts nicht verweigern, sondern sollen es öffnen.

Einer der größten Philosophen unserer Zeit, einer der letzten großen Idealisten, wurde vor seinem Tode von den schrecklichsten Zweifeln heimgesucht: von dem Zweifel an sich selbst, an seiner Weltanschauung und auch an dem, was er als christlichen Glauben verstand und das er nicht völlig preisgeben wollte. Er hatte kurz zuvor das schreckliche Krebssterben seiner Frau erlebt und meinte, auch die Individualität des Menschen werde im Tode zerstört, es gebe nichts, was durch den letzten Zerfall des Organismus hindurchgerissen werde. Er fragte mich (wirklich mit dem Blick eines wunden Tieres): „Was bleibt mir eigentlich, was bleibt überhaupt?“ Da sagte ich ihm das Wort von den geistlich Armen, unter die auch die Geistesfürsten eingereiht seien, und von den leeren Händen, die allein gesegnet werden könnten. Ich sagte ihm, wir Menschen können *nicht* sehen, was uns bleibt und was von uns übrigbleibt. Unser menschliches Bild mag zerbrechen und ins Nichts verschwinden. Wir sind geborgen allein bei dem, der an uns denkt und uns durch jene Todesnacht führt, die unser Blick nicht mehr durchdringt. Wir leben alle das Leben dieses Einen mit, den Gott von den Toten erweckte. Wenn das nicht stimmt, ist alles zu Ende.

Aber er *ist* kein Traum, sondern *wir* „werden sein wie die Träumenden“, wenn das, was in seinem menschlichen Leben zeichenhaft aufblitzte, zum ewigen Licht geworden ist, das uns leuchtet. Unser zweifelndes Herz und unsere leeren Hände empfangen schon jetzt die segnende Berührung, die uns zu neuem Leben erweckt und uns die Gewißheit neuer Ufer und eines neuen Tages zuteil werden läßt.

Wieder denke ich an jenen großen, verehrten Mann, dessen Händen alles Eigene entsank und der als „geistlich Armer“ dem entgegenging, der ihn in der Todesnacht als sein Heiland erwartete.

ZWEITE FRAGE:

DIE AUFERSTEHUNG CHRISTI – LEGENDE ODER REALITÄT?

Und da der Sabbat vergangen war, kauften Maria Magdalena und Maria, des Jakobus Mutter, und Salome Spezerei, auf daß sie kämen und salbten ihn. Und sie kamen zum Grabe am ersten Tage der Woche sehr früh, als die Sonne aufging. Und sie sprachen untereinander: Wer wälzt uns den Stein von des Grabes Tür? Und sie sahen auf und wurden gewahr, daß der Stein abgewälzt war; denn er war sehr groß. Und sie gingen hinein in das Grab und sahen einen Jüngling zur rechten Hand sitzen, der hatte ein langes weißes Kleid an, und sie entsetzten sich. Er aber sprach zu ihnen: Entsetzet euch nicht! Ihr suchet Jesus von Nazareth, den Gekreuzigten. Er ist auferstanden, er ist nicht hier. Siehe da die Stätte, wo sie ihn hinlegten! Gehet aber hin und saget seinen Jüngern und Petrus, daß er vor euch hingehen wird nach Galiläa; da werdet ihr ihn sehen, wie er euch gesagt hat. Und sie gingen hinaus und flohen von dem Grabe; denn es war sie Zittern und Entsetzen angekommen. Und sie sagten niemand etwas; denn sie fürchteten sich.

MARKUS 16, 1–8

Und siehe, zwei von ihnen gingen an demselben Tage in einen Ort, der lag von Jerusalem bei zwei Stunden Wegs: des Name heißt Emmaus. Und sie redeten miteinander von allen diesen Geschichten. Und es geschah, da sie so redeten und besprachen sich miteinander, da nahte sich Jesus selbst und ging mit ihnen. Aber ihre Augen wurden gehalten, daß sie ihn nicht erkannten. Er sprach aber zu ihnen: Was sind das für Reden, die ihr zwischen euch handelt unterwegs? Da blieben sie traurig stehen. Und der eine, mit Namen Kleopas, antwortete und sprach zu ihm: Bist du allein unter den Fremdlingen zu Jerusalem, der nicht wisse, was in diesen Tagen darin geschehen ist? Und er sprach zu ihnen: Was denn? Sie aber sprachen zu ihm: Das von Jesus von Nazareth, welcher war ein Prophet, mächtig von Taten und Worten vor Gott und allem Volk; wie ihn unsre Hohenpriester und Obersten überantwortet haben zur Verdammnis des Todes und gekreuzigt. Wir aber hofften, er sei es, der Israel erlösen würde. Und über das alles ist heute der dritte Tag, daß solches geschehen ist. Auch haben uns erschreckt etliche Frauen aus unserer Mitte; die sind frühe bei dem Grabe gewesen, haben seinen Leib nicht gefunden, kommen und sagen, sie haben eine Erscheinung von Engeln gesehen, welche sagen, er lebe. Und etliche unter uns gingen hin zum Grabe und fanden's so, wie die Frauen sagten; aber ihn sahen sie nicht. Und er sprach zu ihnen: O ihr Toren und trägen Herzens, zu glauben alle dem, was die Propheten geredet haben! Mußte nicht Christus solches leiden und zu seiner Herrlichkeit eingehen? Und fing an bei Mose und allen Propheten und legte ihnen in der ganzen Schrift aus, was darin von ihm gesagt war. Und sie kamen nahe zu dem Orte, da sie hingingen. Und er stellte sich, als wollte er weiter gehen. Und sie nötigten ihn und sprachen: Bleibe bei uns; denn es will Abend werden, und der Tag hat sich geneigt. Und er ging hinein, bei ihnen zu bleiben. Und es geschah, da er mit ihnen zu Tische saß, nahm er das Brot, dankte, brach's und gab's ihnen. Da wurden ihre Augen geöffnet, und sie erkannten ihn. Und er verschwand vor ihnen. Und sie sprachen untereinander: Brannte nicht unser Herz in uns, da er mit uns redete auf dem Wege, als er uns die Schrift öffnete? Und sie standen auf zu derselben Stunde, kehrten wieder nach Jerusalem und fanden die Elf versammelt und die bei ihnen waren, welche sprachen: Der Herr ist wahrhaftig auferstanden und Simon erschienen. Und sie erzählten ihnen, was auf dem Wege geschehen war und wie er von ihnen erkannt wäre, als er das Brot brach.

LUKAS 24, 13–35

Im vorigen Kapitel beschäftigten wir uns mit der grundsätzlichen Frage, ob man den Sinn seines Lebens, ob man das Gebäude seines Daseins auf historische Berichte wie die des Evangeliums gründen könne, ob man das überhaupt *dürfe* und warum Gott uns mit derart gewagten Zumutungen komme. Wenn ich an etwas *„glaube"*, dann muß es doch absolut gewiß sein. Sind aber nicht historische Berichte eben mit vielen Unsicherheitsfaktoren belastet? Wer bürgt mir dafür, daß die Zeugen zuverlässig sind, daß sich keine Fehler in die Überlieferung eingeschlichen haben?

Und wenn es sich gar um *Wunder* handelt (wie etwa um die Auferstehung Jesu aus dem Grab), dann bin ich doch schon aus grundsätzlichen Vernunftgründen zu einer Infragestellung genötigt.

Alles, was wir so besprachen, sollte nur der Anmarschweg zu der Sache selbst sein, um die es uns jetzt gehen soll: um die geheimnisvollen Dinge, die am dritten Tage nach Jesu Kreuzigung geschahen.

Rudolf Alexander Schröder erzählt einmal: Als einer seiner besten Freunde unerwartet und im besten Alter jäh hatte sterben müssen, da habe die verzweifelte Familie abends mit ihm zusammengehockt, und das Unfaßliche sei immer wieder neu im Gespräch umkreist worden. Da habe er sich gesagt: Die bloße Heulerei und das substanzlose Palaver hülfen doch keinem Menschen. Schließlich sei ein Todesfall ernst genug, um zu wesentlichen Gedanken aufzurufen. Und so habe er einfach nach dem Neuen Testament gegriffen und nacheinander die vier Berichte der Evangelisten über die Auferstehung Jesu vorgelesen (also viermal fast dasselbe ohne den Zusatz eines deutenden Wortes!). Nur die Texte selbst hätten in ihrer monumentalen Einfachheit gesprochen. Es sei nun frappant gewesen, zu sehen, wie eine atemlose Stille einkehrte, wie die erstarrten Seelen allmählich auftauten und die Gespräche auf einmal einen Themawechsel erlebten: Sie wandten sich tatsächlich dem Wesentlichen zu, und die Gedanken kreisten in gesammelter Ruhe um die Letzten Dinge. Er habe diese Wendung als ein Wunder, als einen schöpferischen Eingriff empfunden.

Wer die Auferstehungsberichte einmal unbekümmert (und einen Augenblick möglichst auch ohne intellektuelle Skepsis) auf sich wirken läßt, dem muß zunächst am *Stil* ihrer Aussage etwas auffallen: Sie sind nämlich ein Muster dafür, wie die Bibel in einer verhüllenden und sozusagen diskreten Sprache auf ein Geschehen deutet, das mit Worten überhaupt nicht beschrieben werden kann. So kommt es zu einer indirekten, einer chiffrierten Weise des Sagens. Selbstverständlich kann man von der Auferstehung nicht reden, wie man von einem Verkehrsunfall oder einem historischen Ereignis erzählt. Eine Pressereportage über das Auferstehungsgeschehen wäre absurd. Alles, was um dieses Grab herum geschieht, ist in eine rätselvolle, indirekte Beleuchtung getaucht. Wir hören nichts vom Detail der Vorgänge; keinerlei Sensationsgier oder Wundersucht reißt den Schleier über dem Geheimnis auseinander. Wir erkennen nur die Reflexe und Wirkungen, die ein selber nicht erkennbares Ereignis bei den Jüngern und den Frauen auslöst. Es kann deshalb kaum erstaunlich sein, daß die Berichte auch voneinander differieren, daß die Subjektivität der Erzähler mitspielt, daß ihre Phantasie und ihr Bemühen um Deutung beteiligt sind. So kommt alles andere als eine Summe von vier objektiven Chroniken heraus, die man einfach zur Deckung bringen könnte. An dem Ungeheuren ist man mit solcher Intensität beteiligt, daß jeder wieder *in anderen* Zungen davon zeugt, daß er seinen Vorrat an Worten, Begriffen und Vorstellungen sozusagen ausplündern muß, um mit allen verfügbaren Mitteln dem Unsagbaren Ausdruck zu verleihen.

Deshalb erscheinen mir gerade diese Widersprüche bezeichnend, gleichsam „zur Sache gehörig" zu sein.

Ich will das, was ich meine, mit einem Beispiel zu erläutern versuchen:

In der ersten Hälfte des vorigen Jahrhunderts lebte ein Physiologe, Johannes Müller, der durch seine Lehre von den „spezifischen Sinnesenergien" berühmt wurde. Er wollte mit dieser Lehre sagen, daß unsere Sinneswerkzeuge (unsere Augen und Ohren) auf alle Einwirkungen von außen in einer speziell *ihnen* eigenen Weise reagieren. Wenn jemand zum Beispiel einen Schlag ins Gesicht erhält, dann dröhnen ihm die Ohren, während seine Augen bunte Kringel sehen. Er hat also optische und akustische Eindrücke, obwohl das ihm Widerfahrene überhaupt nichts war, das mit Optik und Akustik, mit Sehen oder Hören zu tun hatte. Trotzdem stellt sich dieser Schlag als ein „Sinneseindruck" dar. Augen und Ohren, Sehen und Hören sind sozusagen in Mitleidenschaft gezogen, sie werden beteiligt und steuern das bei, was zu ihren Eigentümlichkeiten gehört: das Auge Farbeneindrücke und das Ohr ein vibrierendes Dröhnen. Unsere Sinnesorgane reagieren also auf das, was ihnen von außen widerfährt. Aber sie reagieren in ganz verschiedener Weise. Sie müssen sozusagen etwas Nicht-Sehbares und etwas Nicht-Hörbares, eben jenen Schlag auf den Kopf, verarbeiten. Sie müssen den Eindruck des Widerfahrenen in ihre eigentümliche Reaktionsweise übersetzen. Das macht das Ohr natürlich anders als das Auge, und bei den einzelnen Menschen ist das *noch* einmal wieder anders: Der eine vernimmt ein Sausen, der andere

Glockenklang; der eine sieht tanzende Funken und der andere wieder einen Regenbogen.

Wenn auch der Schlag auf den Kopf kein gerade sehr schönes Beispiel ist, um den Hintergrund der Auferstehung damit zu illustrieren, so ist doch der springende Punkt bei diesem Vergleich wichtig: die Augen, die Ohren, die Vernunft und auch die Phantasie derer, die das Geheimnis des Auferstehungsmorgens erlebten, waren plötzlich mit einer Wirklichkeit konfrontiert, die ihr Fassungsvermögen schlechterdings überschritt, die ihre normalen Funktionen überforderte. Da war nicht mehr der Anblick von Bäumen, an die das Auge gewöhnt war, und war nicht das Hufgeklapper eines Esels oder das Lachen eines Mädchens, wie das Ohr es sonst genau registrierte, sondern hier war der Einbruch eines ganz anderen, des Nicht-Hörbaren und Nicht-Sehbaren. Und nun reagieren die menschlichen Wahrnehmungsinstrumente in der ihnen geläufigen Weise: Augen und Ohren hatten ihre Eindrücke, die Phantasie stellte sich Bilder des Geschehenen vor, und die Vernunft machte sich einen Reim darauf und konstruierte Zusammenhänge. So entstand eine Erzählung des Vorgefallenen, und sie klang bei jedem wieder etwas anders.

Man hätte das natürlich auch aufeinander abstimmen und ein bißchen harmonisieren können, so wie manche Tat-Zeugen eine genau übereinstimmende Aussage verabreden, um ihr Zeugnis glaubhafter erscheinen zu lassen. Aber das tat man nicht; man ließ die „tanzenden Funken" und die „Regenbogen" unausgeglichen nebeneinander stehen. Man wußte ja: Das, was wir berichten wollen, kann man gar nicht im strengen Sinne „berichten", weil es etwas ist, das den üblichen Zusammenhang des Weltgeschehens sprengt. Und wer an diesen Differenzen Anstoß nimmt, der hat überhaupt noch nicht begriffen, worum es hier geht: daß nämlich hier etwas Ungeheures auf uns eindringt und daß unsere Begriffe zu tanzen beginnen, wenn sie es fassen wollen. Wir sind zwar durch das, was hier geschieht, mit allem, was wir sind und haben, *engagiert:* mit Augen, Ohren, Phantasie und auch mit unserem Ausdrucksvermögen. Wir können gar nicht anders, als davon zu reden. Aber es ist uns andererseits zu mächtig, als daß wir „objektiv" sein könnten. So können wir nicht das Geschehen *selbst* beschreiben, sondern nur die Reflexe, die es bei uns auslöste. Wir kommen so gar nicht ohne die Aussageform der Legende aus.

Was ist nun von diesen Auswirkungen zu *erkennen?* Wie sieht der Krater aus, an dem man den Einschlag des Ungeheuren erkennt?

Es ist nicht ohne Bedeutung, daß als erste die Frauen sich beim Grabe Jesu einfinden. Die Männer sind in verzehrendem Gram und in Bitterkeit versunken und haben sich wie wunde Tiere in die Winkel verkrochen. Wir wissen auch, warum sie wund sind. Ihnen ist die sogenannte „christliche Weltanschauung" restlos zusammengebrochen. Wie in einem jähen Erwachen griffen sie sich auf dem Hügel Golgatha an den Kopf: Wie konntest du nur so hirnverbrannt sein zu wähnen, dieser Eine sei anders als wir alle, er fiele aus dem Rahmen einer normalen menschlichen Lebensgeschichte heraus, die ja bekanntlich ausnahmslos mit dem *Tode* endet. *Wie konntest du nur!*

Gewiß, es ist keine Schande und spricht nicht gegen einen Menschen, wenn er stirbt; das müssen wir ja alle. Und es ist sogar ein Ruhm, wenn jemand für eine Idee stirbt, so wie Sokrates das getan hat. Aber, wenn dieser *Eine* stirbt, dann ist das gleichwohl eine Katastrophe. Denn er war ja nicht jemand, der nur eine neue Lehre gebracht hätte, etwa die Lehre, daß Gott die Liebe sei, daß höhere Gedanken über uns gedacht würden und daß das Reich Gottes das Ziel der Geschichte sei. Hätte der Nazarener nur eine solche „Lehre" gebracht, brauchte sein Tod keine Rolle zu spielen. Auf keinen Fall aber würde er eine Katastrophe sein. Denn es wäre doch denkbar, daß diese seine Lehre ihn überlebte, genauso wie der pythagoreische Lehrsatz seinen Erfinder überlebte.

Bei Jesus aber ist das ganz anders: Denn er hat ja nicht nur eine „Lehre" darüber gebracht, wie Gott und Mensch wieder zum Frieden und zur Gemeinschaft miteinander kommen. Vielmehr erhob er den Anspruch, er selber *sei* es, der den Abgrund zwischen Gott und uns „in Vollmacht" zuschütten könne. Er (und niemand anders) könne die aus den Fugen gegangene, von Leid und Ungerechtigkeit zerrissene Welt wieder einrenken; er könne der entsetzlichen Majestät des Todes Paroli bieten.

Ist das aber so, dann bedeutet es in der Tat eine Katastrophe, wenn dieser Eine nun selbst vom Tode überwältigt wird und wenn der Würgegriff menschlicher Frevlerhände dieses gott-entstammte – *angeblich* gott-entstammte! – Leben in das Grab hinabzuziehen vermag.

Und darum (weil es allerdings so zu sein scheint) sind die Männer in die Ecken gestoben, und nur die Frauen kommen zum Grabe. Aber auch sie kommen nicht etwa in dem Gedanken, daß hier einer die Todesschranken durchbrochen habe, sondern es ist genau umgekehrt: Sie wollen einem Toten ihr wehmütiges Gedenken darbringen. Sie kommen in der gleichen Stimmung, in der so viele Menschen an den Karfreitagen in die Kirchen getrieben werden, in der Stimmung nämlich: Dieser war ein edler Mensch. Er ist zwar gescheitert, aber wir wollen nicht vergessen, daß er unserem Leben eine Zeitlang Trost und Licht gegeben hat und daß er uns für eine kurze Zeit (vielleicht für eine ahnungslose Kinderzeit) den Traum eines Vaters im Himmel und eines Heilandes geschenkt hat, in dem unser Leben geborgen sei.

Kein Mensch von diesen allen denkt daran, daß er auferstanden sein könnte. Der einzige Gedanke, den sie haben, besteht vielmehr in der Frage: Wer wälzt uns den Stein von des Grabes Tür? Sie suchen wirklich nur den Toten bei den Toten. Und als sie dann doch dahinterkommen, daß er in ein neues, unbegreifliches Leben eingegangen ist, sind sie auf dies Ereignis psychologisch so wenig vorbereitet, es ist ein derartiger Schock für sie, daß der Text in immer neuen Variationen zu verstehen geben muß, wie ein Zittern, ja ein panisches Entsetzen sie angekommen habe. Sie gingen gleichsam in Deckung, sie ergriffen die Flucht, und ihr Mund schien versiegelt, so daß sie kein Wort darüber herausbrachten.

Wir wissen nicht, was und wie das alles vorgefallen ist. Das Ereignis selbst liegt in einer Zone des Schweigens und ist in den Schleier des Geheimnisses gehüllt. Wie sollte hier auch – diese Frage klang bereits an – in der Manier eines historischen Berichtes oder einer Reportage etwas ausgesagt werden können, für das unsere Kategorien nicht zureichen? Denn der Apparat unseres Verstehens ist ja nur für die Vorgänge unserer gegenständlichen Welt eingerichtet. Er ist innerhalb des humanen Bereichs zum Beispiel auf die *Geschichte* abgestimmt, die sich im Werden und Vergehen vollzieht und auf alle Fälle mit dem Tode endet. Hier aber wird stammelnd etwas bezeugt, was die vertraute und übliche Gestalt aller Geschichtsprozesse durchbricht und darum auch unsere Wahrnehmungswerkzeuge und unser Aussagevermögen verwirrt – ähnlich einem Seismographen, der von der Übermacht eines Erdbebens blockiert wird und nicht mehr exakt registrieren kann. Wir sehen nicht das Geschehen selbst und nicht das Ding „an sich“. Wir bemerken nur das Vorher und das Nachher: das Vorher, wo die Jünger in Hoffnungslosigkeit und Depression verharren; und das Nachher, wo ein völlig neuer Glaube von ihnen Besitz ergreift. Wir sehen, wie in einem Augenblick absoluter und objektiver Hoffnungslosigkeit, wie im Inferno der schrecklichsten Verzweiflungen plötzlich und ohne jede psychologische Vorbereitung jene Kirche entsteht, die die Pforten der Hölle nicht überwältigen können und die die Kunde von diesem Ereignis nun wie einen Stafettenstab von Geschlecht zu Geschlecht weiterträgt und uns zu sagen wagt, daß wir alle von dieser *einen* Stunde leben.

Verstehe das, wer kann; ich verstehe es nicht. Andererseits ist es aber auch nicht möglich, sich der Übergewalt dieses Geschehens dadurch zu entziehen, daß man sich sagt: Das ist ein „Mythos“, wie er hundertfach in der Antike erzählt wird. Mögen die Menschen auch total (also auch mit ihrer Phantasie) von diesem Geschehen ergriffen gewesen sein, mögen sie legendäre Züge angefügt und Gott nicht nur mit Worten, sondern auch mit Bildern und symbolischen Gestalten gelobt haben: ein Mythos ist das eben nicht. Denn Mythen bestehen immer darin, daß man Ideen (zum Beispiel die vom Werden und Vergehen) in das Gewand der Geschichte kleidet, so daß man sie nicht mehr bloß abstrakt dozieren muß, sondern daß man sie als „Geschichten“ erzählen und ihren Sinn erraten lassen kann. Die Kinder genießen es dann wie eine spannende Götter- oder Heldenerzählung; nur die Erwachsenen und Reifen haben das Gefühl, daß noch mehr dahinterstecken könnte und daß das alles mit Sinn geladen sei. Darum sind die Gestalten des Mythos auch immer Götter oder Helden der *Vorzeit,* die als geschichtliche Wesen nicht greifbar sind und auch gar nicht greifbar sein *sollen.*

Hier aber wird die Nachricht: „Er ist auferstanden, er ist wahrhaftig auferstanden“, nicht von einer nebulosen Traumgestalt ausgesagt, sondern von einem Menschen, den sie doch alle gekannt und mit dem sie gesprochen haben.

Ein antiker Mensch konnte wohl, ohne sich als Vernunftwesen zu kompromittieren, den Kult des auferstandenen Dionysos mitfeiern. Er konnte bei diesem Mythos sogar tiefsinnige Gedanken hegen. Aber kein vernünftiger Mensch konnte zu sagen wagen: „Der Mann, den du vorgestern auf der Via Dolorosa gesehen hast, der zum Balkon des Hauses Nr. 82 heraufblickte und dessen Mutter – du weißt doch, die Frau aus der X-Straße – weinend und von Frau Magdalena gestützt etwa zwanzig Meter dahinterging, dieser Mann ist wieder lebendig geworden." So tolldreist und wahnwitzig hätte man damals auch nicht sein dürfen. Und die Leute von Jerusalem hätten diese tollste aller Botschaften ebenso von sich gewiesen wie wir, wenn – ja, wenn sie nicht von den umstürzenden Fakten über den Haufen gerannt worden wären.

Aber nun entsteht ja sofort eine neue Frage: Wie können wir *heute* zu dieser Gewißheit (dieser doch sehr ausgefallen scheinenden Gewißheit) kommen, daß wir mit Jesus Christus als mit einem Lebendigen rechnen dürfen, als mit jemandem also, der auch heute den Wellen unserer Schicksale gebietet und uns hört, wenn wir mit ihm reden.

Noch einmal erinnere ich an Lessings resignierte Bemerkung: „Ein anderes ist es, selbst dabeigewesen zu sein, und ein anderes, nur davon berichtet zu hören." Noch schärfer formuliert: Wie kommen *wir* zu der Ostergewißheit? Wenn es um die Frage geht, was „unser einziger Trost im Leben und im Sterben" sein könne, dann muß man doch schon etwas *anderes* und etwas *mehr* geboten kriegen als eine alte Geschichte, nach der einmal etwas ganz Ungeheuerliches passiert sei – selbst wenn diese Geschichte noch so gut bezeugt sein sollte. Warum sollte sie *mir* deshalb zum Schicksal werden? Warum sollte sie für *uns* etwas Umstürzendes haben, warum sollte sie *uns* denn einen neuen Atem des Lebens und ein neues Sein schenken?

Genau die gleiche Frage hätten sich auch schon die Menschen der ersten Christengeneration stellen können. Daß der tote Jesus angeblich aus dem Grabe auferstanden sein sollte, hätte die Jünger niemals zum Glauben bringen können, wenn sie seinem *Wort* nicht geglaubt hätten. Dann hätten ihnen schon genug andere Erklärungen nahegelegen: etwa die, daß der Leichnam Jesu gestohlen oder wegtransportiert worden sei. Ein Mirakel hat noch nie jemanden zum Glauben gebracht. Ich muß jedenfalls von mir persönlich bekennen, daß eine bloße Mirakelgeschichte niemals imstande wäre, mich umzuwerfen. Ein Mirakel kann man sich immer auch anders erklären.

Auch das leere Grab hat die Jünger nicht zum Glauben gebracht (das ist wichtig!), sondern etwas ganz anderes ist geschehen: Angesichts dieses leeren Grabes und unter dem Eindruck der Engelworte ist es ihnen wie Schuppen von den Augen gefallen. Im Osterlicht des dritten Tages sahen sie auf einmal, daß alle Taten und Worte Jesu gleichsam zu „geometrischen Örtern“ wurden und darauf deuteten, daß der Tod ihn nicht halten konnte.

Daß Jesus sagen konnte: „Dir sind deine Sünden vergeben“, und daß der Mann dann wirklich aufstand und als ein neuer, buchstäblich entlasteter Mensch wegging, das konnte nur von jemandem gesagt werden, der an einem uns unverfügbaren archimedischen Punkt saß, von dem aus er unsere Welt bewegen konnte. „In mir werdet ihr Ruhe finden für eure Seelen“: das konnte nur einer sagen, der selber in einem Frieden und einer Gemeinschaft mit dem Vater lebte, die von nichts, auch vom Tode nicht, gebrochen oder unterbrochen werden konnte. Das Wort: „Kommet her zu mir alle, die ihr mühselig und beladen seid, ich will euch erquicken“, das konnte nur jemand sagen, der zwar selbst alle Mühsal und Beladenheit verstand und sie brüderlich teilte, dessen Leben aber aus anderen Quellen gespeist wurde und von dessen Leibe Ströme des lebendigen und nie versiegenden Wassers ausgingen.

Das alles ging den Jüngern plötzlich und jäh im Lichte dieses dritten Tages auf. Das ganze Leben des wandernden Heilandes, der heilend und helfend, vergebend und neue Anfänge schenkend, über diese Erde gegangen war, gewann für sie eine neue Perspektive. Es war so, als wenn ihnen plötzlich der Schlüssel zu seinem Geheimnis in die Hand gedrückt sei. Während sie in seiner Gesellschaft lebten und seinen Alltag teilten, *hatten* sie ihn noch gar nicht erkannt. Zwar hatte ihr Herz gebrannt, und eine dunkle Ahnung wie von einem Ungeheuren hatte sie überschattet. Jetzt aber erst ging ihnen auf, *wer* mit ihnen gewandert war. Jetzt kam plötzlich Licht in seine rätselvollen Worte, und der Himmel öffnete sich über dem, den sie für einen der ihren, wenn auch den größten, gehalten hatten und der doch der „ganz andere“ war, der aus der Ewigkeit des Vaters kam und als Gefährte und Meister ihr Leben teilte.

Diese revolutionäre Gewißheit kam nicht etwa in ihr Leben, weil sie an die Auferstehung geglaubt hätten (auch wir können nicht „an die Auferstehung glauben“; man kann überhaupt nicht an eine Sache oder an ein Ereignis glauben); sondern das Neue kam in ihr Leben, weil sie an den Auferstandenen glauben lernten und weil sie kapitulieren mußten vor der Art, wie er sich ihnen bezeugte.

Wie es dazu kam, das wird uns an der Geschichte von Emmaus mit aller wünschenswerten Genauigkeit demonstriert:

Es sind ja ziemlich trostlose Gespräche, die diese Männer auf ihrem Fußmarsch führen. Sie drehen sich immer um den einen Punkt, was mit diesem Nazarener los gewesen sei, der ihnen nur noch rätselhafter wird. Sie haben auch alle Nachrichten in Händen, was am Ostermorgen passiert sein soll. Sie haben zum Beispiel gehört, daß das Grab leer gewesen sei und daß einige Leute eine Engelerscheinung gehabt haben wollen. Aber es hat ihnen ebensowenig genützt, wie es *uns* nützt, wenn wir *heute* solche Berichte hören. Sie kommen überhaupt nicht auf die Idee, aus alledem die Konsequenz zu ziehen: „Also ist er auferstanden." Ihre Verwirrung steigert sich dadurch höchstens, und das Mühlrad in ihrem Kopf erhöht seine Touren.

Erst als der lebendige Herr sich geheimnisvoll und vorerst unerkannt zu ihnen gesellt, als er ihnen die großen Linien der Schrift auslegt, die sich alle in ihm schneiden und die auf ihn deuten, da beginnt ihr Herz zu brennen. Und erst später merken sie dann, woher dieses Brennen kam und wer mit ihnen geredet hatte.

Nicht die Nachricht von der Auferstehung hatte sie überzeugt (da waren sie zwar auf andere Weise, aber sicher genauso hochgradig skeptisch, wie wir modernen Menschen es sind) – nein: nicht die Nachricht von der Auferstehung hatte sie überzeugt, sondern die Gestalt des Auferstandenen selbst und sein Wort hatten sie überwältigt und aus der Bahn geworfen.

Darum ist es auch nicht weiter verwunderlich, daß nur diejenigen zu Zeugen dieses „Wunders am dritten Tag" wurden, die mit ihm gewandert waren und in seiner Gemeinschaft lebten. Nur bei ihnen konnte jener fruchtbare Kurzschluß entstehen zwischen dem, was sie mit ihm erlebt und erfahren hatten einerseits, *und* jenem ungeheuren Neuen, das sie am Ostermorgen erfuhren. Nur in ihnen konnte jener Kurzschluß entstehen, aus dem in jäher und unbegreiflicher Zeugung der Funke des Glaubens entsprang, um nun als Blitz des lebendigen Christus Geschlecht um Geschlecht zu entzünden und eine Fackel Gottes in den dunklen Tälern unserer Wallfahrt zu werden. *Die Auferstehung ist eine Tatsache, die nur dem Glaubenden aufgeht.* Und es ist ein tiefer und sehr bezeichnender Zug der Ostergeschichte, daß die Jünger trotz des leeren Grabes nicht einfach das Ostergeheimnis „schauen" dürfen (sozusagen andemonstriert bekamen), sondern daß sie dem Worte des Auferstandenen „glauben" müssen. Dem *Wort!*

Und nur weil sie das tun und sich gleichsam „an Mose und den Propheten genügen" lassen, darum entschleiert sich ihnen das Mysterium, daß Jesus lebt, daß er „mitten unter ihnen ist", wenn zwei oder drei in seinem Namen versammelt sind, und daß er bei ihnen bleiben wird alle Tage bis an der Welt Ende.

Darum hat es etwas unsagbar Tröstendes und Bergendes, sich ihm anzuvertrauen und an seiner Hand nun auch *selbst* jene Todesnacht zu durchschreiten, die uns alle einmal umfangen wird.

Wieviel beglückender ist das, als wenn ich an etwas so Windiges wie eine sogenannte Unsterblichkeit der Seele glaube! Ich verstehe in diesem Punkt die Bolschewiken und andere betrübte Rotten sehr gut, wenn sie nichts davon halten und wenn sie die komplette Verwesung sympathischer finden. „Kein Jenseits gibt's, kein Wiederseh'n." Ich verstehe es gut, wenn sie das keineswegs traurig, sondern mit einem gewissen sonnigen Gleichmut deklamieren. Ist es denn wirklich ein Vergnügen, nie an ein Ende zu kommen und unermüdlich-endlos immer weiterleben zu müssen? Wer den allgemeinen Unsterblichkeitsglauben ernst nimmt, müßte sich eigentlich klarmachen, daß er einer ziemlich bedrückenden Überzeugung frönt.

Ich zitiere noch einmal Christopher Marlowe, den englischen Faust-Dichter aus dem 16. Jahrhundert, der von diesem Schrekken der Unsterblichkeit spricht. Nach vierundzwanzig Jahren des Teufelspaktes hat Faust geradezu eine Höllenangst vor der Unsterblichkeit. Er fleht die Berge an, über ihn zu fallen; die Erde, ihn zu verschlingen, und den Kosmos, in ihn aufgelöst zu werden. *Unsterblich sein müssen ohne die Gnade Gottes, das ist das pure Grauen.*

Hier aber, am dritten Tage, wird uns gesagt, *wessen* Hand es ist, die uns ergreift, wenn die Todesnacht über uns hereinbricht, und daß wir nicht allein über eine leere unendliche Ebene immer weitergehen müssen. *Der* wird uns empfangen und in seine Gemeinschaft hüllen, der uns schon heute ein neues Leben schenken will, der unser Gewissen froh macht, die Lasten abnimmt und eine beschwingende Zuversicht in unser Herz gibt.

Die Treue, die wir jetzt und hier schon erfahren, kann niemals aufhören. Und wie er einmal zu *uns* an die Front unseres menschlichen Lebens kam, um unser Geschick mit uns und für uns zu erleiden, so werden wir auch die Gefährten seiner Herrlichkeit sein.

Er reißet durch den Tod,
durch Welt, durch Sünd, durch Not.
Er reißet durch die Höll,
ich bin stets sein Gesell.

Noch läuft ja die angenehme Zeit, in der wir uns ihm anvertrauen und das große Experiment des Glaubens wagen dürfen. Noch sind seine Arme nach uns aufgetan, noch schaut der Meister nach Gesellen aus. Vielleicht wird Gott heute nacht meine Seele fordern. Wer weiß das? Darum kommt alles darauf an, daß ich diese Seele *heute* jener Hand anvertraue, die die Wellen zu beruhigen, die Gräber zu sprengen, die Wunden zu heilen und die Schulden zu tilgen vermag. Dann werden die Friedhöfe wirklich zu dem, was sie einmal für ein tiefer grabendes Bewußtsein gewesen sind: zu jenen „Gottesäckern", in denen wir als Körnlein jener ewigen Saat schlummern, die (Klopstock hat es einmal so gesagt) von Gott gesät ist, um für den Tag der Ernte zu reifen. Dann können wir mit dem alten Kohlbrügge das paradoxe und sehr triumphale Osterbekenntnis sprechen:

„Darum, wenn ich sterbe – ich sterbe aber nicht mehr – und es findet jemand meinen Schädel, so predige es ihm dieser Schädel noch:

Ich habe keine Augen,
dennoch schaue ich ihn;
ich habe kein Gehirn noch Verstand,
dennoch umfasse ich ihn;
ich habe keine Lippen,
dennoch küsse ich ihn;
ich habe keine Zunge,
dennoch lobsinge ich ihm mit euch allen,
die ihr seinen Namen anruft;
ich bin ein harter Schädel,
dennoch bin ich ganz erweicht und zerschmolzen
in seiner Liebe;

ich liege hier draußen auf dem Gottesacker,
dennoch bin ich drinnen im Paradies.
Alles Leiden ist vergessen.
Das hat uns seine große Liebe getan,
daß er für uns sein Kreuz trug
und hinausging nach Golgatha."

DRITTE FRAGE:

WIE WERDE ICH DES AUFERSTANDENEN GEWISS?

Thomas aber, der Zwölfe einer, der da heißt Zwilling, war nicht bei ihnen, als Jesus kam. Da sagten die andern Jünger zu ihm: Wir haben den Herrn gesehen. Er aber sprach zu ihnen: Wenn ich nicht in seinen Händen sehe die Nägelmale und lege meinen Finger in die Nägelmale und lege meine Hand in seine Seite, kann ich's nicht glauben. Und über acht Tage waren abermals seine Jünger drinnen und Thomas mit ihnen. Kommt Jesus, da die Türen verschlossen waren, und tritt mitten ein und spricht: Friede sei mit euch! Danach spricht er zu Thomas: Reiche deinen Finger her und siehe meine Hände und reiche deine Hand her und lege sie in meine Seite und sei nicht ungläubig, sondern gläubig! Thomas antwortete und sprach zu ihm: Mein Herr und mein Gott! Spricht Jesus zu ihm: Weil du mich gesehen hast, Thomas, so glaubst du. Selig sind, die nicht sehen und doch glauben!

JOHANNES 20, 24–29

Es gibt eine kleine Kölner Miniatur aus dem 13. Jahrhundert, die uns die entscheidende Begegnung Jesu mit dem Zweifler Thomas zeigt [1]. Christus, von seinen Jüngern gefolgt, tritt aus dem Kirchenportal, während Thomas draußen steht und gerade dabei ist, seine Hand prüfend in die Nägelmale Jesu zu legen. In dieser Szene sind nun einige Beiläufigkeiten überaus bezeichnend: Einmal recken sich Jesu Arme wie Kreuzesbalken über Thomas. Es ist, als ob der unglücklich Suchende, ohne es zu ahnen, schon unter dem Kreuz stünde. Er ist bereits, während er noch zweifelt, von jener Segensgebärde Jesu berührt. Bezeichnend ist auch die aufgewühlte Spannung in den Zügen des Thomas. Sie scheint zu sagen: Auf das, was sich in den nächsten Augenblicken herausstellen wird, kommt alles an. Davon hängt nichts Geringeres

[1] Sie steht in dem 1250 erschienenen Evangeliar aus Groß-St. Martin in Köln, Bibliothèque Royale, Brüssel.

ab als dies, ob ich gerettet bin oder ob ich mich als einen Bankrotteur entlarve, der einer gigantischen Illusion zum Opfer fiel. Am erstaunlichsten aber ist noch eine letzte Andeutung des Malers: Thomas, obwohl draußen stehend und noch im Stadium unbewältigten Zweifels, trägt einen Nimbus, einen Heiligenschein – er ist schon umstrahlt von einer Glorie, die den übrigen Jüngern noch mangelt, obwohl sie doch in der Geborgenheit der Nachfolge zu leben scheinen.

Welch eine Gestalt ist das, die so von Verzweiflung und Verheißung gleichermaßen umschlossen ist? Ich will versuchen, das Bild dieser Gestalt in einigen Strichen nachzuzeichnen.

Hier geht es um eine von den Geschichten im Neuen Testament, die sich in keine Theologie einfügen und sich auf keine Formel bringen lassen. Denn wie sollte ein theologischer Lehrsatz aussehen, den man aus dieser Geschichte herausdestillieren wollte? Könnte man etwa die These bilden (und sie dann als Quintessenz dieser Geschichte bezeichnen), der Glaube bedürfe einer Bestätigung durch die Erfahrung, durch Sehen und Fühlen; man könne nicht etwas für wahr halten, das man nicht mit allen Mitteln der Vergewisserung (also zunächst einmal durch Augenschein und durch Betasten) festgestellt hat? Offenbar weigert sich nun unsere Geschichte strikte, in eine solche Formel gepreßt zu werden. Denn Jesus lehnt es doch gerade ab, daß der Glaube in solch einem Erfahrungsbeweis gründet: „Selig sind, die nicht sehen und doch glauben!"

Oder sollte man vielleicht gerade aufgrund dieses Jesus-Wortes die *umgekehrte* These bilden können: der Glaube sei gar kein rechter Glaube, wenn er „sehen" wolle? Der rechte Glaube müsse vielmehr blind sein. Er müsse voller Risiko ohne eine Rückversicherung und gleichsam geblendet dem Herrn zu Füßen stürzen. Doch auch mit dieser These klappt es nicht. Denn Jesus *läßt* den Thomas ja sehen und fühlen! Das mag inkonsequent, das mag theologisch „fragwürdig" sein. Aber so hat Jesus nun einmal gehandelt, und so setzt er unsere theologischen Bemächtigungsversuche außer Gefecht.

Es ist gut, sich einer Geschichte zu stellen, die man nicht recht unterbringen kann. Die erzieht einen ganz bestimmt zum Hören und zur Hinnahme von Überraschungen, zur Vorbehaltlosigkeit. Und außerdem (auch das ist gut!) erinnert eine so inkonsequente, aller lehrmäßigen Formulierung abholde Geschichte daran, daß die Heilige Schrift immer größer ist als unser Denken (auch als unsere Theologie!), daß ihr eine Sprengkraft innewohnt und daß ihr Reichtum nicht von uns eingefangen und in unsere noch so fleißig und klug gegrabenen Denkkanäle geleitet werden kann, sondern daß sie uns immer neu mit ihrer Fülle und ihren Brandungen überflutet und den alten Adam des theologischen Besserwissers in dieser Flut ersäuft.

Wir wollen nun zunächst die Gestalten in Augenschein nehmen, die in unserm Text auftauchen.

Daß der Zweifler Thomas schließlich zum Glauben kommt, liegt nicht zuletzt am Wunder der Gemeinde. Ihr müssen wir zuerst unser Augenmerk widmen.

Thomas ist bestimmt nicht das gewesen, was man ein „förderndes Mitglied" der Gemeinde oder gar einen „Renommierchristen" nennen könnte. Er war nach heutigen Begriffen etwa das, was man als einen „Randsiedler" oder vielleicht sogar als einen „Linksintellektuellen" bezeichnet. In entscheidenden Krisenaugenblicken der Gemeinde hat er nicht gerade Stehvermögen bewiesen. Gewiß: Er hat sich nicht von der Gemeinde der Jünger getrennt. Aber er war eben auch keine Säule. Er war kein Mann, dem je ein aufrüttelndes, tröstendes, ermutigendes Wort geschenkt gewesen wäre.

In gewisser Hinsicht war er allerdings auch wieder treu. Er war sogar bereit, mit Jesus zu sterben. Trotzdem aber ging eine lähmende Hoffnungslosigkeit von ihm aus. Er sprach immer wieder das aus, was die andern in ihren bangsten Augenblicken kaum zu denken wagten: Wofür kämpfen und predigen wir?, so gab er fragend zu verstehen. Wir wissen nicht, was bei diesem ganzen Abenteuer herauskommen wird, in das wir doch unser Leben investiert haben. „Wir wissen nicht, wohin du gehst, und den Weg wissen wir auch nicht", so sagte er wörtlich und dachte laut vor sich hin (Joh. 14, 5).

Die anderen wissen wohl ebensowenig, ob sie nicht einer verlorenen Sache dienen. Thomas aber *sagt* es offen, daß er es nicht weiß. Und indem es ausgesprochen wird, ist den Gespenstern der Angst die Tür geöffnet. Wir verstehen doch, wie es mit solchem Aussprechen ist: Wir haben etwa eine gute Predigt gehört – nicht so gut und nicht so vollmächtig, wie das ist, was Jesus sagt, aber doch eine gute, aufrüttelnde Predigt. Auf einmal sagt einer von uns (und seine Worte fallen schwer in den Raum):

„Gewiß, eine gute Predigt! Aber draußen quellen die Massen aus den Fabriktoren und haben sie nicht gehört. Was soll mit uns werden, wenn die Massen ohne Hirten bleiben und wenn der Säkularismus alles Fragen nach Gott erstickt? Was soll uns eine gute Predigt, wenn uns keine Erweckung geschenkt wird? Steuert nicht eben doch alles auf den Termitenstaat, auf die Roboter und das Kollektiv zu? Wohin geht Jesus? Ist nicht am Ende doch alles vergeblich gewesen – und kommt nun nicht die Nacht, da niemand wirken kann?"

So etwas wirkt lähmend, auch wenn wir es selbst schon hundertmal im stillen gedacht haben. Und so hat Thomas wohl dauernd gewirkt. Schließlich ist er den Zusammenkünften der Jünger *ganz* ferngeblieben. Er ist einer geworden, der nicht einmal mehr „Opposition" macht, sondern sich wie ein wundes Tier in seine Höhle verkriecht.

Man würde verstehen, wenn die Jünger, wenn die Gemeinde nun gesagt hätten: „Gott sei Dank, daß wir diesen Bremsklotz, diesen negativen Kritikaster los sind!" Aber das haben sie eben *nicht* gesagt, sondern sie sind ihm treu geblieben. Sie hielten ihn auf dem laufenden über das, was sie mit Jesus erlebt hatten. Und sie sagten es ihm offenbar so, daß er sich von ihrer Brüderlichkeit getragen wußte und es über sich gewann, dann doch in der entscheidenden Stunde wieder unter ihnen zu sein.

Hier jedenfalls war die Gemeinde *nicht* die Gesellschaft der neunundneunzig Gerechten, die so gerne unter sich sind, um einen ungestörten Erbauungsverein zu gründen. Hier ertrug man auch den unbequemen Mann, von dem man empfindlich gestört wurde und der immer an den Grenzen der Häresie entlangwandelte. Man verhielt sich also nicht wie ein Verein oder eine Partei, die auf homogene Geschlossenheit bedacht ist; oder wie eine chemisch gereinigte Konfessionskirche, die niemanden aus der Reihe tanzen läßt. Bitte: Man ertrug einen Mann, der am Grunddogma der Christenheit, an der *Auferstehung,* zweifelte und dem heute eine sich selbst ernst nehmende Kirche sicher ein Lehrzuchtverfahren an den Hals hängen würde, wenn er einer ihrer Amtsträger wäre. Wenn sie das meist doch nicht tut, dann in der Regel sicher nicht, weil sie den andern „mittragen" würde, sondern wohl nur deshalb, weil sie sich selbst allzu ernst nimmt und weil sie sich sagt: Im allgemeinen volkskirchlichen Rummel kommt es auf einige „linksstehende", „liberale" Elemente nicht an. Wir anderen sind ja gutes Kraut und werden das bißchen

Unkraut schon verkraften, bis die Sache am Jüngsten Tage in Ordnung kommt und wir dann zur Rechten Gottes endlich, endlich wieder ungestört unter uns sind.

Das ist wohl der Grund, warum keine Erweckung und kein beunruhigendes Aufhorchen unter uns ausbricht; darum gibt es unter uns so wenig Thomas-Wunder. Wer sich nämlich nur als Mitläufer bezeichnet und einer freundlichen Duldung überantwortet sieht, fängt kein Feuer. Thomas aber hat der Urgemeinde sicher einen Schmerz darüber angemerkt, daß sie ihn nicht *ganz* bei sich haben durfte und daß er sich von dem Segen ausschloß, dessen sie selbst teilhaftig wurde. Er trug an seinem Herzen schwere Wunden, aber gerade darum bewegte es ihn wohl und zog ihn an, daß seine Brüder ihrerseits auch Schmerz um *ihn* litten. Denn im Reiche Gottes gilt das Rezept: „Wunden müssen Wunden heilen." Wem von uns gibt es noch einen Stich durchs Herz, wenn wir die gerne gebrauchte Formel „die da draußen ..." oder „die Randsiedler der Kirche ..." gebrauchen? Haben wir unsere Umwelt nicht fast alle klassifiziert in Christen und Heiden, Gläubige und Zweifler, Aktiv-Tragende und Indifferente? Wer Menschenseelen retten will und sich mit Zweiflern und Weltmenschen abgibt, muß aber einen Schmerz in sich tragen. Sonst „trägt" er den andern nicht, sondern „toleriert" ihn nur. Und wenn er ihn toleriert, dann *läßt* sich der andere auch tolerieren, das heißt: er bleibt neutral und ist sicher *nicht* zur Stelle, wenn Jesus sich anschickt, durch die verschlossene Tür zu kommen. Aber ich fürchte, er kommt dann auch gar nicht mehr. Und hinter der ungesegneten, hermetisch verschlossenen Tür jammern dann die Leute *ohne* Thomas nach einer Erwekkung nach einer neuen Dynamik des Geistes, die das Feld der Totengebeine aufrütteln soll. Sie schmieden strategische Pläne, treiben „Public Relations", organisieren Großkonferenzen und lassen sich allerhand Werbetricks einfallen. Aber es passiert nichts. Das Pfingstwunder bleibt aus. Kann es denn kommen?

Da ist nun Thomas, der Zweifler, selbst. Dieser Thomas: Das sind ja wohl wir, oder das ist wenigstens *eine* Stimme in uns. Sehen wir genau zu, *wie* er zweifelt. Es gibt nämlich einen Zweifel, der eine Verheißung hat, und einen Zweifel, der keine Verheißung hat.

In der Geschichte von der Auferweckung des Lazarus wird uns vom Zweifel des Thomas berichtet (Joh. 11,16). Da ist es so: In Jerusalem beginnen sich mehr und mehr die feindlichen Gewalten gegen den zu formieren, von dem Thomas ebenso wie alle andern angenommen hatte, daß er die Theokratie bringen und ein Reich des Friedens aufrichten würde. Kann es denn – das ist nun die Zweifelsfrage – mit dieser Annahme seine Richtigkeit haben, wenn der Druck des Messias, statt sich durchzusetzen, ja zu triumphieren, nur *Gegen*druck erzeugt, und wenn dann in dunklen, gedrückten Stunden die Empfindung aufkommt, daß der Gegendruck sogar stärker wachse und daß dann im gleichen Maße die eigenen Chancen der erhofften „Christianisierung“ schwänden? Was sind das für düstere Prognosen, die das Herz umkrallen wollen? Und *wenn* sie stimmen: Ist dann nicht auch die Diagnose falsch, daß Jesus der Weltüberwinder sei?

Mit solchen marternden Gedanken schlägt sich der Grübler Thomas herum. Das macht ihn melancholisch.

Und nun bringt ein letzter Tropfen diesen Eimer der Schwermut zum Überlaufen: daß nämlich Lazarus stirbt, daß also der Freund Jesu stirbt, daß also, mit andern Worten, einer da ist, der stärker ist als Jesus. Und dieser Stärkere ist eben der *Tod*. Wenn der den Freund Jesu als Beute mitschleppt, wird er auch ihn selbst noch fangen.

Vielleicht hat dieses Erlebnis dazu beigetragen, daß Thomas später auch die Auferstehung des Herrn nicht zu glauben vermochte. Golgatha war die Probe aufs Exempel: Da hatte der Tod das Fazit gezogen und hatte nun auch den Freund des Lazarus geholt. Wer vor dem Tode kapitulieren mußte, der konnte nicht der Heiland der Welt sein. So argumentierte und kalkulierte Thomas. Und also zweifelte er.

Aber es war doch eine *besondere* Art von Zweifel, von der Thomas bewegt war. Das Besondere daran ist, daß er nicht wegging, sagen wir einmal: zu den Pharisäern oder zu der Philosophie oder zu einer sonstigen Weltanschauung, die ihm Sicherheit geben konnte. Wir alle wollen doch etwas Sicheres. Thomas auch. Aber er ging eben nicht weg, sondern Thomas sagte: „Kommt, laßt uns mit ihm sterben!“ Das ist wohl das trostloseste Wort, das in der Bibel steht. Hier sprach einer, der leere Hände hatte und ohne Hoffnung war.

Wenn aber Jesus nun die Armen selig preist, sollte nicht dann auch auf denen eine Verheißung ruhen, die arm im *Glauben*, die hoffnungslos und schwermütig sind? Das muß wohl bei Thomas so gewesen sein. Denn seine Hoffnungslosigkeit verführte ihn nicht dazu, daß er nach anderen Hoffnungen Ausschau hielt, sondern er war bereit, an seiner Hoffnungslosigkeit zu sterben und in Treue unterzugehen.

Wir müssen nun zu verstehen versuchen, daß in dieser Art der Hoffnungslosigkeit schon die göttlichen Verheißungen wirksam sind.

Doch dazu müssen wir zuerst die Hoffnungslosigkeit des Thomas noch genauer untersuchen. Denn mit dem bisher Gesagten haben wir das tiefste Geheimnis seiner Hoffnungslosigkeit immer noch nicht erfaßt. Thomas wollte ja nicht nur sterben, er wollte nicht nur etwas Negatives, sondern er wollte doch die hoffnungslos verlorene Chance seines Lebens an die verlorene Chance des Nazareners binden. Er war nicht nur bereit zu sterben, sondern *mit*zusterben, eben mit *dem* zu sterben, auf den er seine ganze Hoffnung gesetzt hatte. Wenn ich aber mit einem anderen zu sterben bereit bin, dann übergebe ich mich ihm ja bis ins letzte, dann wage ich meine ganze Existenz an ihm. Und genau das tat Thomas hier. Darum war es eine Hoffnungslosigkeit, über der die Wolke des Segens stand. Er band sein Schicksal nicht deshalb an Jesus, weil er dadurch reich, glücklich, relativ befriedigt zu werden hoffte und vielleicht sogar einen Ministerposten im messianischen Reich erwarten konnte. Er ließ sich mit Jesus nicht ein, um etwas anderes damit zu erreichen.

Thomas würde sich auch, wenn er heute lebte, mit Jesus sicher nicht einlassen, um den christlichen Westen oder das sogenannte Abendland zu retten, um etwa eine Gegenideologie wider den Osten zu haben. Alle diese Dinge, auf die er *„auch“* hoffen mochte (die Rettung seines Volkes durch den religiösen Führer Jesus, der Friede unter den Menschen, die Propaganda einer weltverändernden Liebesgesinnung), das alles war für ihn wie ein Traum zerstoben, wie ein sehr schöner Traum. Auch Thomas hatte ihn ganz gewiß geträumt. Es gibt ja keinen Christenmenschen, der ihn nicht irgendwann träumte.

Nein, Thomas war *ganz* hoffnungslos. Er hielt nicht mehr deshalb zu Jesus, weil er etwas damit zu erreichen hoffte. Sondern er hielt es mit ihm, weil er ihn liebte, weil er ihm die Treue halten, weil er mit ihm sterben wollte. Gerade die völlige Hoffnungslosigkeit hatte ihn ganz auf das Eigentliche, auf das Zentrum, auf die Person des Heilandes selbst geworfen.

Ich möchte uns nur wünschen, daß auch wir eine Dosis dieser göttlichen Hoffnungslosigkeit in uns hätten, die noch gar nicht weiß, welche Segenswolke über ihr schwebt, und nicht ahnt, von welcher Hand sie gehalten ist.

Halten wir doch einmal – als Gefährten des Zweiflers Thomas – unserer heimlichen Hoffnungslosigkeit stand: der Sorge zum Beispiel, daß *keine* Erweckung mehr über unser Land hinwegbrausen wird, daß Säkularismus und Indifferenz weiterwachsen, daß die Vermassung fortschreitet, daß der Herrenname Jesu immer mehr durch die Tatsachen widerlegt wird und daß nur ein paar alte Leutchen noch um die Altäre herumhocken. Machen wir uns mit einem tapferen, heroischen, verzweifelten Ruck einmal los von allen Träumen einer Rechristianisierung und auch von optimistischen Kirchenstatistiken. Machen wir uns einmal klar, daß wir als Christen vielleicht entsetzlich einsame Vögel sein werden, und daß das letzte alte Weiblein, das uns noch zuhört (sogar in diesem Lande der Reformation!), eines Tages stirbt, und daß dann die Prediger von einst hausieren gehen können. Trösten wir uns einmal nicht damit, daß eben dies das „Ärgernis" sei, das Jesus vorausgesagt habe. Sondern sehen wir den kalten, schleichenden, beklemmenden Gedanken entgegen, die uns dann kommen; halten wir der Möglichkeit stand, daß dies alles eine *Widerlegung* Jesu Christi sein könnte, daß er uns also, wie es Jean Paul einmal ausdrückte, als Waisen ohne Vater zurückließe und daß er selber ein armer Waisenknabe gewesen sei, daß wir also einer fürchterlichen Täuschung aufgesessen wären.

Hören wir ja nicht vorzeitig mit unserm Zweifel auf! Verdrängte Zweifel sind nicht gut. Sie schwelen unter der Decke. Und unser Glaube soll doch nicht das Produkt einer Verdrängung sein! Halten wir dieser äußersten Hoffnungslosigkeit stand – wie Thomas. Denn „die Anfechtung lehrt, aufs Wort zu merken" (Luther). Aber dann, *wenn* wir so zweifeln, sollten wir nicht davonlaufen oder sterben wollen oder uns eine Kugel durch den Kopf schießen. Sondern dann sollten wir uns als Letztes sagen: Gut, dann will ich eben mit ihm sterben. Hat *er* sich geirrt: Gut, dann will ich mich *auch* irren, dann will ich mich zu seinem Irrtum *bekennen,* dann will auch ich *mir* nicht zu gut sein für diesen Irrtum und *mit* ihm in den Abgrund stürzen.

Wenn ich das so sage, habe ich mich auf Jesus geworfen, wie das kein Mensch tun kann, der heimlich von anderen Hoffnun-

gen lebt. Dann bin ich gerade ganz und bis ins letzte sein Jünger, *nur* sein Jünger und kein heimlicher Anhänger einer christlichen Kultur (etwa einer wirksamen christlichen Gegenparole gegen den Osten, die mich im Grunde zu nichts verpflichten würde). Dann hat mich gerade und ausgerechnet meine völlige Hoffnungslosigkeit in seine Arme getrieben.

Darum sind auch die Hoffnungsarmen gesegnet. Denn nur sie haben ihr Schicksal ja an Jesus gebunden, wenn auch verzweifelt gebunden. Und Jesus betrügt uns nicht. *Unsere* Hoffnungen trügen alle. Unser Leben ist ja voller Enttäuschungen: Unsere Pläne erfüllen sich nicht, wir haben lange Durststrecken in unserm Leben zu überwinden, und viele Menschen, denen wir vertrauen, halten das nicht, was sie versprechen. Aber Jesus betrügt uns nicht.

Wir sollen ihm ruhig – meinetwegen verzweifelt – die Verantwortung zuschieben, das unter Beweis zu stellen. „Zeige mir, was an dir ist", so dürfen wir ihm sagen, „und wenn nichts an dir ist, hat alles andere auch keinen Zweck mehr." Und Jesus zeigt, was an ihm ist. Mich lockt es, die Geschichte von Verzweifelten, von Thomas-Naturen zu erzählen, in denen dieses Experiment mit Jesus gewagt wurde. Ich will es nicht. Aber eines steht fest: Die hoffnungslos Zweifelnden haben *eine* entscheidende Chance. Ihnen sind alle Stützen zerbrochen; sie stützen sich nur noch auf Jesus selbst und wissen auch hier nicht, ob dieses Fundament hält. Aber indem sie diese letzte Stütze ausprobieren, haben sie's eben mit Jesus allein zu tun. Und das ist die größte Chance unseres Glaubens. Nun hat Jesus, und nur er selbst das Wort – und er spricht tatsächlich: Selig sind die Armen, selig sind die Hoffnungs-Armen, selig sind die Zweifelnden, die mit mir sterben wollen. Denn mit solchen Leuten will ich gerade *leben.* Manchmal mag es tröstlich sein, wenn wir ganz am Ende sind und alle menschlichen Möglichkeiten zerschlagen werden und alle Flucht- und Auswege blockiert sind. Dann kann ein Augenblick kommen, wo wir sagen: Das ist das Ende. Nun hat Gott allein die Verantwortung. Jetzt kann ich mich nur noch wie ein Kind ins Dunkle fallen lassen.

Haben wir also verstanden, daß des Thomas Zweifel ein ganz bestimmter Zweifel ist? Daß er jedenfalls kein blasierter Zweifel ist, der von Selbstsicherheit strotzt, und erst recht nicht jener verlogene snobistische Zweifel, der nur unverbindlich disputieren und sich in Wirklichkeit nur aus der Affäre ziehen möchte?

Thomas zieht sich ja gerade nicht aus der Affäre. Thomas wirft sich vielmehr mit allem, was er ist, in die Waagschale. Er ist bereit, an seinem Zweifel zu sterben und sein altes Leben gerade nicht an den fragenden Augen Jesu vorüberzuretten. Es ist ein sehnsüchtiger, nach Wahrheit hungernder Zweifel. Und darum gilt ihm nicht nur die Verheißung: „Selig sind die Armen ...", sondern auch: „Selig sind, die da hungert und dürstet."

Wir mußten einen Blick auf die Vorgeschichte unseres Textes werfen. Denn nur dann können wir den Sinnzusammenhang richtig erkennen, in dem er steht. Er ist nämlich der letzte Akt im Drama des Zweifels. Er schildert den Augenblick, in dem er auf seine Höhe kommt, wo aber auch alle Verheißungen in Erfüllung gehen.

Thomas ist nun wieder bei der Gemeinde. Er ist sozusagen „herbeigeliebt" worden. Die Jünger haben ihm erzählt: „Wir haben den Herrn gesehen. Er ist durch die verschlossenen Türen gekommen." Dieser Bericht kann allerdings der tiefen Redlichkeit dieses Zweiflers nicht genügen. Das ist wieder charakteristisch für ihn.

„Er ist durch die verschlossenen Türen gekommen, sagtet ihr?" so fragt Thomas. Und er fügt in Gedanken hinzu: Es könnte ein Geist gewesen sein. Und Geister, die man zu sehen glaubt, sind meistens der Herren eigener Geist.

Dem Zweifler genügt also auch dieser Hinweis nicht. Er will nur glauben, wenn die Gegenwart des Auferstandenen eine *Realität* ist und wenn es ihm nicht bloß um „Gedanken" und „Geister" geht, die den wirklichen Realitäten zum Verwechseln ähnlich sehen können.

Während er nun so zweifelt, kommt Jesus wieder durch die verschlossene Tür und spricht: „Friede sei mit euch." Er sagt nicht „Friede sei mit euch – *außer* Thomas, denn der hat ja keinen Frieden, sondern er hadert mit mir." Nein, er schließt den lieben Zweifler in seinen Friedensgruß mit ein. Und nicht nur das, sondern er redet ihn auch sofort an und fordert ihn auf, die Hände in seine Wundmale zu legen.

Das ist eine großartige und tröstliche Sache. Hier wird deutlich, welches Verhältnis Jesus zu diesem armen Zweifler, zu *uns* armen Zweiflern hat.

Zunächst muß man nämlich feststellen: Er *zürnt* Thomas nicht um seines Haderns willen, sondern er gibt ihm zu verstehen: Ich weiß um dich. Das ist das letzte, was wir festhalten dürfen, wenn uns der Zweifel überkommt: Jesus weiß um uns, und er zweifelt nicht zurück, er zweifelt deshalb noch längst nicht an *uns,* wenn wir an *ihm* zweifeln. (Er hat ja auch unsern Zweifel auf sich genommen. Hat er ihn nicht furchtbar in seinem Kreuzesschrei durchgemacht und ausgerufen: „Mein Gott, mein Gott, warum hast du mich verlassen?" Genauso, wie er unsere Schuld und unsern Tod auf sich genommen hat, hat er auch unsern Zweifel getragen.)

Ferner: Jesus wartet nicht, bis Thomas ihn auffordert, sondern ungefragt ist er plötzlich da, auch mit seiner Antwort, und zwar in einer Weise, wie Thomas sich's nicht hat träumen lassen. Auch hier gilt es: „Er wird sich so verhalten, daß du dich wundern wirst" (Paul Gerhardt). Und endlich: Jesus kommt ihm nicht mit einer „Theorie" über den Glauben. Er sagt dem Thomas nicht etwa: „Dein Anliegen ist theologisch nicht ganz legitim. Die mir gegenüber angemessene Haltung ist ja gar nicht das Sehen, Fühlen, Erfahren, sondern das blinde Glauben."

So reden wir Theologen immer wieder in unsern Disputen. Darum glauben uns auch so wenige Leute. Es wäre ja *wahr* gewesen, wenn Jesus so gesprochen hätte. Denn der Glaube ist tatsächlich unabhängig von der Bestätigung des Fühlens und Sehens. Aber diese Wahrheit hätte für Thomas in diesem Augenblick eine Überforderung bedeutet. So weit war er noch gar nicht, daß er eine solche Wahrheit hätte verkraften können. Würde er heute leben, dann gäbe es von Kant oder Jaspers her allerhand darauf zu erwidern, und im Handumdrehen würde eine fulminante Debatte entstehen, die sicher in ihrem Ausgang – wie die meisten Debatten – dem Hornberger Schießen gliche.

Jesus tut vielmehr etwas ganz anderes. Er tut das schlechthin Unerwartete. Er läßt sich herab zu diesem armen Zweifler. „Das Sehen macht's wahrhaftig nicht", mag Jesus denken. „Thomas ist noch ein armer Anfänger, ein Amateur des Glaubens, der noch gar nicht begriffen hat, worum es eigentlich geht." Doch das hindert Jesus nicht, auf diesen armen dilettantischen Anfänger im Glauben einzugehen. Jesus verhält sich sozusagen nicht legitim, wie er es müßte, wenn er entsprechend den Rezepten der dogmatischen Lehrbücher handeln würde, in denen er unter der Überschrift „Christologie" vorkommt. Und im theologischen Examen hätte er sicher einen Minuspunkt bekommen! Denn bitte: Bedeutet des Thomas Forderung denn nicht, daß er dem Herrn in aller Unschuld eine *Bedingung* stellen will: „Es sei denn, daß du das und das tust, sonst will ich nicht an dich glauben?" Darf man denn so sprechen? Nein, man darf es nicht, es ist nicht legitim. Aber Jesus tut das Illegitime, tut das, was dem Satz des Paulus „Allein aus Glauben", ziemlich massiv widerspricht. Er *zeigt* sich ihm, er läßt sich ein bißchen schauen und fühlen. Des Menschen Sohn ist nicht nur ein Herr über den Sabbat (Markus 2, 28), sondern auch über Glaubenssätze, und erst recht über die Methoden, mit Glaubenssätzen umzugehen.

Daß er Mensch geworden ist, heißt ja, daß er den Menschen in seiner Tiefe abholen will. Seine Bewegung geht immer nach unten. Und so läßt er sich denn hier noch einmal herab, geht noch ein Stückchen tiefer: nicht nur zur Höhe des menschlichen Herzens, sondern gar bis zu den Fingerspitzen.

Das dürfte auch eine Anweisung für die Zeugen Jesu sein. Da ist vielleicht einer, der von der Korrektheit eines orthodoxen Glaubens keine Ahnung hat, der dafür aber um so mehr von Unfrieden und Angst bedrängt ist. Sollen wir dem gleich mit Kierkegaard kommen oder ihm einen Vortrag über die heilige Dreifaltigkeit oder die Geheimnisse der Prädestination halten? Oder sollten wir ihm nicht erst einmal schlicht „erzählen", wie das ist, wenn Jesus in ein Leben kommt: daß man dann so etwas wie Frieden kriegt, daß das eine sehr schöne Sache ist, daß man dann überhaupt mit neuen Augen in die Welt blickt? Das könnte dann nach Gefühl und subjektiven Erlebnissen schmecken. Und in einer solchen Aussage wären denn auch sicher *nicht* die letzten Geheimnisse des Glaubens enthalten.

Aber wir wären uns, wenn wir so redeten, jedenfalls nicht zu gut gewesen, auf den armen Glaubensdilettantismus eines solchen Menschen einzugehen. Und vielleicht verstände er uns. Es wird dann immer noch Gelegenheit sein zu sagen: Du, es kommt beim Glauben nicht auf das subjektive Gefühl, es kommt nicht auf das Sehen und Erfahren an. Vielmehr gilt: Selig sind, die nicht fühlen und doch glauben. Aber das sagt Jesus eben am Schluß und nicht am Anfang. Es kommt viel auf die Reihenfolge von Milch und fester Speise an. Wir sollten bei Jesus selbst ein wenig in die Schule gehen, um zu lernen, wie wir es unserm Nächsten sagen.

Und nun schaue man hin und wundere sich: Thomas wird zum Glauben überwunden. Er sagt: „Mein Herr und mein Gott."

Was hat ihn denn nun eigentlich umgeworfen? Sollte es wirklich die einmalige besondere Möglichkeit gewesen sein, daß er Jesus hat anfassen dürfen und daß ihm ein Erfahrungsbeweis für die Realität des Auferstandenen zuteil wurde? Das wäre eine schlimme Sache für uns. Denn *uns* steht das alles ja nicht mehr zur Verfügung, und Thomas könnte dann höchstens zum Gegenstand einer historischen Anekdote für uns werden.

Oder hat ihn womöglich etwas ganz anderes überwunden: die Tatsache vielleicht, daß Jesus sich so zu ihm herabließ? daß er einfach überwältigt war davon, daß einer seinen armen Zweifel nicht verschmähte, daß also jemand hier *neben* ihn trat und sich nicht in seiner Auferstehungsglorie *über* ihn stellte? daß er auf diese Weise die unendliche, ihn suchende und ihm nachgehende Liebe spürte? daß er sah, wie Jesus die treue Jüngergemeinde einfach stehen ließ und ihm, ganz allein *ihm* nachging, obwohl er doch nichts hatte?

Ich glaube, daß die Frage, was von beiden den Thomas überwunden hat, ganz klar zu beantworten ist.

Hätte ihn das Fühlen und Erfahren und Sehen überwunden, dann würde er wie bei einer ärztlichen Diagnose feststellen müssen: „Ja, es stimmt. Die Nägelmale sind echt und sind zu spüren; er ist es. Er ist tatsächlich auferstanden und lebt." Er hätte also in der dritten Person von Jesus reden müssen: „Er" lebt, „es" stimmt. Und eben das tat er nicht, sondern er sagte „du" zu ihm. Er sagte: „Mein Herr und mein Gott."

Das Fühlen und Befühlen und Erfahren war auf einmal ganz gleichgültig geworden. Es wird uns nicht einmal berichtet, ob Thomas von dem Angebot Jesu überhaupt Gebrauch gemacht hat, ob er also *wirklich* seine Hände in die Wundmale gelegt habe. Das alles tritt auf einmal zurück, ist zumindest unwesentlich geworden und ist entweder gar nicht geschehen oder braucht kaum noch erwähnt zu werden.

Beruht also des Thomas Glaube wirklich nur auf dem Sehen? Wäre sein Herz ohne die Zuhilfenahme seiner Fingerspitzen geistlich tot geblieben? Und sind wir Ärmsten des 20. Jahrhunderts nicht erst recht verraten und verkauft, weil wir die Fingerspitzenkontrolle ja gar nicht mehr ausüben können?

Aber des Thomas Glaube beruht nicht auf dem Sehen und Fühlen. Denn wenn er sagt: „Mein Herr und mein Gott", dann spricht er ja damit unendlich viel mehr aus, als er gesehen und gefühlt haben könnte. Er sagt ja: „*Mein* Herr". So etwas kann bloßes Sehen und Betasten niemals aus sich hervorbringen.

Selbst wenn ein Historiker, um einen Parallelfall zu konstruieren, zu der wissenschaftlichen Einsicht käme, daß die historische Dokumentation der Auferstehung Jesu schlechthin lückenlos und einwandfrei wäre: Würde er dann wohl mehr erleben als ein großes Erschrecken, als das fassungslose Staunen über eine historische Einmaligkeit? Er würde auf diese Weise nie zu dem Bekenntnis kommen: „Mein Herr und mein Gott." Daß Thomas nicht einfach sagt: „Es" stimmt, sondern daß er sagt: „Mein" Herr, das zeigt, daß er den Herrn nicht an physischen Kennzeichen, sondern an seiner Liebe wiedererkannt hat, ähnlich wie das vielleicht Maria am Ostermorgen getan hatte.

Daß Jesus sich dem Sehen und Fühlen darbot, wird damit auf seinen wahren Rang zurückgeschraubt. Das war sozusagen ein erstes Auslösendes, das war das liebevolle Eingehen auf eine Glaubenshemmung, aber das war nicht die Ursache des Glaubens. Es gibt ja solche Aufräumearbeit auch in unserer Verkündigung. Sie ist so etwas wie ein Magddienst und hat noch nichts mit der Entstehung des Glaubens selbst zu tun.

Ich denke etwa daran, daß Herr X in seinem Leben einigen Christen begegnet ist, die einfach Nieten waren und ihn bitter enttäuscht haben. Wie mancher hat auch durch einen Pfarrer, durch dessen Egoismus, durch den Widerspruch zwischen Verkündigung und Leben eine Verprellung erfahren, die ihm das ganze Christentum unglaubwürdig macht. Auch das ist natürlich kein stichhaltiger Einwand gegen den Glauben. Denn es kommt ja nicht auf die unvollkommenen Menschen, sondern auf den Herrn selber an. Aber dieser absolut richtige Hinweis nützt dem Herrn X ebensowenig, wie es dem Thomas geholfen hätte, wenn man ihm – wieder vollkommen richtig – davon gesagt hätte, daß der Glaube selbständig sei und unabhängig von der Erfahrung. Und nun begegnet dem Herrn X in der Gefangenschaft oder im Kreis seiner Kollegen oder irgendwann in den Ferien ein Christ, der gar nicht viel spricht, der aber ganz und gar echt ist, dem man die Jüngerschaft sozusagen ansieht. Man merkt das an der Art, wie er mit einfachen Menschen umgeht, an seiner Treue, an seiner Selbstlosigkeit und anderen Dingen, die teils moralischer, teils nicht ganz definierbarer Art sind. Herr X sagt: „Man fühlt dem Herrn Y an, daß sein Glaube eine Lebensmacht ist", und er ist auf einmal bereit, seine Skepsis zu überprüfen und jedenfalls hinzuhören, wenn dieser Mann ihn abends in einen Kreis mitnimmt, in dem man vielleicht einen Bibelabschnitt meditiert oder über Glauben und Nihilismus miteinander spricht.

Nehmen wir einmal an, Herr X geht nun öfter mit, vielleicht nur aus persönlicher Anhänglichkeit und beileibe nicht aus Glaubensdurst und Heilsverlangen. Nehmen wir einmal an, er sagte sich: Mein Freund, der Christ, mag ein Phantast sein, aber jedenfalls ein Phantast von Format und Konsequenz und ohne einen falschen Ton. Jene Illusion, die er als seinen „Glauben" bezeichnet, kann für mich auch nicht zu schlecht sein. Es mag Unsinn sein – aber gut, dann will ich eben mit ihm scheitern. Nehmen wir einmal an, er käme auf eine so hintertrepplerische Art zu den ersten Glaubensschritten, zu einem allerersten Berühren des Gewandes Jesu; und er wüchse nun von da aus Stück um Stück, weil eben ein anderer mit auf den Plan getreten ist. Meinen Sie nicht: Sein Freund würde ihn eines Tages vornehmen und zu ihm sagen: „Du! Genauso wie es falsch war, daß du dich durch diesen Christen, dem du begegnetest und der vielleicht versagte, vom Glauben abbringen ließest, genauso ist es auch falsch, wenn du nur deshalb glaubst, weil du ein bißchen von der Herrlichkeit Jesu in mir abgebildet findest oder zu finden meinst. Selig sind, die keinen solchen Menschen ‚sehen' – die vielleicht in einem modernen Tyrannengefängnis hocken und nur mit Robotern zusammenkommen – selig sind, die nicht sehen und doch glauben."

So mag es auch dem Thomas gegangen sein: Daß Jesus sich ihm zeigte, war ein erstes Auslösendes, ein rührendes Eingehen auf die Skepsis des Thomas, die das gar nicht verdiente. Jesus wollte nicht mit ihm diskutieren, sondern ihn bei der Hand nehmen. Und dann am Schluß dieser Begegnung (aber wirklich am *Schluß*, nachdem die Liebe und das Abholen ihren Dienst getan haben), da bindet er ihn von der „Nichtschwimmerangel", von jenem Hilfsseil des Sehens und Fühlens, los, und nun muß Thomas sich freischwimmen. Und wie gesagt: Vielleicht hatte Thomas auch vorher schon das Angelgestell gar nicht ergriffen, sondern hatte die ersten Züge seines Glaubens tapfer gemacht, weil er den sah, unter dessen Augen er schwamm.

Es wäre gut, wenn auch wir (als die Schicksalsgenossen des Thomas!) gleichfalls dahin kämen, einmal „mein Herr und mein Gott" sagen zu dürfen, nachdem wir lange genug gezweifelt oder in halber Verblendung vom „Christentum“ oder vom „christlichen Abendlande“ gesprochen haben.

Es wäre gut, wenn wir selbst in den Augenblicken schlimmster innerer Unruhe *diesen* einen Gedanken festhielten, daß Jesus auch dann um uns weiß und uns nicht fallen läßt. Selig sind die Hoffnungsarmen, denn gerade sie sollen sagen dürfen: „Mein Herr und mein Gott.“

Wenn wir ihn aber so kennenlernen und seine Jünger geworden sind, möge uns die Gnade zuteil werden, daß wir uns nicht über die zweifelnden Thomasse um uns herum erheben. Wir wollen nicht mit ihnen disputieren, sondern ihnen ein wenig von der Herrlichkeit Jesu zu zeigen suchen, so wie sie es eben verstehen, vielleicht ohne Worte und mit der schlichten Sprache der Tat. Und wir sollten keine Angst haben, ob jedes Wort dabei schulgerecht und von chemisch reiner Orthodoxie ist. Der, zu dem wir da reden, soll ja kein „Dogma“ unterschreiben! Er ist doch nur eingeladen, dem Meister zu begegnen und seinen Frieden zu empfangen.

Wir wollen nicht müde werden, darum zu bitten, daß der Herr zu uns und den andern Zweiflern kommt und in seiner unermeßlichen Güte sagt (wie er es beim Tode des Lazarus aussprach): „Diese Krankheit ist nicht zum Tode, sondern zur Ehre Gottes (Joh. 11, 4) . . . und gerade die, die am Ende sind und denen alle Chancen zerschlagen werden, sollen die Träger der Verheißung sein. Sie sollen mit Wundern überschüttet werden, von denen sie sich nichts träumen lassen. Und während sie gebannt nach einem Fluchtweg Ausschau halten, bin ich durch eine ganz andere Tür schon eingetreten und stehe neben ihnen.“

AUFGEFAHREN GEN HIMMEL, SITZEND ZUR RECHTEN GOTTES

Er führte sie aber hinaus bis nach Bethanien und hob die Hände auf und segnete sie. Und es geschah, da er sie segnete, schied er von ihnen (und fuhr auf gen Himmel). Sie aber kehrten wieder nach Jerusalem mit großer Freude und waren allewege im Tempel und priesen Gott.

LUKAS 24, 50–53

Seid ihr nun mit Christus auferstanden, so suchet, was droben ist, da Christus ist, sitzend zu der Rechten Gottes. Trachtet nach dem, was droben ist, nicht nach dem, was auf Erden ist. Denn ihr seid gestorben, und euer Leben ist verborgen mit Christus in Gott. Wenn aber Christus, unser Leben, sich offenbaren wird, dann werdet ihr auch offenbar werden mit ihm in Herrlichkeit . . . Und alles, was ihr tut mit Worten oder mit Werken, das tut alles in dem Namen des Herrn Jesus und danket Gott, dem Vater, durch ihn.

KOLOSSER 3, 1–4.17

Als wir daheim unseren Kindern, während sie noch kleiner waren, einmal die Geschichte von Christi Himmelfahrt erzählten, bemerkte der jüngste: „Wie der Herr Jesus endlich im Himmel angekommen war, sagte Gott-Vater zu ihm: Bleib' jetzt man lieber hier oben, sonst passiert dir wieder was!"

Was der kleine Mann hier in aller Unschuld formulierte, umschreibt genau eines der zwei großen Mißverständnisse, die uns den Zugang zu dem zu blockieren drohen, was die Bibel meint, wenn sie vom „Himmel" spricht. Er faßte nämlich diesen „Himmel" – für ein Kind begreiflich genug – als den Ort einer sicheren Etappe auf, die allen Katastrophen und Pannen unserer vielgeplagten Erde entzogen sei. Die Philosophen – allen voran der große Plato – können das viel geistreicher ausdrücken als mein kleiner Sohn, aber sie bleiben im Grunde doch ebenfalls dieser

Ebene des Denkens verhaftet. So wird ihnen der Himmel zum Inbegriff einer jenseitigen, zeitlosen und weltentrückten Zone, in der die ewigen Ideen wohnen, die in reinem und unberührtem Glast den Wechsel von Werden und Vergehen überwölbt und den Eitelkeiten dieser vergänglichen Welt entzogen ist. „Die Heimat der Seele ist droben im Licht“: in diesem Lied wird jene heidnische Konterbande mitten durch den christlichen Zoll hindurchgemogelt.

Der Himmel der Bibel aber sieht völlig anders aus: Wenn sie vom „Gott des Himmels und der Erden“ spricht, meint sie immer den Herrn, der in *Bewegung* ist, dem Himmel und Erde dienen müssen. Der Himmel ist hier durchaus kein „zeitloses Jenseits“, sondern gehört mit zum Bereich des Geschaffenen und ist darum auch der Vergänglichkeit überantwortet. Nur *einer* wird bestehen, wenn das große Weltengrab sich öffnet und wenn – wie die gewaltigen Visionen des großen Weltfinales das umschreiben – die Gestirne herniederstürzen und die Kräfte des Himmels ihr Gleichgewicht verlieren (Matth. 24,29). Himmel und Erde werden vergehen, und die „Welt mit ihrer Lust“ kommt einmal an ihr Ende, aber „meine Worte werden nicht vergehen“. Die *eine* Gestalt, die zuletzt bleibt und bleiben wird und sozusagen an dem Punkte „Omega“ (Teilhard de Chardin) steht, ist mehr als der Himmel. Dem Himmel ist gleichsam als letzte Funktion nur die Aufgabe gestellt, das Abendrot der vergehenden Welt zu erzeugen. So ist er selber – nach der Schau der Bibel – in Werden und Vergehen, Schöpfung und Endlichkeit hineingezogen.

Diese Relativität des Himmels (wenn man das einmal so ausdrücken darf) kommt noch hintergründiger darin zum Ausdruck, daß der Himmel gelegentlich sogar als etwas erscheint, das auch die Mächte des Bedrohenden, des Dämonisch-Zerstörerischen enthält. Er kann ein Symbold dafür sein (im Epheser- und Kolosserbrief), daß unsere Welt von einer Atmosphäre des Unheimlichen umspannt ist, das über uns hereinbrechen kann, wenn die bewahrende Hand Gottes es nicht an seiner Entbindung hinderte (1. Mose 1, 6ff.). So wird auch der Himmel als eine Region vorgestellt, die erst unterworfen und entmächtigt werden muß und jedenfalls auf keinen Fall das sagenumwobene Traumland einer jenseitigen Ewigkeit darstellt. Es scheint fast so, als ob hier in mythischen Bildern ausgesagt werden sollte: „Gott der Herr ist die einzige Gestalt, vor deren Souveränität sich alles beugen muß, was im Himmel und auf Erden und unter der Erde ist." Er ist der einzige, demgegenüber alles andere zu einem bloß Geschaffenen, zu einem bloß Zugelassenen und auf jeden Fall Vergehenden wird. Der Himmel kann zwar als „Thron" Gottes bezeichnet werden; aber auch der Thron ist ja weniger als der Souverän selbst. Er muß sich mit dem Geltungsgrad eines sehr niedrigen Utensils begnügen: nämlich der Schemel seiner Füße und ein paar Quadratzoll Fußboden zu sein.

Darum muß man sich klarmachen, welche Hoheit von Jesus Christus ausgesagt ist, wenn der Himmel nicht einfach als etwas bezeichnet wird, zu dem er „erhöht" wird (das Wort Himmelfahrt ist deshalb fragwürdig und geht trotz seines ehrwürdigen Alters ein wenig an der Pointe vorbei!), sondern wenn der Himmel als sein Herrschaftsgebiet bezeichnet wird, das er einnimmt und unterwirft (Apg. 3, 21) und das mit der Erde zusammen gleichsam den „Leib" bildet, dessen kosmisches Haupt Christus ist (Eph. 1, 10; Kol. 1, 16.20). Und nun wird diese Parallele mit eiserner Konsequenz zu Ende gezogen: So wie jeder Leib zu Staub zerfällt, so wird auch einmal dieser unser Kosmos zerbrechen, und das Meer wird nicht mehr sein, die Blumen sind zu Staub zerfallen, der Vogelgesang verstummt und Mozarts „Kleine Nachtmusik" ist verklungen. Aber sein Wort wird in Ewigkeit bleiben und ruft in Vollmacht einen neuen Himmel und eine neue Erde auf den Plan.

Vielleicht können wir so sagen: Der Himmel als Symbol der Herrschaft Gottes kann von erhabenem Range sein, wenn wir ihn an dem messen, was wir *Menschen* sind: wir Menschen mit unserer Angst vor dem morgigen Tag, mit unserem Hader und unseren Illusionen und mit unserer Hinfälligkeit zum Tode. Diese Weltüberlegenheit des Himmels deutet Jesus an, wenn er uns die Bitte lehrt: Dein Wille möge bei uns auf Erden so geschehen, wie er schon jetzt im Himmel geschieht.

Doch dieser gleiche Himmel kann auch zur Nichtigkeit degradiert werden und erscheint als kümmerlicher Fußschemel, wenn er an den Maßen der ewigen Majestät gemessen wird. Kein Gedanke also, daß wir ihn einfach als ein zeitloses Jenseits, als die weltenthobene Sphäre des sogenannten „Göttlichen" verstehen dürften, so wie es die Philosophen tun und wie das mein kleiner Sohn auf seine Weise ebenfalls tat.

Damit habe ich schon ein *zweites* Mißverständnis angesprochen, das uns den Zugang zum Wesen des Himmels versperrt. Ich meine diesmal das *räumliche* Mißverständnis.

Selbstverständlich haben die antiken Menschen sich den Himmel und entsprechend dann natürlich auch die Himmelfahrt Christi im Rahmen ihres Weltbildes vorgestellt. Für dieses Weltbild war die Erde eine Scheibe, über der sich die gläserne Kugel des Firmaments wölbte. Sie wußten – selbstverständlich! – noch nichts von Lichtjahren und kosmischen Räumen und vom Planetencharakter unserer Erde. Kein Mensch käme heute auf die Idee, dieses antike Weltbild aller modernen Astronomie zum Trotz festzuhalten, nur weil es das Weltbild der Bibel ist. Aber so selbstverständlich es ist, daß wir an dieser Stelle längst von der Bibel zu Kopernikus und seinen Nachfahren übergelaufen sind, so wenig selbstverständlich scheint nun eine *andere* Frage gelöst werden zu können. Diese Frage hängt unweigerlich mit jenem Wechsel des Weltbildes zusammen, und sie lautet so: Fällt mit diesem veralteten Weltbild nicht auch der *Gehalt* hin, den es birgt? Läßt sich der Satz „Christus ist gen Himmel gefahren" im Zeitalter der modernen Astronomie und der Weltraumfahrt dennoch unbefangen nachsprechen? Wird er nicht möglicherweise statt dessen zu einem mythologischen Schreckgespenst, demgegenüber sich auch der Halb- und Viertelgebildete mit einem mokanten Lächeln aufspielen darf? Ist es nicht eine theologische Sophistik und Spiegelfechterei, wenn die Kirche nun hergeht und diese mythologische Suppe mit einigen modernen existentialistischen Gewürzen versetzt, um sie für den heutigen Menschen genießbar zu machen? Hier müssen wir sehr ehrlich sein, aber wir müssen auch nachdenken.

Zunächst wäre wohl als erstes festzustellen, daß das Evangelium jeder Zeit in *ihrer* Sprache und jedem Volke in *seiner* Sprache nahekommen will und daß es so eine immer neue Fleischwerdung durchmacht. Und wie die Völker in ihrer Sprache das ewige Wort verkündigen und aufnehmen (deutsch und englisch, japanisch und hindostanisch), so drücken es die verschiedenen Zeitalter mit Hilfe ihres jeweiligen Weltbildes aus. Sie benutzen die Tierkreiszeichen der Babylonier oder die Relativitätstheorie Einsteins, um immer neu und in ihrer Sprache die großen Taten Gottes auszudrücken und das Bleibende vom Vergehenden zu unterscheiden. Was sich für uns geändert hat, ist nichts anderes als die bloße *Vorstellung* des Raumes. Uns ist nämlich klar geworden, daß die Botschaft vom Himmel und von der Himmelfahrt Christi in die Vorstellungen eines vergangenen Raumbildes eingekleidet ist. Die Botschaft selbst aber ist viel *mehr* als jene

Vorstellung. Darum wartet sie darauf, daß wir sie nun in einen neuen Rahmen fügen. Denn um mehr als den bloßen „Rahmen" geht es überhaupt nicht. So meinen es etwa manche heutigen Theologen, wenn sie sagen, wir könnten als moderne Menschen Gott nicht mehr in der räumlich verstandenen „Höhe", sondern nur in der „Tiefe des Seins" – also in einer ganz unräumlichen Dimension – suchen. Das ist vollkommen richtig, aber es ist auch fast eine Banalität, weil es hier nur um bloße Aussageformen und Vorstellungsweisen, doch nicht um die Sache *selbst* geht. Dieses Problem ist nur künstlich hochgespielt worden.

Vor einiger Zeit, so wird berichtet, traf sich der amerikanische Kosmonaut Glenn mit seinem sowjetischen Kollegen Titow. Der ideologisch offenbar wohlgeschulte Russe fragte den Amerikaner mit etwas süffisantem Lächeln: „Sind Sie auf Ihrem Raumflug vielleicht dem lieben Gott begegnet?" Der also Angeredete erwiderte: „Der Gott, an den ich glaube, ist nicht von der Art, daß man ihn aus der Luke eines Raumschiffes sehen könnte." Ob der Sowjetmann durch diese Antwort wohl zu einer kleinen Nachdenklichkeit angeregt wurde? Ob seine Feststellung: „Ich habe im All keinen Mann mit einem langen Bart gesehen", ihm danach vielleicht genauso töricht vorkam, wie uns Heutigen die Bemerkung des Pathologen Rudolf Virchow erscheint: „Ich habe unzählige Leichen seziert, aber nie die Seele gefunden" –? Werden hier nicht, wenn man so unkontrolliert daherredet, ganz verschiedene Dimensionen des Seins durcheinandergebracht?

Die englische Sprache hat es hier leichter, sorgsamer und genauer zu unterscheiden. Denn sie hat zwei ganz verschiedene Begriffe für den Himmel: einen für den atmosphärischen Himmel, den die Meteorologen bei ihren Wetterkarten meinen und der auch uns vor Augen steht, wenn wir nachts zum sterneübersäten Firmament aufblicken oder wenn wir im Dünensand liegen und uns braun brennen lassen. Dann reden sie von „sky". Aber daneben haben sie ein anderes Wort für Himmel, „heaven", das keine kosmische, sondern eine geistliche Dimension bezeichnet und vom Throne Gottes spricht. Dieser Himmel ist nicht einfach „oben", so daß man die Augen zu ihm erheben müßte, sondern er umgibt uns von allen Seiten. Er ist jene „Tiefe des Seins", von der ich oben sprach. Das haben auch die alten gotischen und byzantinischen Maler gewußt, wenn sie den Himmel nicht blau, sondern golden malten und ihn als Hintergrund für das menschliche Antlitz wählten.

Darin zeigt sich, so scheint mir, ein tiefgreifender Wandel der Zeit. Wenn jemand heute etwa als Photograph ein Porträt macht, dann sucht er ja das Charakteristische eines Menschen herauszubringen. Er bemüht sich, seine Individualität sozusagen überdeutlich zu akzentuieren. Und ein cleverer Photograph bringt es mit Beleuchtungseffekten fertig, selbst noch ein Milchgesicht in einen Charakterkopf zu verwandeln. Bei jenen Malern des goldenen Himmels dagegen ist es ganz anders. Da ist das Gesicht noch kaum individuell abgehoben, und der Faltenwurf ist typisiert. Aber das macht nichts. Denn das Wesen des Menschen besteht ja gar nicht darin (das wollten sie nämlich sagen!), daß er eine individuelle Besonderheit ist, sondern daß er vor dem Hintergrund jenes Himmels steht, daß er nämlich auf die Glorie Gottes bezogen ist und daß ein Widerschein dieser Herrlichkeit auf seinem Antlitz erscheint. Der Himmel ist kein oberer Raum, in den wir aufblicken, sondern ist der Hintergrund unseres Daseins. Und er ist die alles umgreifende Herrschaft Gottes, in der wir mitteninne stehen.

Wenn man das einmal erfaßt hat, wird einem klar, daß der Himmel als Raum nur eine Vorstellungsweise darstellt, die mit der gemeinten Sache selbst keineswegs identisch ist. Wir müssen ja auch sonst im Leben immer wieder unterscheiden zwischen der *Sache*, die wir meinen, und der *Vorstellung*, die wir uns davon machen. Ein Kind kann sich wohl tatsächlich Gott nur als einen alten Mann mit einem langen Bart vorstellen. Warum auch nicht? Aber wenn es älter wird, merkt es schon, daß das nur ein kindliches Bild gewesen ist, mit dessen Hilfe es sich Weisheit, Güte, Geborgenheit und das Wunder eines väterlichen Herzens „vorstellte". Und wie wir das Bild der Vater-Gestalt zu überwinden lernen, ohne damit doch das Wunder des *väterlichen* Herzens preiszugeben, so müssen wir auch mündig genug werden, um den Himmel als bloßen „Raum" (als den „blauen" Himmel in unsere Phantasie) zu liquidieren und um Gott nicht in der Höhe, sondern in der Tiefe des Seins zu suchen.

Das bedeutet dann keineswegs ein Rückzugsgefecht frommer Leute, die widerwillig und knurrend gewisse Konsequenzen der Astronomie einräumen müssen. Bei der Schwäche der menschlichen Natur könnte so etwas natürlich naheliegen! Aber genauso hat es immerhin auch Luther schon gesehen – und das mag uns ein Trost sein. Er sah das so, obwohl Kopernikus ihm noch ein ziemlich unheimlicher Bursche war. Begreiflich genug! Denn für einen mittelalterlichen Menschen mußte es selbstverständlich einen ungeheuren Schock bedeuten, wenn unsere Erde, die das Kreuz des Herrn trug und auf der Abraham, Isaak und Jakob ihre Geschichte mit Gott gehabt hatten, plötzlich ihre zentrale Stellung im Universum verlor und zu einem Provinznest am Rande des Kosmos herabsank. Wer über diesen Schock heute lächelt, zeigt nur, daß er ein Snob ist und sehr wenig einfühlende Phantasie besitzt. Aber gerade weil Luthers Vorstellungswelt zweifellos noch dem antiken Weltbild verhaftet war, muß es einen beeindrucken, daß er in der Himmelfahrt Christi doch mehr und anderes zu sehen wußte als den räumlichen Aufstieg in irgendeine kosmische Sphäre. Leuten, die sich das so sträflich naiv vorstellten, kann er mit seiner bekannten Drastik zurufen: „Was es aber ist: Christus gen Himmel fahren und sitzend zur Rechten Gottes, wissen sie nicht. Es gehet nicht also zu wie du aufsteigest auf einer Leitern ins Haus, sondern das ist's, daß er *über* allen Kreaturen und *in* allen Kreaturen und *außer* allen Kreaturen ist." Er ist eben nicht in den blauen atmosphärischen Himmel aufgestiegen, sondern er ist in jenen goldenen Hintergrund der Welt eingegangen, den die Ikonen meinen.

Hier muß ich nun auf einen sehr merkwürdigen Vorgang aufmerksam machen: Die erste Polemik gegen dieses räumliche Mißverständnis des Himmels findet sich ausgerechnet im Munde jener geheimnisvollen himmlischen Boten, die die Apostelgeschichte erwähnt, wenn sie von „zwei Männern in weißen Kleidern" (1, 10f.) berichtet, die sich bei der Himmelfahrt Christi unter die Jünger mischen und ihnen die Verklärung Jesu, seine neue Seinsweise, kommentieren. Sie sagen ihnen nämlich dem Sinne nach: „Was steht ihr denn da und starrt in den Himmel? Warum schaut ihr ihm nach, warum blinzelt ihr nach drüben? Zum müßigen Heimweh und zu Abschiedsschmerzen habt ihr keine Zeit." Und sie weisen darauf hin, daß er wiederkommen wird und daß sie die Frist nutzen müssen, bis das geschieht. Jetzt – zwischen seinem Abschied und seiner Wiederkunft – ist die Stunde, wo die Lenden umgürtet werden und die Lichter brennen müssen (Luk. 12, 35). Nun werden sie an die Arbeit gestellt. Denn der ins Jenseits Gefahrene ist nicht in einem Drüben, „nach dem die Aussicht uns verrannt ist", sondern er ist der Herr des Diesseits, der Regent der Staaten und Völker; er umfängt den

Orient und den Okzident, er umgreift Kapitalismus und Kommunismus. Und er ist auch der geheime Beweger des Atomzeitalters, in dem wir *heute* seine Herrschaft zu proklamieren haben.

Wir Menschen sehen freilich zunächst nur das Negative der Himmelfahrt: daß Christus in die Unsichtbarkeit entwichen ist und daß wir verlassen zu sein scheinen. Nun ist das Diesseits offenbar autark geworden; nun scheint das Leben nach seinen eigenen Gesetzen abzurollen. Jetzt regieren die stärksten Kanonen, jetzt toben unerbittlich die Konkurrenzkämpfe in der Wirtschaft und auch in der großen Politik. Und wenn wir an den Aufstand der früheren Kolonialvölker denken oder an die Auseinandersetzung der Rassen und an die lebensgefährliche Spannung zwischen den großen Ideologien, dann sehen wir Machtkämpfe und Entladungen, die gleichsam eigengesetzlich abrollen und bei denen Gott eben keine Rolle zu spielen scheint. Christus aber sitzt im Jenseits oder vielleicht auch tief in unserem Herzen, wo wir ihn fromm verehren. Doch leider merken wir nicht, daß irgendeine Andeutung von Weltregie von ihm ausginge.

Gewiß: es mag Leute geben, die zu ihm beten; aber bleibt das nicht auf das Getto des Seelenlebens beschränkt? Wo spürt man denn, daß dieser Glaube Berge bewegt, daß er die erstarrten Machtblöcke von Ost und West auch nur einen Zentimeter von der Stelle rückt? Wo wäre auch nur eine Spur davon zu erkennen, daß der Glaube an den, der für schwarze und weiße Menschen gestorben ist, verändernd und schöpferisch eingriffe in die Rassenkämpfe Amerikas und Südafrikas? Sind es hier nicht ausschließlich und nur eiskalte politische Kalküle, nach denen man wirtschaftliche und soziale Folgerungen berechnet? Und wäre der Name Christi, wenn er in einem Parlament oder Senat genannt und als Richtschnur für politisches Handeln proklamiert würde, nicht wie ein peinlicher Fremdkörper, über den man alsbald zur Tagesordnung übergehen würde? Wo gibt es denn ein Programm Gottes, nach dem die Weltgeschichte verliefe und nach dem wir uns zu erkundigen hätten, um zu wissen, was wir zu tun, wie wir zu regieren oder welche sozialpolitischen Entscheidungen wir zu fällen haben? Ist Christus nicht geradezu schauerlich abwesend und unbeteiligt? Und ist der ganze Himmelfahrtsrummel nicht nur eine sehr optimistische Umschreibung für die Tatsache seiner Nichtexistenz oder seiner hoffnungslosen Nichtaktualität? Sind die Herrenpartien des Himmelfahrtstages nicht wie ein gigantisches Kabarett, in dem man diese Abwesenheit oder Nichtexistenz mit der gebührenden Lustigkeit glossiert?

Und doch wird uns durch die Botschaft von der Himmelfahrt gerade das *Geheimnis* dieser Verborgenheit verdeutlicht. Gewiß, wir sehen ihn nicht. Und die Gedanken, die Gott über unserer fiebernden Welt und über den dunklen Führungen unseres Lebens denkt, sind uns entrückt. Denn „so hoch der Himmel über der Erde ist, sind meine Gedanken höher als eure Gedanken". *Und doch sind es eben Gedanken!* Wir können sie nicht nachdenken, aber wir können dem vertrauen, der sie denkt.

Nur auf diese Weise haben wir Zugang zu jenen Gedanken. Und diesen Zugang gewinnen wir nur so, daß wir den kennen, der über diese unsere Erde gegangen ist, der die Kinder segnete, der schwermütige und geängstigte Seelen mit Trost erfüllte, der den verzweifelt Suchenden einen neuen Sinn in ihr Leben gab und den Sterbenden seine Hand unter den Kopf legte. Der Leib, von dem Ströme des lebendigen Wassers ausgingen, ist nun auf den Thron der Welt entrückt. Und dieses Herz, das des Erbarmens voll ist, hat die Herrschaft über unsere Erde inne. Wir wissen nicht, was um uns her und was mit uns geschieht. Wir wissen es wirklich nicht. Aber wir wissen, daß es von diesem Herzen kommt, und daß der letzte Sinn alles Geschehens eine Liebe ist, die dieses Herz verströmt und an der es sich zu Tode gelitten hat.

Darum gehört es in der Tat zur Botschaft dieser Himmelfahrtsgeschichte, daß er wiederkommen wird, um in Offenheit das zu enthüllen, was hier noch im geheimen geschieht. Eine Ahnung davon wird schon in den Nachtgesichten des Propheten Sacharja deutlich: Im „Himmel" (wohlverstanden: nicht in der Stratosphäre, sondern in dem goldenen Himmel der Ikone) ist die Herrschaft Gottes schon am Werk und in Kraft, während die Erde, während die Politiker und Wirtschaftskapitäne, die Chefideologen und Drahtzieher der Geschichte noch unerschüttert und ahnungslos ihre Geschäfte betreiben. Und ganz gleich, ob sie den Atheismus oder die Religion in ihren Konzeptionen vorgesehen haben: Sie selber stehen, ohne daß sie eine Ahnung davon haben, auf dem Konzepte Gottes und müssen unwissend ihre Rolle spielen und werden dahin geführt, wohin sie nicht wollen. Sie sind nur Punkte und Kommas in einem Texte, den Gott schreibt. Und während der Mensch denkt, lenkt Gott. Er baut sein Reich sozusagen wie ein Denkmal, um das hohe Gerüste gezogen sind und das niemand sieht. Wir hören nur manchmal ein Klopfen und Hämmern, aber wir sehen nicht, wer oder was da am Werke ist, bis die Bretterwände fallen und die Mahnmale und Hoheitszeichen Gottes unter uns aufragen, während *wir* nur auf *unseren* Weg sahen.

Deshalb bedeutet die Himmelfahrt nicht, daß Jesus Christus *von* uns ginge, sondern sie bedeutet im Gegenteil, daß er uns unheimlich nahekommt. Die Grenze zwischen Diesseits und Jenseits, die in der Weihnachtsnacht überwunden wurde, wird nur noch einmal und auf neue Art durchbrochen. Denn daß er zur Rechten Gottes erhöht ist, bedeutet, daß er nun überall ist und daß er – mit den Worten Luthers gesagt – „über" allen Kreaturen und „in" allen Kreaturen und „außer" allen Kreaturen ist. Damals, als er über die Erde ging, war er nur wenigen – nur den paar Jüngern – nahe; und seine Anwesenheit war zeitlich und räumlich begrenzt. Damals hörten nur wenige sein Wort. Heute aber geht es über die Erde. Damals durfte ihn nur eine Handvoll seiner Freunde bitten: „Herr, bleibe bei uns, denn es will Abend werden." Heute dürfen sich Millionen Hände falten; und wo zwei oder drei beieinander sind – beim Abendgebet einer Familie in Hamburg oder in einer sibirischen Bauernkate oder bei einem Trüpplein Getreuer in irgendeinem KZ –, da will er mitten unter ihnen sein. Er geht durch die Türen unserer Häuser und durch die Mauern der Zuchthäuser und durch die Stacheldrähte der Ideologien.

So ist die Himmelfahrt das Fest der Herrschaft Jesu. Aber wir sagen das am besten so, daß wir es auf uns hin formulieren: Es ist das Fest meiner Kindschaft, meiner Lebensfahrt unter dem geöffneten Himmel. *Es ist das Fest der diesseitigen Welt,* die in tausend Krämpfen liegt und über der doch eine geheime Herrschaft proklamiert wird und die von höheren Gedanken gesteuert ist. Ich aber darf den kennen, der sie denkt. Ich weiß nicht, was geschieht (und es sei nicht verschwiegen, daß mich die Rätsel dieses Geschehens umtreiben, daß es mich bedrängt, warum ein Flugzeug mit Touristen zerschellt, warum Bergleute in ihren Schächten zerquetscht werden und ein kleines Kind überfahren wird), nein, ich weiß nicht, *was* geschieht; aber ich weiß um das Thema, in dessen *Namen* es geschieht. Ich kenne das Herz dessen, der das Drama der Geschichte und meines Lebens unter jenem Thema zusammenhält und beharrlich seinem letzten Akte entgegenführt.

Damit stehen wir an dem Punkt, an dem sich die Folgerungen abzuzeichnen beginnen, die nun zu ziehen sind.

Einmal: Wenn das stimmt, dann sind alle Gegenmächte nur zum Dienste Gottes bestimmt. Dann haben Nebukadnezar und Hitler und heutige Diktatoren nur die Aufgabe, Wegbereiter zu Zielen zu sein, die ihnen ein anderer steckt. Dann bildet auch das rätselhafteste Geschick in meinem Leben (das mich rasend und an Gott irre machen könnte) nur das Steinchen in einem Mosaik, das sich, vom „Himmel" her gesehen, zu einem Bilde fügt, dessen Konturen ich nicht einmal ahnen kann, dessen Anblick mich aber dazu führen wird, mich meines Unglaubens zu schämen. Gott webt an einem Teppich, den ich jetzt nur von der linken Seite sehe. Und wenn ich die Hände aus dem Auge verliere, die da weben, muß ich vor dem Sinnlosen erstarren. Wer aber Christus erlebt hat, sieht nicht nur die Hände, die da weben, sondern dem ist auch das Herz geöffnet, das die gewebten Bilder ersinnt. Und wenn ich jetzt den Teppich des Lebens nur von der *linken* Seite sehe, dann entbindet das (Kierkegaard hat es einmal so ausgedrückt) gerade die tiefste Leidenschaft, jenem Herzen nahe zu sein, sich von ihm trösten zu lassen und an ihm zu erholen.

Ferner: Wenn das stimmt, daß Jesus Christus zur Rechten Gottes, daß er „in" allen Kreaturen und „über" allen Kreaturen ist, dann muß man das weitersagen, dann muß man *„Mission"* treiben und muß diese Botschaft in die Welt der Götter, Götzen und Ideologien hineintragen. Man muß das nicht etwa tun, um ein bißchen Propaganda zu treiben und für die Expansion christlicher Überzeugungen und abendländischer Lebensstile zu sorgen. Sondern man muß es einfach deshalb tun, weil Christus der Herr und weil er eben das Thema der Welt ist. Indem wir das tun, sind wir keine christlichen Aktivisten und Betriebmacher, die den Arm ihres Herrn ergriffen und ihn mit versierter Werbetechnik und taktischer Raffinesse über den Erdkreis zögen. Sondern es ist genau umgekehrt. Wenn wir die Botschaft der Himmelfahrt recht verstanden haben, wissen wir: sein Arm *ist* ja schon über den Erdkreis gereckt, und wir haben gar nichts anderes zu tun, als hinter dieser ausgereckten Hand herzugehen. Wir haben uns nicht zu überlegen, wie wir die Öffentlichkeit der Welt meistern sollen; wir haben nur ernst zu nehmen, daß der Meister öffentlich ist.

Damit müssen dann viele unserer geläufigen Vorurteile in sich zusammenfallen: z. B. die törichte Annahme, die heutige Welt zerfiele in zwei Hemisphären, sie zerfiele einmal in sogenannte *christliche* Zonen (im Westen natürlich!), in denen die Parteigänger Gottes angesiedelt wären, und in andere Zonen, in denen Buddhisten, Mohammedaner, Fetischisten, Atheisten, Säkularisierte und Indifferente regierten, und in denen dieser Herr nichts zu suchen und zu sagen hätte.

Wir wissen nun, daß es ganz anders ist: Auch die Atheisten wohnen im Schatten des Hügels Golgatha und seines Kreuzes, denn sie sind alle teuer erkauft. Sie agieren alle vor jenem goldenen Hintergrund, in dem ein geheimer Thron steht. Sie sind alle von dem umgriffen und heimgesucht, der „in" allen Kreaturen und „über" allen Kreaturen ist und der sie Fäden sein läßt, die er zu seinem Bilde webt. Und wenn wir ihnen zurufen: „Lasset euch versöhnen mit Gott!", dann suchen wir ihre Seelen, weil sie ihm gehören und weil er sie eben teuer erkauft hat. Seine Trauer über ihre Verlorenheit und ihren Weg in die Fremde wird dann auch unsere Trauer.

Endlich: Wenn das stimmt, daß er zur Rechten Gottes ist, dann ist er der Erste und der Letzte und der Einzige. Dann gilt das von ihm, was man mit einem wenig schönen Fremdwort als seine „Absolutheit" bezeichnet. Auf wen anders sollten wir denn auch warten, der ihn überbieten könnte?

Sollte einer kommen können, der uns etwas anderes sagte als dies, daß wir in der Welt Angst hätten und daß sie eben die Fremde sei mit wüsten Flächen und löcherigen Brunnen und trügerischen Fata Morganas – eine Fremde, in der es schauerlich vaterlos zugeht und an deren Horizont die Trompeten des Nichts tönen? Sollten wir wirklich, nachdem wir die Stimme Jesu Christi gehört haben, noch einmal jenen trügerischen Schalmeienklängen anheimfallen können, die uns vormachen möchten, es gäbe das Paradies auf Erden, es gäbe Aufstieg und Entwicklung, es gäbe den höhergezüchteten Menschen, der kein Mörder und kein Dieb und Ehebrecher mehr sei? Hat uns Jesus von Nazareth nicht immun gemacht gegen die falschen Propheten und ihr utopisches Träumen? Das alles schmeckt schal, wenn man die Stimme des Nazareners einmal gehört hat.

Oder sollte einer kommen können, der uns Größeres zu schenken vermöchte als die Gewißheit, daß wir inmitten dieser Wüstenei nicht verlassen sind, sondern geliebt und heimgesucht werden, daß uns einer bis an die Station seines Kreuzes nachgegangen ist? Sollte es eine größere Botschaft geben können als die einer Liebe, die sich in die tiefste Erniedrigung schenkt, die aber auch zur Rechten Gottes gekrönt wird und nun die Welt bewegt und die Verheißung des Sieges hat?

Gibt es eine Botschaft, die uns mehr bringen könnte als die Nachricht, daß in der Hand dieses Einen „Macht" und „Liebe" vereinigt sind? Daß also in dem goldenen Hintergrund der Welt das versöhnt ist, was wir nur in erschreckendem Widerspruch kennen? Alle Liebenden in unserer Welt sind ja ohne Macht gewesen und sind oft genug unter die Räder gekommen: Franz von Assisi und Bodelschwingh und Albert Schweitzer können nur in Ohnmacht ihre Signale blinken lassen, um anzudeuten, was Gott eigentlich mit und von uns möchte. Und die Mächtigen dieser Erde: ja, hätten sie denn ihre Macht gewinnen können, wenn sie geliebt hätten, wenn sie weniger skrupellos und selbstherrlich gewesen wären? Hier aber wird der Liebende gekrönt, und der Mann der Schmerzen wird zum Triumphator.

Darum wissen wir, wo der Ort unserer Geborgenheit ist. Darum wissen wir, daß er nicht nur liebend unser gedenkt, wenn die Wellen der Geschichte in unser Lebensschiff schlagen, sondern daß er auch der Wogen und Winde und Elemente mächtig ist und daß sie sich augenblicklich legen müssen, wenn er es gebietet.

Wir können gelassen in die Zukunft sehen: Dieser neue Heiland mit dem Namen „X" wird nie kommen. Wir haben keines Größeren zu warten. Aber wir warten auf ihn, der gekommen *ist* und der sich selbst als Saatkorn der Verheißung in unsere Erde gesät hat. Wir warten auf ihn nicht nur als den, der zu den Zweien oder Dreien kommen wird, die in seinem Namen versammelt sind, sondern auch auf den, der noch einmal als Sieger kommen und am Ende sein Panier aufrichten wird. Wir leben im Namen einer Vollendung, die in den Himmeln schon bereitet ist und die sich bei uns erst vorbereitet.

Wer darum weiß, kann nie mehr ganz verzweifelt sein. Und wenn die Katastrophen kommen und die Pechsträhnen über mich hinweggehen, wenn die Verlassenheit kommt oder wenn das Alter in meinem Leben eines nach dem anderen abbröckeln läßt, dann darf mir keine Angst mehr befehlen, in Deckung zu gehen, sondern dann gilt die königliche Verheißung, daß ich mein Haupt erheben darf, weil sich die Erlösung naht. Wer auch nur *einmal* diesen Triumph und diese Tröstung genossen hat, als er im finstern Tale wanderte und als die Gespenster der Schwermut und der Ausweglosigkeit ihn umlagerten, der weiß, daß gerade die Tiefe der Ort ist, wo er uns mit seiner Nähe umfängt, und wo wir zu begreifen lernen, was ein Lobgesang sein kann.

VON DANNEN ER KOMMEN WIRD, ZU RICHTEN DIE LEBENDIGEN UND DIE TOTEN

Von dem Tage aber und von der Stunde weiß niemand, auch die Engel nicht im Himmel, auch nicht der Sohn, sondern allein der Vater. Denn wie es in den Tagen Noahs war, so wird auch sein das Kommen des Menschensohnes. Denn wie sie waren in den Tagen vor der Sintflut – sie aßen, sie tranken, sie freiten und ließen sich freien bis an den Tag, da Noah in die Arche hineinging; und sie achteten's nicht, bis die Sintflut kam und nahm sie alle dahin –, so wird auch sein das Kommen des Menschensohnes. Dann werden zwei auf dem Felde sein; einer wird angenommen, und der andere wird verworfen werden. Zwei werden mahlen auf der Mühle; eine wird angenommen, und die andere wird verworfen werden.

Darum wachet; denn ihr wisset nicht, welchen Tag euer Herr kommen wird. Das sollt ihr aber wissen: Wenn ein Hausvater wüßte, zu welcher Stunde in der Nacht der Dieb kommt, so würde er ja wachen und nicht in sein Haus einbrechen lassen. Darum seid auch ihr bereit! Denn des Menschen Sohn kommt zu einer Stunde, da ihr's nicht meinet.

MATTHÄUS 24, 36–44

Wie merkwürdig sind diese so mythologisch klingenden Bilder von einem Weltende! Nicht, daß wir ganz ohne Verständnis dafür wären, daß einmal alles ein Ende hat. Die Physiker haben Theorien über den Eis- oder Hitzetod der Welt entwickelt. Aber das bekümmert uns wenig, weil noch einige Milliönchen Jahre darüber hingehen können. Und wer heute heiratet, kann seine silberne Hochzeit noch mit einiger Ruhe erwarten, ohne fürchten zu müssen, daß sich seine Familie in Eisblöcke verwandelt oder als Wasserdampf emporschwebt.

Etwas mehr berührt uns dieser Gedanke an das Ende schon dann, wenn wir an die thermonukleare Selbstvernichtung denken, die uns droht. Es könnte sein, daß plötzlich einmal alle Sicherungen durchbrennen und daß die atomaren Feuer, die der menschliche Zauberlehrling entzündete, ihn plötzlich selber in ihre Waberlohe hineinzerren. Wir wissen, daß das alles wirklich wie ein Dieb in der Nacht über uns kommen könnte. Und so phantastisch es uns erscheint, so realistisch müssen wir damit rechnen.

Ist aber jener andere „Dieb in der Nacht“, von dem das Evangelium spricht, ist nicht die Stimme des Weltenrichters in den Wolken, die gebieterisch „Das Ganze halt!“ kommandiert, demgegenüber nicht eben sehr unrealistisch? Ist sie nicht die Ausgeburt einer legenden-spinnenden Zukunftsangst? Sehen wir nicht in allen Jahrhunderten – bis zum heutigen Tage übrigens – Schriftgelehrte und ernste Bibelforscher mit dem Rechenschieber arbeiten, um Weltende und Wiederkunft Christi zu berechnen? Und sind sie nicht alle widerlegt und blamiert worden, weil die Sonne am nächsten Morgen eben doch wieder in aller Seelenruhe emporstieg und weil das Freien und Sichfreien-Lassen eben doch weiterging, und zwar so, als ob nichts geschehen wäre?

Wie merkwürdig aber muß es gerade deshalb jeden Nachdenklichen berühren, daß das Weiterrollen des Weltenrades die Leute eben *nicht* in die Resignation getrieben und an der Wiederkunft Christi irregemacht hat. Denn wenn auch das Rechenexempel ad absurdum geführt war, so erhob (wiederum als ob nichts geschehen wäre!) die Erwartung des Weltendes und die Hoffnung auf den wiederkommenden Herrn aufs neue ihre Schwingen, und zwar völlig ungeniert. Also muß die Hoffnung doch wohl in tieferen Schichten unserer Existenz gründen. Könnte man es denn sonst erklären, daß alle rationalen Einwände und Augenblicksblamagen zu kümmerlichen Hürden zusammenschrumpfen, die jener Glaube an den Endsieg des Herrn immer aufs neue überspringt und die er kaum als Hemmungen zu empfinden scheint?

Es käme wohl darauf an, daß wir in diese Schicht vordringen, um zu verstehen, was hier überhaupt vorgeht und wovon diese scheinbar verrückte Hoffnung lebt. Wir könnten dabei eine erstaunliche Entdeckung machen, die ein selbstsicherer, sich überlegen dünkender Snob nie machen kann: daß nämlich das, was gestern einmal ernst war, es auch heute noch ist, und daß das, von dem man gestern leben konnte, auch heute noch die Kraft hat, ein Leben zu tragen und uns zu erfüllen. Man muß es nur verstanden haben.

Josef Wittig hat einmal gesagt, man könne die Biographie eines Menschen nicht von seiner Geburt aus schreiben, sondern nur von seinem Tode her. Man müsse sie gleichsam rückwärts erzählen. Es ist klar, was er damit meint: Um über das Ganze eines Lebens etwas auszusagen, muß man dieses Ganze eben auch vor sich sehen. Es muß also „vollendet" sein. Dann aber gehört der Tod eben zu einer Biographie hinzu.

Dieses Wort Josef Wittigs ist mir immer als ein Gleichnis für die Art erschienen, wie die Bibel Aussagen über die Geschichte der Menschheit macht. Solch eine „Weltgeschichte" ist ja tatsächlich so etwas wie eine umfassende Biographie der Welt. Und nun verfahren die biblischen Autoren tatsächlich nach dem gleichen Rezept, das jede wirkliche Biographie bestimmt: Sie schreiben die Geschichte der Welt von ihrem Ende her. Sie schreiben sie in der Gewißheit, daß Gott der Herr der Geschichte ist und daß er zuletzt den Sieg behält. Alle Irrungen und Wirrungen, alle Interimstriumphe des Atheismus, alle noch so sinnlos erscheinenden Katastrophen, aller Terror der Diktatoren und alle Niederlagen der Sache Gottes ordnen sich, von rückwärts und vom Ende her gesehen, zu klaren architektonischen Linien, die dem überraschten Blick zeigen: Im Grunde ist gar nichts anderes geschehen, als daß Gott in diesem wogenden Chaos der Geschichte sein Reich gebaut hat und daß alle Wellen am Strande seiner Ewigkeit ausrollen.

Dadurch ergibt sich ein theoretischer und ein praktischer Effekt: Der theoretische besteht darin, daß unter diesem Blickwinkel so etwas wie eine „geschichtliche Linie" entsteht, daß sich „historische Zusammenhänge" ergeben und daß die Geschichte aufhört, ein Kuddelmuddel unzusammenhängender Vorfälle und anekdotischer Einzelgeschichten zu sein. Darum hat es seinen guten Grund, wenn man noch heute die Propheten des Alten Testaments als die Väter abendländischer Geschichtsschreibung ansieht.

Der praktische Effekt dessen aber, daß man die Geschichte so von ihrem Ende her sieht, besteht darin, daß die Gelassenheit des Glaubens entsteht: Was kann es schon bedeuten, daß die Gottlosigkeit, daß der Säkularismus triumphiert, was macht es mir schon aus, wenn sich ein tödliches Karzinom in meinen Leib einfrißt oder wenn ich in eine ideologische Tyrannei eingesperrt bin – was macht mir das alles aus, *wenn* ich nur dessen gewiß bin, daß auch Nebukadnezar und Stalin auf dem großen Konzepte Gottes stehen und also eingeplant sind, daß das Leiden mir nur die Frage des Vertrauens vorlegt und mir die Kunst beibringen will, „Dennoch bleibe ich stets an dir" zu sagen?! Was machen mir die Sturzwellen geschichtlicher Katastrophen aus und was können Schicksalsstürme in meinem kleinen Leben ausrichten, wenn ich weiß, daß der Herr im Schifflein schläft und daß in allem ein großer, mitreißender Zug ist, der auf seinen Endsieg drängt?

Wer es wirklich glauben könnte, daß der Triumph Gottes am Ende steht, der könnte anders leben. Wer es einmal versucht hat, damit Ernst zu machen, der weiß, welcher neue Atem des Lebens uns dann erfüllt, welche Umwertung aller Werte erfolgt, und wie uns manches wichtig erscheint, was wir bisher verachteten, manches andere aber belanglos und lächerlich, bei dem wir früher die Nerven verloren.

Es gibt eigentlich, wenn ich recht sehe, nur drei Arten von Menschen und Geistesverfassungen, für die jene Frage nach der Vollendung der Geschichte und nach der Wiederkunft von vornherein ausscheidet, die sozusagen gar keinen geistigen „Ort" für diese Frage haben:

· Die *erste* Gruppe besteht aus Leuten, die mit Schiller sagen, die Weltgeschichte sei das Weltgericht, oder die ein Wort Bismarcks überdeuten, der einmal gesagt hat, die Urteile der Geschichte seien genauer und unnachsichtiger als die Revisionen der Preußischen Oberrechnungskammer. Damit ist doch gemeint: Unrecht und Schuld rächen sich im Gang der Geschichte ganz von selbst; „Lügen haben kurze Beine"; „Die Sonne bringt es an den Tag" und „Ehrlich währt am längsten". Wer in dieser Art der Meinung ist, daß das Leben so immerfort von selbst, gleichsam „automatisch" zum Happy-End der Gerechtigkeit führt und sich ebenso automatisch auf moralische Lösungen einreguliert, der braucht in der Tat auf kein Jüngstes Gericht mehr zu warten. Allerdings mag er auch vergeblich und lange darauf warten, daß die sittliche Weltordnung wirklich so funktioniert, wie er es von ihr erwartet.

Die *zweite* Gruppe von Menschen, die keine Antenne für die Vollendung der Geschichte haben, sind die *faustischen* Leute. Sie meinen, daß der Sinn des Lebens nicht in einem Ziel besteht, das man erreicht, sondern im Akt des immer strebenden Bemühens. „Im Weiterschreiten find' er Qual und Glück, er, unbefriedigt jeden Augenblick." Man kann also das Leben in seiner Unvollkommenheit (mit seiner Schuld, seiner Sinnlosigkeit und seinem Leiden) ruhig so stehenlassen, wenn es uns damit nur den Stoff zu kämpferischer Auseinandersetzung zur Verfügung stellt. Das „Angreifen" und nicht der „Sieg" ist ja das Ziel. Der Akt des faustischen Bemühens *braucht* sozusagen das Negative, und zwar einfach, um Reibungsflächen zu gewinnen. Es braucht, ja es darf dann keine Bereinigung des Fragwürdigen in der Welt geben.

Führt aber damit das Leben nicht zu einer schrecklichen und trostlosen Kreiselbewegung des Menschen um sich selbst? Hat nicht Mephistopheles in der Sterbestunde des Faust doch etwas sehr Wahres gesagt, wenn er von der sinnlosen Nichtigkeit dieser Zirkelbewegung spricht? „Und dreht sich doch im Kreis, als ob es etwas wäre, ich liebte mir dafür das ewig Leere . . ." Das faustische Leben ist trotz aller Sehnsucht und Unruhe ein Leben ohne Warten. Es zehrt von der gefährlichen Illusion, daß der erfüllte Augenblick alles sei.

Endlich gibt es noch eine *dritte* Gruppe von Menschen, bei denen der Sinn erstorben zu sein scheint für das, was die Bibel mit dem zweiten Advent, mit der Wiederkunft des Herrn und mit Weltuntergang meint. Diese dritte Gruppe besteht aus solchen, die der Illusion des *Fortschrittsglaubens* frönen. Vor allem die Technik, die sich ja eindeutig und ohne Rückschläge voranentwickelt, legt für viele den Gedanken nahe, daß die Welt immer vollkommener würde. Dann aber ist es nicht mehr weit bis zu der utopischen Vorstellung, daß auch der Mensch selbst sich zunehmend veredele und schließlich das Paradies eines völkerumfangenden Friedensreiches oder der klassenlosen Gesellschaft heraufzuführen vermöchte. Schon Goethe hat den wunden Punkt an diesem Traume entdeckt, wenn er sagt, die *Menschheit* schreite zwar immer fort (das tut sie ja: wer sähe denn heute nicht den zunehmenden Abbau der Arbeitsfron, den wachsenden Lebensstandard und die soziale Perfektion im kommenden Wohlfahrtsstaat!), aber „der Mensch" bleibe doch immer derselbe (der Mensch mit seinen Sehnsüchten und seiner Angst, mit seiner Gier nach Leben und seinem Ausgeliefertsein an den Tod). Und auch Albert Einstein hat Wasser in den Wein solcher Fortschrittsträume gegossen, wenn er die tiefsinnige Diagnose aufstellt: „Wir leben in einer Zeit vollkommener Mittel und verworrener Ziele." Gewiß – das meint er doch damit –: Wir planieren unseren Weg durch die Welt, und das Leben wird immer leichter. Die Technik nimmt uns die schwere Arbeit ab, und wir werden zunehmend sozial betreut. Niemand braucht Hungers zu sterben, und niemand geht mehr zugrunde, weil er den Arzt nicht bezahlen kann. Oh ja, die Mittel, mit denen wir das Leben bewältigen, werden tatsächlich immer vollkommener!

Aber *wofür* leben wir eigentlich? Was ist der Sinn und das Thema und das Ziel unserer Lebensreise? Spüren wir nicht manchmal eine entsetzliche und bedrückende Leere? Und rührt das allgemeine Unbehagen, das sich statt des erwarteten Glücksgefühls einstellt, nicht daher, daß Lebenslauf und Leerlauf nahezu dasselbe zu werden drohen? Daß Lebensangst und Langeweile nach uns greifen? Die Perfektion des äußeren Lebens kann zur Qual werden, wenn wir nicht mehr wissen, *warum* wir leben und *wozu* wir da sind. Unser Tempo wird zwar immer größer, und wir bilden uns gerne ein, damit habe sich die Intensität unseres Lebens erhöht. In Wirklichkeit aber kommen wir nicht vom Fleck und drehen uns im Kreise. Es ist die Geschwindigkeit eines gigantischen Karussells, die uns jene trügerische Illusion des Vom-Fleck-Kommens verschafft. Wer sich aber so im Kreise dreht, verlernt es natürlich, nach dem Ende der Geschichte zu fragen. Die Wiederkunft Christi auf einem Karussell – das ist in der Tat mehr, als ein Mensch sich vorstellen kann.

Wieviel realistischer ist demgegenüber die Schau des geschichtlichen Prozesses, die uns das Neue Testament vermittelt: Nirgendwo ist da die Rede von einem Fortschritt zu einem Paradies auf Erden, zu einer Verchristlichung der Welt, die schließlich alle Menschen zu Brüdern werden ließe. Wohl aber ist davon die Rede, daß in dieser Weltzeit nicht aufhören würden Krieg und Kriegsgeschrei, ja daß der Kampf zwischen Gott und Satan sich noch steigern werde, daß die letzten Fronten sich sogar versteifen müßten. Das letzte Buch der Bibel spricht geradezu in einer Weise, die einen unwillkürlich an moderne ideologische Diktaturen denken läßt, von dem „Tier aus dem Abgrund", das sich in den späten Stadien der Geschichte erheben und dämonische Schrecken auf den Plan rufen werde.

Kein Gedanke also daran, daß es immer besser, immer paradiesischer auf der Erde werden würde. Eher gilt das Gegenteil:

Die Sonnenfinsternis um Gott wird sich noch verdüstern; die Tiefe, aus der wir den Herrn anrufen, wird sich nach unten hin in noch dunklere Abgründe öffnen. Der Glaube wird in noch härtere Zerreißproben gestellt und (ein schauerliches Wort!) „selbst in den Getreuen wird die Liebe erkalten" (Matth. 24,12).

Darum ist das Reich Gottes, das der wiederkehrende Christus bringt, nicht ein geschichtlicher Zustand, der sich schließlich auf der Ebene der Geschichte selbst ergeben könnte, sozusagen als Resultat einer „Entwicklung". So wird es denn verständlich, daß das Ende der Welt als eine Tat *Gottes* erscheint, daß uns hier etwas von der andern Seite entgegenkommt, das uns überraschend und unvorbereitet widerfährt, das eben wie ein „Dieb in der Nacht" über uns kommt. Der Bräutigam zieht ein, während die törichten Jungfrauen schlafen.

Es gehört zum „Stil" der Taten Gottes (wenn ich es einmal so ausdrücken darf), daß wir Menschen sie nicht berechnen können, daß sie niemals auf der Linie unserer philosophischen Postulate liegen. Darum knüpft Jesus bewußt, wenn er davon spricht, an die Situation vor der Sintflut an, wo man ißt und trinkt, freit und sich freien läßt, wo man sich ungestört dem Routinebetrieb des Lebens hingibt und keine Ahnung hat, daß sich im Hintergrund der Welt die großen Gerichte zusammenbrauen.

Graf Lehndorff erzählt in seinem „Ostpreußischen Tagebuch", wie die Hausfrauen noch Hausputz gemacht und Osterkuchen gebacken und wie die Kinos ihre Vorstellungen gegeben hätten, während die Sowjetarmee wenige Kilometer davon, aber noch unspürbar, zu ihrer tödlichen Zangenbewegung ansetzte.

Wir gehen morgens an die Arbeit und sitzen abends vor dem Bildschirm. Aber in anderen Räumen der Geschichte werden schon die Tische zum königlichen Hochzeitsmahl gedeckt, und die Fanfaren des Jüngsten Gerichtes werden langsam erhoben.

Nun – alles das könnte ja Mystik und apokalyptische Phantasie sein. Wenn wir als Christen ernsthaft von der Zukunft unseres Herrn sprechen wollen, können wir das nicht so tun, daß wir bloß die Aussagen der Bibel über das Ende der Geschichte „zitieren". Wer weiß denn, ob wir damit nicht manchen zeitgeschichtlichen Vorstellungen von damals zum Opfer fielen? Und wieviel Unfug ist nicht tatsächlich mit einer so biblisch garnierten Torschlußpanik getrieben worden! Welcher sektiererische Unsinn hat sich nicht dieser Bangemacherei und dieser Schocktherapie mit Hilfe des Jüngsten Gerichtes bedient! Nein, wenn wir ernsthaft von der Wiederkunft des Herrn reden wollen, können wir das nur so, daß wir die Frage stellen: Was deutet in den zentralen Bereichen unseres Glaubens – so, wie wir ihn *jetzt* erleben und vollziehen! – auf diese Endereignisse hin? Wenn wir in der Begegnung mit Jesus Christus ein neues Leben geschenkt bekommen, wenn wir an ihm die Erfahrung der Sündenvergebung machen und wenn uns Vertrauen und Hoffnung von ihm zuteil werden, *dann ist uns das ja ganz gewiß, so gewiß,* daß wir davon leben und damit sterben können. Dann gehört das *wirklich* zu dem, was ich soeben als den „zentralen Bereich unseres Glaubens" bezeichnete.

Und die Frage, um die es geht, lautet jetzt so:

Sind in diesem Zentrum und in diesem Allergewissesten unseres Glaubens vielleicht Hinweise enthalten, die auf jenes Geschehen am Ende der Geschichte, die auf diesen Abbruch der Welt deuten? Diese punktierten Linien gilt es aufzuspüren.

Ich möchte die Hinweise dieser Art so charakterisieren, daß ich sage: Alles, was wir *jetzt* in der Begegnung mit Christus und also im Glauben erfahren, hat den Charakter der *Weissagung.* Hinter allem steht ein geheimnisvoller Doppelpunkt, der darauf deutet, daß noch ein Satz kommt und daß die Stille einer großen Pause über uns liegt. Diese Pause läßt auf ein Schlußwort warten, das noch aussteht.

So wissen wir zwar, daß wir vom Tode ins Leben hindurchgedrungen sind und daß wir in der Behütung durch den Frieden Gottes stehen. Das ist uns eine Realität. Wir wissen – wir wissen es wirklich! –, daß all das Unbewältigte in uns, daß all das, womit wir nicht fertig werden, uns nicht mehr von Gott scheiden kann und daß er uns treu bleibt – ganz gleich, wie fragwürdig und widerspenstig wir auch sein mögen. Aber wir spüren eben auch, daß das, was uns Gott jetzt an Geistesgaben schenkt, nur ein „Angeld", nur eine „erste Rate" ist (2. Kor. 1,22; Eph. 1,14), daß also das Entscheidende noch aussteht. Spüren wir nicht zum Beispiel trotz aller Erlösung den Schmerz, daß es eben „unerlöste Bereiche" in uns gibt? Vielleicht hat uns Christus wirklich das Herz abgewonnen. Pumpt aber dieses Herz nun das Blut auch in alle Glieder, in die Extremitäten unseres Lebens, oder bleiben nicht manche dieser Randzonen unseres Ichs noch klamm und kalt? Wie ist es etwa mit unseren Beinen, mit denen wir in unserm Geschäft und in unserm Berufsleben stehen? Ist da etwas zu spüren von dem, an den wir unser Leben verschrieben haben, oder geht es da nicht nach wie vor im Sinne des eiskalten Schemas „F“?

Wir hören vielleicht eine Predigt über die Nächstenliebe und lassen uns davon sogar ergreifen. Doch kaum sind wir draußen, setzen wir den Krach mit unserer Nachbarin, mit unserm Kollegen und Konkurrenten munter fort, als ob dieser Krach gar nichts mit der Botschaft zu tun hätte, die wir eben hörten. Unsere Seele gleicht einem Schrank, in dem lauter streng voneinander getrennte Schubfächer sind: in dem einen liegen die Akten unseres Geschäfts, im anderen die unserer Familie, im dritten die Akten über unsere Hobbies und im vierten die über unsere inneren Verhältnisse, zum Beispiel über unseren Glauben und die frommen Regungen, die uns gelegentlich beim Orgelklang überkommen. Aber das alles ist fein säuberlich voneinander geschieden und bleibt ohne gegenseitigen Kontakt und Austausch. Wir können diese Scheidung unserer Daseinszonen bis zur förmlichen Bewußtseinsspaltung vorantreiben.

Die anderen Leute, die uns Christen dabei beobachten, sprechen dann nicht ohne Recht von Heuchelei und weisen hämisch darauf hin, daß Herr X wohl in die Kirche renne, daheim aber und in seinem Geschäft von seinem Christentum nichts merken lasse.

Das meine ich mit den „unerlösten Bereichen“ in unserem Leben. Das meine ich mit dem Bild, daß das Herz wohl Christus gehöre, daß dieses Herz sein Blut aber nicht in die Glieder pumpe.

So warten wir denn darauf, daß das Schlachtfeld, das uns hier und jetzt noch umgibt und auf dem die widerstreitenden Mächte uns in sich verwickeln, einmal leer sein wird und daß Gott dann alles in allem ist, daß dann nichts mehr zwischen ihm und uns steht. Wir warten darauf, daß dann auch das Sinnlose unseres Geschicks einmal aufhört, daß wir nicht mehr *gegen* all das anglauben müssen, daß wir nicht mehr zu sagen brauchen: „Dennoch bleibe ich stets an dir!“, sondern daß wir ihn schauen dürfen, wie er ist, und daß sich uns das zur Geraden glättet, was uns in unserm Leben als undurchdringliche Wirrnis von Zufall und Schicksal ängstete.

So ist in allen Glaubenden ein Reißen und Drängen, das sie nach vorne zieht und auf die Erfüllung dessen warten läßt, was jetzt noch Weissagung und erste Rate ist und über den Augenblick hinausdeutet: *Einmal* wird der heimliche Christus, der jetzt noch verborgen und in Niedrigkeit am Werke ist, die Maske seiner Anonymität fallenlassen. *Einmal* wird er als der erscheinen, der er ist, als der, den „aller Welt Kreis nicht beschloß", als der König mit Sichel und Krone. *Einmal*, das ist das Letzte, werden auch die Gerichte Gottes eindeutig sein, wenn dieser König wiederkommen wird, zu richten die Lebendigen und die Toten.

Denn auch was wir an irdischen Gerichten beobachten, ist ja zweideutig und bleibt ungelöst und weist über sich hinaus auf einen Gerichtstag, der das Geheime offenkundig macht.

Dafür ein literarisches Beispiel: „Mit Mann und Roß und Wagen hat sie der Herr geschlagen", – so singt das Lied von den in Rußland zuertrümmerten Armeen Napoleons. Es will damit singen und sagen, daß hier die Geschichte ein gigantisches Gericht über die Hybris eines machtbesessenen Welteroberers verhängt habe. Aber ist das wirklich ein so eindeutiges Gericht? Vielleicht könnte ein Franzose nicht mit Unrecht einwenden, daß gerade *Europa* (und eben *nicht* Napoleon) die von Gott geschlagene Macht sei, so gewiß eben Europa nun des Napoleonischen Ordnungsprinzips verlustig gegangen sei und eine geschichtliche Chance verpaßt habe. Weiß Gott, die Rechtsprechung der Geschichte ist alles andere als eindeutig, und „wat dem eenen sin Ul, is dem andern sin Nachtigall".

Aber man muß noch mehr sagen: Gottes Gerichte sind auch *verborgen*. Oft vollzieht sich das Gericht, ohne daß wir eine Ahnung davon haben und während wir uns in Sicherheit wähnen. Im Römerbrief steht das unheimliche Wort, daß Gott manchmal seine Gerichte vollzieht, indem er uns einfach gewähren läßt und uns an die Konsequenzen unseres Tuns „dahingibt" (Röm. 1, 18ff.).

Mir selbst ist das einmal klargeworden, als ich Zeuge der eindrucksvollsten Predigt war, die ich je hörte: Nach einem furchtbaren Fliegerangriff sammelten wir uns als ein kleines versprengtes Häuflein in einer Kirche, durch deren leere Fensterhöhlen der Rauch schrecklicher Verwüstung zu uns hereindrang und uns den Atem nahm. Da traf uns der Prediger mit einigen sehr überraschenden Sätzen mitten ins Herz. Er wies darauf hin, wie dem Nazideutschland alles, was es sich vornahm, gelungen sei: zuerst die Einheit der deutschen Länder, dann die militärische Macht, dann der Anschluß Österreichs, der Einmarsch in Prag, die Niederringung Polens und Frankreichs usw. Und nie habe einer dazwischentreten können. Der große Führer habe sie alle überspielt. Er sei in schwindelerregender Bahn und mit schlafwandlerischer Sicherheit vorangeschritten. Selbst nüchterne und abgebrühte Naturen hätten schließlich von dem Segen des „Allmächtigen" zu reden begonnen, der solche Triumphe allein ermöglichen könne. Und die „Vorsehung" schien zu bestätigen, daß sie ihr „Ja" dazu sprach. Wir Christen aber, so sagte der Prediger, spürten seit langem, daß sich nicht Segen, sondern Fluch und Gericht im geheimen über uns zusammenbrauten. Der strahlende Erfolg sei nur das Mittel des ewigen Richters gewesen, um die in Sicherheit zu wiegen, die nicht nach ihm fragten. Aber dies Gericht sei *verborgen* gewesen, es habe sich in scheinbaren Bestätigungen versteckt, habe seinen Atem verhalten, um dann den Tuba-Ton des Katastrophengerichts um so schauerlicher erschallen zu lassen. Jetzt aber, wo es Feuer und Schwefel vom Himmel regne, wo wir mit qualmgebeizten Augen in der Kirche säßen und unsere Heimstätten verloren hätten, jetzt, wo die verkohlten Leichen auf der Straße lägen: jetzt sei das Gericht endlich, endlich losgebrochen, jetzt sei der Herr im Wetter erschienen. Das sei trotz allem Grauen eine unbeschreibliche Erleichterung, wie ein Gewitter nach lastender Schwüle. Jetzt wüßten wir endlich, woran wir seien. Nun habe der Herr im Himmel seiner Frevler zu lachen begonnen und habe ein Signal gegeben, daß er noch im Regimente sei und daß sich die stolzen Wellen legen müßten.

Ich kenne jene Predigt, wie man sie vielleicht nur einmal im Leben hört, noch beinahe auswendig.

Alles, was die Bibel von Weltuntergang und Jüngstem Gericht sagt, deutet immer in die gleiche Richtung: daß das, was hier verborgen ist und in trügerische Sicherheiten treibt, einmal offenbar werden muß und von den Dächern verkündet wird. Um den früher schon ausgesprochenen Satz noch einmal zu wiederholen: Dann wird der Glaube schauen dürfen, was er geglaubt hat; der Unglaube aber muß schauen, was er nicht geglaubt hat.

Wenn ich das so sage, möchte ich freilich auf der Hut sein vor jenen Wunschgedanken, die ich manchen anderen, zum Beispiel den Fortschrittsgläubigen, vorwarf. Deshalb möchte ich mir an dieser Stelle selbst einen Einwand machen, und zwar in Form einer Frage: Habe ich jetzt nicht vielleicht einen unseriösen Gedankentrick angewendet – eine Prozedur, die so aussieht: Zuerst habe ich gesagt, daß unser Glaube noch nicht das Letzte sei, sondern daß er noch unerlöste Bereiche übriglasse. Dann habe ich gezeigt, daß es auf Erden keine Gerechtigkeit gebe. Und aus beidem habe ich, so scheint es fast, die herrische Forderung abgeleitet: Folglich muß es ein Ende der Geschichte oder gar ein Jenseits geben, in dem das alles zur Vollendung gebracht, in dem die Widersprüche ausgeglichen und die Ungereimtheiten aufgelichtet werden.

Wer die Geistesgeschichte kennt, der weiß, wie viele Leute in der Tat so argumentiert haben. Ist mir etwas Ähnliches auch in diesem Kapitel passiert? Wenn es so wäre, hätte ich in dieser Stunde nicht das Evangelium verkündigt, sondern meine Hörer in idealistische Träume eingesponnen. Kein Mensch kann es ja wagen, einfach zu fordern: *Weil* diese Welt ein Jammertal ist, *muß* es drüben ein Paradies, *muß* es drüben einen Ausgleich geben. Und wer behauptet, es müsse ein Jüngstes Gericht nur deshalb geben, weil das Diesseits uns immer wieder die Gerechtigkeit schuldig bliebe, der ist wahrscheinlich zu feige, um die Härte und die Absurdität unseres Daseins auszuhalten und gibt sich darum dem Narkotikum von Jenseits-Träumen hin. Hier kann uns die berechtigte Sorge der Marxisten, daß die Religion als Opium für das Volk mißbraucht werden könne, durchaus als Warnung dienen.

Wenn ich von den Linien sprach, die auf das Jüngste Gericht und auf die Königsherrschaft Christi deuten, dann bezog ich diese Linien nicht aus einem solchen Wunschdenken. Vielmehr ergaben sie sich nur unter einem einzigen Gesichtspunkt: daß wir im Glauben um einen Herrn der Geschichte wissen, der sein Werk vollenden wird. Ich könnte ja nicht sagen: „Mir sind meine Sünden vergeben", oder: „Ich weiß, daß mein Erlöser lebt", oder: „Es kann mir nichts geschehen, als was er hat ersehen und was mir selig ist" – ich könnte das alles nicht sagen (und ich *muß* es doch sagen, weil es mich überwältigt hat und weil ich davon lebe!), wenn ich nicht gleichzeitig und implizit damit ausspräche: Dieser Herr, der Einlaß in dein Herz gefunden und der eine ganz neue Perspektive des Lebens für dich aufgerissen hat, der ist auch der Herr über Raum und Zeit, über Amerika und Rot-China. Und wie er in der Urzeit einmal sein schöpferisches „Es werde" sprach, so wird er am Ende der Zeit durch die himmlischen Heerscharen den großen Schlußchoral singen lassen und sich als den zu erkennen geben, der nun alles in allem ist und unter dessen Fußschemel alle widergöttlichen Gewalten gebändigt sind.

Ich glaube ja gar nicht an die sogenannte „Wiederkunft Christi“ und auch nicht an das sogenannte „Jüngste Gericht“ – wie käme ich denn dazu! Aber ich glaube an Jesus Christus, der im Gericht und in der Wahrheit *offenbar* werden und sich als der Erste und Letzte und Lebendige erweisen wird. Und ich glaube das, weil schon jetzt seine Hand in mein kleines Leben gereckt ist und weil er mich in Zeit und Ewigkeit nicht mehr loslassen wird, weil ich schon *jetzt* die erste Rate seiner Herrlichkeit zu spüren bekomme. Das und nichts anderes ist der Grund für die Gewißheit, *daß er wiederkommen wird, zu richten die Lebendigen und die Toten.*

Man denke doch ja nicht, diese Zukunftsmusik der Weltvollendung gehe mich jetzt und hier noch nichts an, wo ich morgen ein Picknick im Walde machen und übermorgen mit einem „schönen guten Morgen!“ meine Kollegen zur neuen Arbeitsrunde begrüßen will. Wenn ich von jenem Ende aller Dinge weiß, dann wird das den heutigen Tag und das Morgen aufs tiefste bestimmen. Ich werde gelassener sein bei dem, was mir an Leidvollem widerfährt; denn ich weiß, daß diese kummervollen Stunden nur Stadien auf jenem Wege sind, der einmal mit dem Siege Gottes enden wird. Auch das ist eingeplant in Gottes höhere, zielgerichtete Gedanken. Ich werde auch nie mehr ganz fanatisch und besessen und verbohrt sein können. Denn das Wissen um den Abbruch aller Dinge gibt mir eine letzte Distanz, einen Hauch von jenem „Haben, als hätte ich nicht“, von dem Paulus so merkwürdige Dinge gesagt hat (1. Kor. 7, 29 ff.).

Mit Weltschmerz und Miesmacherei hat das alles freilich nichts zu tun. Denn ich nehme den Augenblick meines jetzigen Lebens, ich nehme seine Heiterkeiten und auch seine Betrübnisse aus der gleichen Hand, die mich dereinst über die letzte Grenze und an sein ewiges Herz ziehen wird. Wer diese Gewißheit hat, kann sich voll an die Stunde hingeben, die ihm jetzt schlägt. Er kann sich verströmen.

Auch das ist mir im Bombenkrieg klargeworden. Manchmal ging ich durch meine so sehr geliebte Bibliothek und streichelte die Bücherrücken: „Wer weiß, ob ihr in der kommenden Nacht nicht schon Asche und Staub und verkohltes Papier seid, du, schöne Faustausgabe, du, mein geliebter Wilhelm Raabe, und du, Theodor Fontane, du Helfer in kritischen Stunden! Aber für heute seid ihr mir alle noch geschenkt!" Nie haben wir mit solcher Intensität gelebt wie damals, wo die kommende Nacht schon das Ende aller Dinge bringen konnte.

Wer mit Gott lebt und von der Gewißheit erfüllt ist, daß alles vergeht (die Kunstschätze der Uffizien in Florenz, der Hamburger Jungfernstieg und mein geliebter Garten), daß dies alles vergeht und daß inmitten dieses Vergehens seine Herrlichkeit aufgehen wird, der lebt überhaupt erst ganz im Jetzt: Denn die Last meiner Vergangenheit, alles Unbewältigte meines Lebens ist von mir genommen und auf einen andern gelegt. Und die Zukunft hört auf, mit Sorgen und Gespenstern der Angst erfüllt zu sein. Ich weiß zwar nicht, *was* kommt, aber ich weiß, *wer* kommt. Darum kann ich den Augenblick voll ausschöpfen, in dem ich lebe, lachend und weinend, fast (und doch nicht ganz) himmelhoch jauchzend, fast (und doch nicht ganz) zu Tode betrübt, und in beidem so, daß das Angesicht Gottes über mir leuchtet. Denn die Welt vergeht mit ihrer Lust (mit ihrer Lust und mit ihrer Angst, mit der Illusion ihres Fortschritts und ihrer Lust am Untergang) – die Welt vergeht mit ihrer Lust, wer aber den Willen Gottes tut, der bleibt in Ewigkeit. Und an seiner ersten Rate können wir das Zukünftige ermessen.

III

DAS NEUE LEBEN
UND DAS WARTEN AUF DIE
ZUKÜNFTIGE WELT

ICH GLAUBE AN DEN HEILIGEN GEIST

Als der Tag der Pfingsten erfüllt war, waren sie alle beieinander an einem Ort. Und es geschah plötzlich ein Brausen vom Himmel wie eines gewaltigen Windes und erfüllte das ganze Haus, da sie saßen. Und es erschienen ihnen Zungen zerteilt, wie von Feuer; und er setzte sich auf einen jeglichen unter ihnen, und sie wurden alle voll des heiligen Geistes und fingen an zu predigen in andern Zungen, wie der Geist ihnen gab auszusprechen. Es waren aber Juden zu Jerusalem wohnend, die waren gottesfürchtige Männer aus allerlei Volk, das unter dem Himmel ist. Da nun diese Stimme geschah, kam die Menge zusammen und wurde bestürzt; denn ein jeder hörte sie in seiner eigenen Sprache reden. Sie entsetzten sich aber, verwunderten sich und sprachen: Siehe, sind nicht diese alle, die da reden, aus Galiläa? Wie hören wir denn ein jeglicher seine Sprache, darin wir geboren sind? Parther und Meder und Elamiter, und die wir wohnen in Mesopotamien und in Judäa und Kappadozien, in Pontus und der Landschaft Asien, Phrygien und Pamphylien, in Ägypten und der Gegend von Libyen bei Kyrene und Ausländer von Rom, Juden und Judengenossen, Kreter und Araber: wir hören sie in unsern Zungen die großen Taten Gottes reden. Sie entsetzten sich aber alle und wurden bestürzt und sprachen einer zu dem andern: Was will das werden? Die andern aber hatten ihren Spott und sprachen: Sie sind voll süßen Weins.

APOSTELGESCHICHTE 2, 1–13

Die Ausgießung des Pfingstgeistes wird uns als ein Ereignis von elementarer und umwerfender Gewalt vorgestellt. Flammen stehen im Raum, und ein Sturm schüttelt und erschüttert alle, die dieser Stunde des Wunders beiwohnen. Die Worte des Herrn, die wie totes Kapital in den Schubfächern des Gedächtnisses abgelegt waren, begannen plötzlich zu brennen und zu züngeln.

Sie wurden auf einmal „dynamisch" und rissen alle, die dabei waren, aus ihrer Lethargie empor. Was war hier geschehen?

Mancher mag es heute etwas verwundert zur Kenntnis nehmen, daß das Christentum so aufregend, daß es so feurig und stürmisch werden kann und Menschen aus der bisherigen Lebensbahn herauszuschleudern vermag. Denn uns selbst geht es – Hand aufs Herz! – oft ziemlich genau umgekehrt: Die Worte, die wir aus den alten Liturgien oder von den Kanzeln vernehmen, erscheinen uns zwar ehrwürdig, aber vielfach auch tot. Der eine oder andere wird es kaum begreifen, daß in ihnen auch einmal Feuer und Sturm gewesen sein soll. Aber das muß ja wohl so sein. Denn für tote Vokabeln und ehrwürdige Begriffe hätte man sich ganz gewiß nicht den Löwen vorwerfen und auf die Scheiterhaufen schleppen lassen, hätte man nicht die Ächtung durch die Gesellschaft auf sich genommen und Haus, Hof und Heimat verlassen. Das hat man aber tausendfach getan. Also müssen schon Flammen gezüngelt und muß mitreißendes Leben die Herzen angerührt haben. Wir aber leiden beim Hören frommer Worte darunter, daß wir immer wieder ausgebrannte Schlacken und versteinerte Lava in Händen halten, und mögen uns verwundert fragen, wie das denn einmal feuerflüssig gewesen sein könne.

Und doch haben die meisten von uns ja schon erlebt, wie die scheinbar erloschene Glut in einem Bibelwort, das wir lasen, oder in einem Wort der Verkündigung, das wir hörten, plötzlich wieder aufglomm und wie ein geheimes Sauerstoffgebläse am Werk zu sein schien. Wie oft haben wir das Psalm-Wort vom „finsteren Tal" gehört und von dem „guten Hirten", der uns durch Nacht und Einsamkeit geleitet. Aber es bedeutete uns nicht mehr als ein wenig Lyrik und fromme Poesie. Es glitt an uns ab und wurde im Magazin unserer alten und vergilbten Schulweisheit abgelegt. Doch plötzlich waren wir *tatsächlich* einmal im finsteren Tal, und alle Sterne über uns erloschen. Es gab keinen Menschen, dem wir uns anvertrauen konnten. Wir sahen kein Loch und keinen Ausweg; nur die schwarze Wand ragte drohend und unheilverkündend vor uns auf. Und siehe da: plötzlich begann jenes totgewähnte Wort vom guten Hirten sich mit Leben zu füllen. Wir spürten förmlich den Stecken und Stab in unserer Hand. Wir sahen Brücken über die Abgründe gelegt und uns zu Auswegen gewiesen, von denen wir vorher keine Ahnung hatten. Und obwohl wir äußerlich nach wie vor in verzweifelter Lage waren, sahen wir uns in eine Geborgenheit gebettet, die Frieden schenkte und gelassen sein ließ, die uns einen neuen Atem des Lebens gab, während der eigene Atem noch stockte. Die alten Worte: „Ich bin bei euch alle Tage bis an der Welt Ende", begannen auf einmal zu sprechen, sie bekamen Blick und Stimme. Die tote Lava begann in unseren Händen wieder zu glühen. Wer das erlebte, hat eine Ahnung davon gewonnen, was das Pfingstwunder meint: daß ein Wort lebendig werden kann, daß es bei mir „ankommt" und daß es schöpferisch und verwandelnd in mein Leben eingreift.

Ich will das, was ich meine, in einem Bilde auszudrücken versuchen: In vielen Kirchen sind bunte Fenster mit gläsernen Mosaiken. In der Gestalt des Bildes erzählen diese Fenster die großen Taten Gottes. Die ehrwürdigen Gestalten der Propheten und Apostel sehen uns an. Vielleicht sind es auch Stationen des Lebens Jesu oder Symbole der heiligen Dreifaltigkeit, die uns im Bilde nahekommen. Diese Fenster haben nicht – oder doch nur nebenbei – den Sinn, die Stätte der Andacht ornamental zu umgrenzen oder die Stimmung der Meditation zu erzeugen. Sie wollen vielmehr eine *Botschaft* ausrichten. Sie sind sozusagen bildgewordenes Wort und möchten ebenso, wie die Orgel das in Tönen tut, „verkündigen". Wenn ich nun eine Kirche von außen sehe (sozusagen um sie herumgehe), erscheinen diese Fenster in einem leblosen Grau in Grau. Sie sind stumm und ohne Aussage. Sobald ich aber den Innenraum betrete, glühen sie in allen Farben auf; dann sind sie von Licht erfüllt, ihre Bilder beleben sich und beginnen tatsächlich zu „sprechen". Alles, was sie mir mitzuteilen haben, war auch vorher auf ihnen abgebildet, als ich ahnungslos um die Kirche herumschlich, aber es war noch nicht „für *mich*" da. Ich mußte erst im Heiligtum sein, damit die Botschaft mich erreichen konnte.

Ohne Bild heißt das in Klartext: Das Geistwunder ereignet sich so, daß jenes totgeglaubte Wort, das ich seit Konfirmandentagen scheinbar nutzlos in meinem Gedächtnis mittransportiere, auf einmal *Leben* gewinnt; daß ich bei einer drückenden Schuld plötzlich höre – und zwar so höre, daß der schwere Druck meiner Seele wie weggeblasen ist –: „Dir sind deine Sünden vergeben!" Oder wenn ich in einer schrecklichen Hilflosigkeit wie gelähmt die nächste Welle des Schreckens erwarte und nun die Verse höre: „Es kann dir nichts geschehen, als was er hat ersehen und was dir selig ist", dann hört sich das plötzlich *anders* an als vorher. Das ist es! Es scheint so, als ob eine Schallmauer plötzlich durchbrochen wäre und ich mich ins Freie versetzt sähe.

Dann mag ich mich erstaunt fragen: Wie kam es nur, daß du das alles gewußt und doch nicht gewußt hast? Wie konnte es nur sein, daß Jesaja in deiner Phantasie (wenn du überhaupt einmal einen Gedanken an ihn verschwendetest) ein etwas seltsamer Prophet mit riesigem Patriarchenbart und feierlich-dunklen Orakelsprüchen war, die komischerweise dem Pastor zu gefallen schienen, während jetzt – in jener Verwandlung – ein *Tröster* aus ihm wird, an den du dich klammern kannst?

Das pfingstliche Wunder, das die alten Zeugen als „Wehen des Geistes" erlebten, ist nichts anderes als das schreckhaft-beglückende Ereignis, daß das Wort plötzlich bei mir „ankommt", daß es mich schüttelt und mitreißt, daß „der Groschen fällt". Da zeigt sich mit einem Male, daß dieses Wort eine überaus dynamische Sache ist und daß sich dann auch die Symbole des Bewegten und Elementaren, daß sich die Bilder von Feuer und Sturm wie von selbst einstellen – einfach, um die Gewalt dessen anzudeuten, das da in mein Leben einbricht.

Den Menschen, die das von außen beobachten, geht es genauso wie den Leuten, die die Fenster der Kathedrale von Chartres von außen sehen: Sie kapieren nicht, welche Botschaft von ihnen herabströmt und warum die Gesichter derer, die eben das Kirchenportal verlassen, von tiefer Nachdenklichkeit gezeichnet sind. Genauso beobachten auch die Zaungäste des Pfingstgeschehens Begeisterung und Hingerissenheit, ohne eine Ursache dafür feststellen zu können. Das macht sie sehr hilflos. Und so stellen sie die banale Diagnose: Diese Leute da, die so bedenklich aus dem Häuschen geraten sind, haben einfach zu tief ins Glas geguckt. Oder sie stellen fest: Diese Leute sind Fanatiker, Schwärmer und Enthusiasten, die den Kontakt mit der Wirklichkeit verloren haben.

Niemand kann eben von außen sehen, was beim Glauben passiert; man muß ihn selber vollziehen, man muß „drinnen" sein und selbst vom lebendigen Geisteshauch angerührt werden, um zu wissen, was es heißt, daß Gott redet und daß dieses Reden umstürzend ist.

Wir halten also fest: Wenn ich vom Wunder des heiligen Geistes spreche, dann bekenne ich, daß mir etwas „aufgegangen" ist, was ich vorher nicht begriffen habe, und daß mich plötzlich etwas angeht, was mich vorher kalt ließ und jedenfalls kein „Engagement" für mich bedeutete.

Man muß einmal die große Pfingstrede des Petrus in der Apostelgeschichte lesen, um sich das klarzumachen. Eigentlich erzählt er da nur noch einmal die alten heiligen Geschichten von den Erzvätern an bis Karfreitag und Ostern. Ein etwas böswilliger Leser könnte sagen: Nun ja, das sind die bekannten Ladenhüter der Tradition: „In Jerusalem nichts Neues!"

Aber es ist eben nun ein *neuer* Ton in den alten Geschichten. Petrus sieht das Alte und Vertraute jetzt aus einer anderen Perspektive als bisher; und so ist denn ein neues Leuchten und Vibrieren darin. Petrus berichtet nichts, was man bisher nicht auch schon gewußt hätte. Aber er sagt es anders. Er berichtet davon als einer, der nun selbst darein verwickelt ist und dem die großen Taten Gottes zum Schicksal wurden. Er spricht als jemand, der aufs tiefste engagiert und davon aufgewühlt ist.

Darum steckt seine Botschaft auch seine Zuhörer an. Wo der Geist ist, springt der Funke über. Feuer breitet sich aus, und die Langeweile trockener dogmatischer Lehrvorträge kann da nicht mehr aufkommen.

Nun wäre es aber ganz falsch zu meinen, daß das Wunder des Geistes die Menschen in eine blinde Begeisterung hineinrisse, die sie von Sinnen sein ließe. Solche komischen Heiligen hat es natürlich auch immer wieder einmal gegeben! Ich habe in amerikanischen Negergemeinden selbst solche Ekstasen gesehen. Begeisterungen können aber ein klägliches Strohfeuer sein. Die Leuchtkugeln erlöschen schnell und lassen das Dunkel dann noch finsterer erscheinen als vorher. Es wiederholt sich hier das Gesetz von Rausch und Katzenjammer. Außerdem kann man sich für die dümmsten Dinge begeistern: für das Nachthemd, das Soraya trägt, oder für die Perücken der Beatles. Es gibt keine Verrücktheit in der Welt, die nicht schon das Kreischen der Verzückung ausgelöst und die Augäpfel dazu gebracht hätte, sich vor Seligkeit zu verdrehen.

Deshalb ist bei allen Begeisterungen, auch bei den frommen, Vorsicht geboten. Und man muß einmal darauf achten, wie das Neue Testament immer wieder zur Nüchternheit mahnt, wie es allen Selbstgenuß des Gefühls dämpft und wie es das subjektive Erleben (das nur „religiöse" Erleben) zur Ordnung ruft und auf die Sache verweist, um die es geht. Es ist manchmal wie eine kalte Dusche für die, deren Nerven noch vibrieren von dem großen Erlebnis der Erneuerung, die noch jeden beglückt hat, der zum erstenmal sagen kann: „Jetzt glaube ich.“ Mitten in diesen Überschwang gießt Johannes das Wasser der Mahnung: „Glaubt nicht einem jeglichen Geist, sondern prüfet die Geister, ob sie von Gott sind; denn es sind viele falsche Propheten ausgegangen in die Welt“ (1. Joh. 4, 1).

In der Tat, begeistert und hingerissen sind sie alle: die Bilderstürmer der Reformation und die Zeugen Jehovas. Aber auch die Kommunisten sind und die Nazis waren begeistert. Darum gilt es, die Geister zu scheiden. Es gibt nicht nur heiligen, es gibt auch dämonischen Geist.

Selbst die satanische Macht ist voller Geist; sie strahlt sogar geistige Faszination aus und liebt die intellektuelle Diskussion. Man braucht nur einmal an die „klassischen“ Stunden der Versuchung zu denken, um sich das klarzumachen. Die Frage der Schlange an Eva: „Sollte Gott wirklich gesagt haben, daß ihr *nicht* vom Baum des Wissens um Gut und Böse essen dürft?“ ist ja eine eminent philosophische Frage, der man wahrhaftig den Geist nicht absprechen kann. Hätte die verführerische Schlange allzu massive und direkte Zumutungen ausgesprochen, hätte sie etwa gesagt: „Werte Eva, meine Aufgabe ist es, dich zu verführen; ich bin die Vertreterin der atheistischen Untergrundbewegung im Paradies“ – so hätte sie Eva sofort gegen ihre Verführungskünste gefeit. Dann hätte Eva unverzüglich alle Schotten ihres Herzens geschlossen, und das Wort des Verführers hätte keinen Eingang gefunden. Denn niemand, auch Eva nicht, *will* ja verführt werden und einem falschen Geist zum Opfer fallen! Selbst wenn ein von seiner Vitalität erdrückter Seemann nach langem Trip die Reeperbahn und ihre umgebenden Gefilde anstrebt, geht er ja nicht dahin, um sich „verführen“ zu lassen, sondern um etwas zu „erleben“ und einer faszinierenden Lockung zu folgen.

Darum geht die Schlange nicht direkt und frontal vor; sie tarnt vielmehr ihre Absichten und hütet sich beharrlich, ihr Inkognito zu lüften. Sie stellt sich sogar auf den Boden der Gottesverehrung und verwickelt Eva in ein Gespräch über die Frage, ob es wirklich dem Wesen des Schöpfers entspreche, wenn er bestimmte Bereiche dieser Schöpfung (z. B. den genannten Baum) für sich reserviere und mit dem Schilde versehe: „Zutritt verboten.“[1]

[1] Vgl. die Kapitel über die Sündenfallgeschichte in „Wie die Welt begann“ (Quell-Verlag), S. 129ff.

Mit dieser Fragestellung tut die Schlange den ersten Zug in einem sehr geistvoll angelegten Schachspiel. Sie geht sozusagen sokratisch vor und bringt Eva dazu, daß ihre Gedanken in einen Zwiespalt geraten. Sie zieht eine genaue dämonische Parallele zu dem, was der heilige Geist auch tut. Sie läßt nämlich der Eva einen Gedanken unter die Haut gehen; und dieser Gedanke arbeitet sich dort weiter vor, immer tiefer ins Innere und erregt schließlich so etwas wie einen Krebs der Seele.

Die satanische Macht ist also insofern tatsächlich geistreich – ja, sie kann hochintellektuell sein –, als sie auf raffinierte Weise Gedankenpartisanen in die Opfer einschleust, die die Front des Gewissens von hinten her aufrollen. Eva verführt sich auf diese Weise schließlich selbst, während der Verführer sich schon zurückziehen kann. Sie, die Eva selbst, ist es nämlich, die am Ende zu dem Schluß kommt (und ihn also *selber* zieht!): Wenn Gott mich so gemacht hat, wie ich bin, und wenn er Trieb, Neugierde und Begehrlichkeit in mich gepflanzt hat, dann kann es diesem Willen Gottes doch nicht widersprechen, wenn ich dem allem munter nachgebe!

So lebt Eva in der Illusion, sie habe gar nicht „Nein" zu Gott gesagt. Sie hat sich im Gegenteil eine komplette Theologie zurechtkonstruiert, eine regelrechte fromme Weltanschauung. Diese Theologie der Eva sah so aus, daß Gott immer genau das zu wollen und zu sanktionieren schien, was die Eva gerne wollte. Das aber war besonders teuflisch.

Warum es besonders teuflisch ist, kann man sich leicht klarmachen: Vielleicht sagt sich jemand: Ich hasse diesen Herrn X. Er steht meiner Karriere im Wege. Überall macht *er* das Rennen, während *ich* kein Bein auf den Boden kriege. Aber ich habe einen schwachen Punkt in seinem Privatleben entdeckt. Er hat etwas mit seiner Sekretärin. Ich werde jetzt eine kleine Intrige inszenieren und durch eine geschickte Flüsterpropaganda seinen Ruf untergraben, damit *ich* dann endlich den Drücker in die Hand kriege. Ich weiß zwar, daß das gemein ist und daß es nicht zu der Tatsache paßt, daß ich in den Michel gehe und am letzten Gründonnerstag das Abendmahl genommen habe. Aber mir ist das jetzt einmal egal, ich mache es einfach.

Wenn jemand so denkt und argumentiert, dann ist das zwar scheußlich, und Gott wird sehr traurig über ihn sein. Aber er wird vermutlich moralisch noch nicht daran zugrunde gehen. Denn solange der Mann wenigstens *weiß*, daß er gemein ist und daß er alle Gebote Gottes in seinem Leben zur Makulatur macht, kann ihm noch geholfen werden. Denn er hat immerhin sein Gewissen nicht narkotisiert und räumt ihm noch die Freiheit des Protestes ein. Dann aber hat er die Brücken einer möglichen Umkehr noch nicht hinter sich abgerissen.

Wenn er statt dessen aber so argumentiert, daß er sagt: Warum sollte ich mich *nicht* mit jedem Grade von Skrupellosigkeit durchsetzen? Das Leben ist grausam, und der Selbsterhaltungs- und Geltungstrieb ist nun einmal die stärkste motorische Kraft. So ist halt das Leben! Und als Titularchrist, der er nun einmal ist, fügt er vielleicht noch hinzu: *Ich* habe ja diese harten Gesetze des „Kampfes ums Dasein" nicht gemacht, sondern die dürften wohl zu Lasten jenes Schöpfers gehen, der Strukturen dieser Art dem Leben eingestiftet hat. Ergo: Ich kann auch als „religiöser Mensch" meinen schönen Intrigenplan rechtfertigen. Er liegt durchaus auf der Linie dessen, was das Leben ist, *und* folglich auch dessen, der das Leben so *gemacht* hat, wie es nun einmal ist.

Wer so spricht, ist das Opfer der Schlange und ist ihrem geistreichen Schachspiel erlegen. Die Schlange ist also von hohem intellektuellem Range. Sie hat den Geist der Diskussion, der uns *selbst* die nötigen Argumente und die weltanschaulichen Positionen finden läßt, mit deren Hilfe wir uns rechtfertigen. Der Selbstgerechte aber ist trotz seiner Sicherheit und Nonchalance im Grunde der Allerärmste. Denn wo sollte Gott bei ihm noch eine Stelle finden, an der er seinen Hebel anzusetzen und an der er die Sehnsucht nach Erneuerung zu wecken vermöchte?

Das ist auch der Grund, warum im Neuen Testament immer die Menschen der leeren Hände, die Hungernden und Dürstenden, die unter ihrer Unordnung Leidenden seliggepriesen werden. Denn nur leere Hände pflegen ausgestreckt zu werden. Und nur ausgestreckte Hände kann Gott ergreifen.

Wir sehen also: Der Widerspieler des heiligen Geistes ist nicht etwas Geistloses, ist nicht Materialismus oder plumpe Sinnlichkeit (es ist ganz unchristlich, das zu glauben!), sondern dieser Widerspieler ist selber Geist, er ist ein dämonischer Intellekt, der mit überzeugenden Argumenten und logischen Schlußverfahren arbeitet. Deshalb sind die letzten Fronten in der Welt so zu beschreiben, daß Geist gegen Geist steht.

Diesen Hintergrund muß man sehen, wenn man die Aufforderung zur Kenntnis nimmt: Prüfet, scheidet und unterscheidet die Geister! Laßt euch nicht von den Flammen der Begeisterung, ja nicht einmal durch logisch durchkalkulierte Überzeugungen und Kulturfaseleien zu der Meinung hinreißen, hier brenne ein echtes Feuer und hier wehe der Sturm eines heiligen Geistes. Sondern geht der Frage auf den Grund, *woher* dieses Feuer stammt und in wessen *Namen* und in welcher *Vollmacht* hier Geist praktiziert wird.

Der Geist – gleich in welcher Gestalt er auftaucht[2] – scheint also nicht nur mit Feuer und Wind zu tun zu haben, sondern er scheint auch eine etwas „windige" Sache zu sein, voller Zweideutigkeit und sehr vage. Das gilt sogar von der Vernunft. Auch sie schillert ja zwischen den verschiedensten Bedeutungsgehalten. Sie kann, ihrem Wortstamm gemäß, das Organ des „Vernehmens" sein, mit dem ich auch das ewige Wort verstehend in mich aufnehme. Sie kann aber innerhalb der Ideologien auch in den Dienst der Macht treten und kann, wie Lenin es ausdrückte, zum „geistigen Instrumentarium der Macht" werden. Sie liefert dann die Argumente, um bestimmte Zwecke zu rechtfertigen. Auch Mao Tse-tung beruft sich ja auf die Vernunft, wenn er die Menschen zu Ameisen umzüchten will. Und in diesem Sinne hat Luther sein hartes Wort gesprochen, daß die Vernunft eine „Hure" sei, das heißt eine Dirne, die sich kaufen läßt und sich jedermann zur Verfügung stellt. Und auch Goethe hat das gewußt, wenn er davon spricht, daß Vernunft oft genug nur dazu dient, „noch tierischer als jedes Tier zu sein".

Wenn aber der Geist so windig und vage ist: Warum dann dieses ganze Gerede vom „heiligen Geist"? Warum zieht man das Wort Gottes überhaupt in diese ganze zwielichtige Sphäre hinein? Warum soll denn nicht das Wort allein genügen, und warum muß der heilige Geist bemüht werden, damit wir es verstehen sollen? Ist es selber so wenig überzeugend, daß wir noch einer zusätzlichen Erleuchtung bedürfen?

Warum also kann Gott nur durch den heiligen Geist erkannt werden oder – paulinisch ausgedrückt – „warum erforscht nur der Geist die Tiefen der Gottheit"? (1. Kor. 2, 10.)

[2] Geist heißt im Urtext Pneuma, d. h. so viel wie Hauch, Wind usw.

Wenn wir darüber nachdenken, stoßen wir auf ein Geheimnis, das gerade Paulus immer wieder umkreist.

Wir stehen nämlich vor dem Faktum, daß ich Gott „aus eigener Vernunft und Kraft“ nicht erkennen kann (Luther). Das ist eine sehr merkwürdige Behauptung, die man mir am besten nicht allzu leichtgläubig abnimmt. Alle Welt redet doch von Gott, sogar die Atheisten tun es, und jeder glaubt, im Positiven oder Negativen etwas von ihm zu wissen. Und ich wagte den Satz nachzusprechen, daß wir Gott nicht erkennen könnten?

Aber bitte: Haben wir es denn *wirklich* mit Gott zu tun, wenn wir die Vokabel „Gott“ gebrauchen? Haben wir es nicht vielmehr mit gewissen frommen Wunschbildern oder unfrommen Wahnvorstellungen zu tun? In der Regel ist es doch eine sentimentale und etwas unseriöse Floskel, wenn wir die Vokabel „Gott“ bemühen. Selbst bei kirchlichen Trauungen, Taufen und Begräbnissen (machen wir uns doch nichts vor!) benutzen wir immer wieder Gott, um der wichtigen Stunde die Note des Bedeutungsvollen und Feierlichen zu verleihen. Hier ist wirklich sein Name oft genug Schall und Rauch, wenn nicht gar ein Opium für das Volk, auf das so eine religiös-beduselnde Wirkung ausgeübt wird.

Aber der Schaden sitzt noch tiefer: *Jede* Weltanschauung redet ja von Gott oder jedenfalls von irgendeiner letzten Wirklichkeit. Und meist redet sie so davon, daß Gott alles das decken muß, was man sich an Lebenswünschen und Lebensweisheit zurechtgebastelt hat.

Ich sprach einmal mit einem Dieb, der sich auf raffinierte Art erst das Vertrauen der Leute erschlich, sogar ihre Gastfreundschaft in Anspruch nahm und sie dann um Schmuck und silberne Löffel erleichterte. Obwohl er das alles sehr amüsant zu erzählen wußte und ich eigentlich nicht darüber hätte lachen dürfen (was ich schändlicherweise aber tat), habe ich mich dann doch zu der Frage aufgeschwungen: „Finden Sie es nicht eigentlich ziemlich gemein, das Vertrauen dieser Leute so zu mißbrauchen?“ Da antwortete er lachend: „Wieso denn? Es waren doch nur Leute mit dicken Bankkonten, und ich habe nur etwas für sozialen Ausgleich gesorgt!“

Dieser Mann hatte also auch eine Spezialweltanschauung, und vielleicht hatte er sogar eine gewisse Gottesvorstellung in sie eingebaut. Diese Weltanschauung war charakteristischerweise so konstruiert, daß der Diebstahl nicht in ihr vorkam. Er war zum „sozialen Ausgleich", also zu einer ganz honorigen Angelegenheit geworden.

Solche Weltanschauungen stellen einen nicht in Frage. Auch der Gott, den wir uns so zurechtmachen, pflegt uns nicht zu nahe zu treten. Er ist auf unsere Wünsche hin zurechtmodelliert. Er ist nach Maß gemacht und bewirkt keine Druckstellen. Wir haben meist den Gott, den wir uns wünschen. Man sollte sehr vorsichtig mit dieser Vokabel umgehen und lieber einige Askese in ihrer Verwendung üben. Man sollte sich der Mahnung des weisen Salomo erinnern: „Sei nicht schnell mit deinem Munde und laß dein Herz nicht eilen, etwas zu reden von Gott; denn Gott ist im Himmel und du auf Erden; darum laß deiner Worte wenig sein!" (Pred. 5, 1). – Den wirklichen Gott erkennen wir *nicht.*

Warum nicht? Das ist die entscheidende Frage.

Paulus hat über dieses Problem, warum wir Gott nicht erkennen können, eine tiefsinnige Betrachtung angestellt (1. Kor. 2, 11). Er sagt dabei dem Sinne nach: Gleiches kann immer nur durch Gleiches erkannt werden. Wir aber sind Gott ungleich. Darum erkennen wir ihn nicht.

Daß eine gewisse Gleichheit oder Ähnlichkeit die Vorbedingung dafür ist, daß man etwas versteht, kann einem klarwerden, wenn man mit seinem Hunde spricht. Obwohl ich meinen Hund liebe und wir befreundet sind, bleibt eine Mauer des Unverstehens zwischen uns. Wenn ich über meine Predigt nachgrüble und nicht weiter weiß und ihn frage: „Was soll ich nur machen?", dann wedelt er ob dieser Anrede vergnügt mit dem Schwanz, um mir zu sagen, daß er mich gern hat. Aber das wollte ich in diesem Augenblick gar nicht wissen, sondern ich möchte von ihm einen guten Rat. Den kann er mir aber nicht geben; er hat keine Ahnung von meiner Gedankennot. Er versteht mich nicht. Aber der *Hund* denkt vielleicht auch seinerseits: Mein Herrchen versteht rein gar nichts von den wunderbaren Düften, die den Füßen seiner Besucher entströmen und die mich in solches Verzücken versetzen. Er ist doch ein armes nasenloses Wesen, dem das Beste in meinem schönen Hundeleben entgeht.

So verstehen wir uns im Entscheidenden eben doch nicht. Denn nur der Geist des Menschen weiß, sagt Paulus, was im Menschen ist; der Geist des Hundes weiß es nicht. Er ist zu „ungleich".

Sobald man nun diese im Grunde sehr banale Feststellung auf Gott bezieht, wird sie sehr aufregend. Denn dann muß man konsequenterweise sagen: Nur Gott weiß (und er allein!), was in Gott ist; denn nur er selbst ist sich gleich. Ich als Mensch weiß nicht, was in Gott ist, und zwar keinesfalls nur deshalb nicht, weil ein endlicher Geist keinen unendlichen begreift und darum hilflos und unverstehend vor seinen höheren Gedanken und ihren Rätseln steht. Sondern vor allem deshalb begreife ich ihn nicht, weil wir Menschen uns von Gott gelöst haben und unsere eigenen Wege gehen. Gott wäre ja die große Störung. Er wäre eine Revolution in unserem Leben, *wenn* wir ihn ernst nähmen. *Und dies wollen wir nicht.* Wir sind ja auf der Jagd nach unseren Wünschen. Wir haben unsere eigenen Lebensprogramme, und wir wollen nicht, daß uns hier jemand zur Ordnung ruft und uns dahin führt, wohin wir nicht wollen. Wir verstehen die Gedanken Gottes nicht; darum *wollen* wir sie auch nicht. Diesen Satz kann man auch umkehren und sagen: Wir wollen Gott nicht, darum können wir ihn nicht *verstehen.*

Das ist der Grund für die These des Paulus, daß nur Gott weiß, was in Gott ist. Man könnte also wirklich zu der etwas verwunderlichen Feststellung kommen: Die einzige Erkenntnis Gottes ist seine Selbsterkenntnis. Nur sein eigener Geist weiß um die Tiefen der Gottheit. Wo wir Menschen von ihm reden, geht es meist um unsere Wunschbilder, die wir an den Himmel projizieren. Und vielleicht ist so auch die alberne Vorstellung von einem alten Mann mit langem Bart zustande gekommen. Daß so ein Tattergreis, dessen Hilflosigkeit man nur belächelt, treuherzige Ermahnungen von sich gibt, das sollte vielen Leuten recht sein. Aber es ist entsetzlich und beglückend anders. Jesus Christus ist, wie Luther sagen kann, der Spiegel seines Herzens. In ihm ist Gott, so wie er sich selbst sieht.

Ob wir damit dem, was „heiliger Geist" heißt, ein Stück nähergekommen sind? Ob uns von da aus nicht manches ein wenig verständlicher wird, was uns vorher wie chinesische Musik klingen mochte? Ich denke etwa an das Wort „Offenbarung", das für viele von uns einen befremdlich spiritistischen Beigeschmack hat und das zur sachlichen Klarheit unseres sonstigen Lebensstils nicht recht passen will. „Offenbarung" heißt nun (wenn wir das zugrunde legen, was wir durchdacht haben) gar nichts anderes, als daß Gottes eigener Geist uns geschenkt wird und daß wir so an der Selbsterkenntnis Gottes beteiligt werden.

Das gibt wieder viele neue Fragen auf, von denen ich hier nicht reden kann. Mir kommt es nur darauf an, daß das Entscheidende klar wird: dies eine nämlich, daß Gott uns seinen Geist schenkt, daß wir Gemeinschaft mit ihm haben und einen Blick in sein Herz tun dürfen, daß wir also, aus dem schauerlichen Bannkreis unseres Ichs herausgerissen, uns nicht mehr in dem Luftgespinst unserer eigenen Wunschvorstellungen verfangen dürfen.

Und noch etwas beginnen wir in diesem Lichte zu verstehen: daß alle, denen das Glück und das Wunder des Glaubens zuteil wurde, in der Bibel kein Buch mehr zu sehen vermögen, in dem alle möglichen schlichten und gescheiten Leute ihre Ansichten über Gott zum besten geben, sondern daß sie den hohen Anspruch vertreten und zu bekennen wagen, hier spreche Gott selber sein Wort. Dann aber kann man auch die Verkündigung seiner Zeugen nicht mehr als religiöse Lehrvorträge „über" Gott verstehen, sondern man muß das – so kümmerlich und stammelnd auch diese Kanzeltöne sein mögen – als eine Botschaft verstehen, die Gott *selber* ausrichten will, als eine Botschaft, die Menschen in ihren Dienst ruft und sie dadurch einer Nötigung aussetzt, aus der heraus sie es „nicht mehr lassen können, zu reden von dem, was sie gesehen und gehört haben" (Apg. 4,20), was ihnen also zu stark geworden ist und sie mit Sturmes- und Flammenzeichen umstellt.

Alle Glaubenden haben so das Geheimnis des heiligen Geistes bezeugt. Sie haben das nüchtern und kühl getan oder auch erfüllt von einem Feuer, das sie selber verzehrte. Manchmal waren sie Genies, denen die Macht des Gedankens zur Verfügung stand und die über das Wort geboten. Manchmal waren es schlichte Leute, die wie die Heilsarmeesoldaten zur Gitarre von dem Lichte sangen, das über ihnen aufgegangen war und einen neuen Schein in ihre Herzen gegeben hatte. Menschlich gesehen, waren es sehr verschiedene Geister, die den Chor der Zeugen bildeten. Auch die Niveauunterschiede sind immer beträchtlich gewesen. Aber immer waren diese kleinen und großen Geister der Zeugen so etwas wie Prismen, in denen sich das gleiche ewige Licht brach und in neue und nicht enden wollende Strahlenbündel zerlegte. Jede Individualität leuchtete sozusagen in andern und eigenen Farben auf. Denn der heilige Geist schafft Originale. Kopien sind ihm fremd.

Und noch etwas verbindet sie alle, die diesen so vielstimmigen Chor der Zeugen bilden; daß sie nämlich alle miteinander bekennen: Die neue Fülle, die da in unser Leben gebrochen ist, die neue Freude, die neue Hoffnung, das neue Bild vom Menschen – das alles stammt nicht von uns. *Wir* konnten den Wall der Illusionen, der Gespenster und Angstträume um uns her nicht durchbrechen. Unser altes Leben, das nun hinter uns liegt, kommt uns vor wie das Eingesperrtsein in tiefen Verliesen, aus denen *wir* nie herausgekommen wären. Aber draußen hat es geklopft und gehämmert, und wir hörten das Schürfen von Schaufeln. *Einer* hat sich zu uns durchgegraben. Einer war da, der uns ein neues Vertrauen schenkte. Denn selbst dieses Vertrauen, daß er unser Retter sei, konnten wir uns nicht selber geben. Auch *das* mußte uns geschenkt werden.

Das alles meinen wir, wenn wir vom heiligen Geiste reden. Dann meinen wir den, der uns ein Licht aufsteckt, so daß alles, was uns bisher dunkel war, aufstrahlt. Wir meinen den, der uns in das Innere des Heiligtums führt, wo die Fenster zu leuchten und die großen Taten Gottes zu erzählen beginnen. Wir meinen den, der die ausgebrannte Schlacke toter christlicher Dogmen wieder zu einer glühenden Lava macht und der aus dem brennenden Dornbusch redet.

Wir kommen an alles das nicht heran, wenn es uns nicht geschenkt wird. Erobern lassen sich solche Gnaden nicht. Wer aber leere Hände hat und eine große Sehnsucht, daß sie gefüllt werden möchten, wer unter der heiligen Unzufriedenheit mit sich selber leidet und von Herzen sagt: „Nichts hab' ich zu bringen, alles, Herr, bist du", der steht unter der Verheißung, daß er nicht scheitern, sondern daß er angenommen wird. Und wer nur schüchtern an diese Pforten klopft, der wird den Schritt von der andern Seite sehr bald hören.

ICH GLAUBE EINE HEILIGE CHRISTLICHE KIRCHE, DIE GEMEINSCHAFT DER HEILIGEN, VERGEBUNG DER SÜNDEN[1]

Siehe, ich sende euch wie Schafe mitten unter die Wölfe. Darum seid klug wie die Schlangen und ohne Falsch wie die Tauben. Hütet euch aber vor den Menschen; denn sie werden euch überantworten den Gerichten und werden euch geißeln in ihren Synagogen. Und man wird euch vor Fürsten und Könige führen um meinetwillen, ihnen und den Heiden zum Zeugnis. Wenn sie euch nun überantworten werden, so sorget nicht, wie oder was ihr reden sollt, denn es soll euch zu der Stunde gegeben werden, was ihr reden sollt. Denn ihr seid es nicht, die da reden, sondern eures Vaters Geist ist es, der durch euch redet.

Der Jünger ist nicht über den Meister noch der Knecht über seinen Herrn. Es ist dem Jünger genug, daß er sei wie sein Meister und der Knecht wie sein Herr. Haben sie den Hausvater Beelzebub geheißen, wieviel mehr werden sie seine Hausgenossen so heißen! Darum fürchtet euch nicht vor ihnen. Es ist nichts verborgen, was nicht offenbar werde, und ist nichts heimlich, was man nicht wissen werde. Was ich euch sage in der Finsternis, das redet im Licht; und was euch gesagt wird in das Ohr, das predigt auf den Dächern.

MATTHÄUS 10, 16–20.24–27

Es gibt zwei gewaltige Textgruppen in der Bibel, die wie die Brennpunkte einer Ellipse das Wesen der Kirche bestimmen.

Der eine der beiden Texte ist die Geschichte vom babylonischen Turmbau (1. Mose 11, 1ff.). Er bildet gleichsam die dunkle Folie, vor der das Licht der Kirche brennt. Hier haben die Menschen sich im prometheischen Trotz von Gott losgesagt und haben einen Bunker des Diesseits gebaut, in dem sie unter sich

[1] Zu dem Passus über den Glauben an die „Vergebung der Sünden" vgl. das Kapitel über das Kreuz. S. 126ff.

sind und von keiner himmlischen Autorität mehr gestört zu werden hoffen. Aber die schöne Harmonie ungestörter Menschlichkeit währt nicht lange. Es ist, wie wenn eine gewaltige Faust auf den Tisch der Welt niedersauste. Jedenfalls stieben die Menschen und Völker explosionsartig auseinander, der schöne Plan eines „Menschheitskollektivs“ geht in die Brüche, die Sprachen verwirren sich bis zum blanken Unverstehen, und der Kampf aller gegen alle beginnt loszubrechen. Kurz: Das Startsignal zum Beginn der Weltgeschichte wird hörbar. Denn das ist ja tatsächlich die „Geschichte“, wie sie uns aus den Lehrbüchern der Schule und aus dem eigenen Leben vertraut ist: ein permanent wogender Kampf um Sicherheit und Macht, um den Platz an der Sonne, ein ständiger Wechsel von Expansion und Unterdrückung, Terror und Angst – und über dem Schlachtfeld dieses Geschehens das Gorgonenhaupt des Mißtrauens.

Was meint diese merkwürdige Geschichte, die in der Sprache des Mythos davon spricht, daß an dieser Stelle die Irrungen und Wirrungen der Geschichte beginnen?

Solange die Menschen unter Gott sind, können sie einander vertrauen; und solange es Vertrauen gibt, kann es auch Einigkeit und Gemeinschaft geben. In dem Augenblick aber, wo die Menschen den Himmel zu evakuieren wünschen und sich von Gott lossagen, ergibt sich gerade nicht das, was sie erhofften. Sie gewinnen nämlich nicht die so begehrte Freiheit und Autonomie.

Vielmehr kommt ein ganz anderes und ganz unerwartetes Gesetz ins Spiel: Wenn der Mensch Gott nicht mehr zu seinem Herrn haben will, ruft er im selben Augenblick *andere* Herren auf den Plan, sehr grausame und tyrannische Herren, die ihn bedrücken. Nun wird er z. B. von seinem Machttrieb gepeitscht. Der Opportunismus beginnt ihn zu beherrschen. Jeder aber, der vom anderen weiß, daß er nur von seinem Machtwillen getrieben ist und nur opportunistisch reagiert, wird der *Angst* vor dem anderen überantwortet. Denn nun weiß er: Dieser andere wird über meine Leiche gehen, wenn es ihm opportun erscheint und wenn es seiner Macht dient. Auch das Umgekehrte gilt: Wenn man von einem Menschen weiß, daß er unter den Geboten Gottes steht, dann ist er für uns sozusagen „berechenbar“. Dann wissen wir, was wir an ihm haben. Wenn er dagegen nur noch unter der Diktatur seiner Instinkte steht, wird er unberechenbar. Und wir wissen nicht, was ihm noch alles einfallen wird, während er dieser obskuren Diktatur dient. Wo aber in dieser Weise Angst regiert, hört das Vertrauen auf. Und wo es kein Vertrauen mehr gibt, zerbricht jede Gemeinschaft – von der Ehe und der Freundschaft bis zum Staat und dem Verband der Nationen. So entsteht jene zentrifugale Tendenz des Auseinanderstiebens, die der Bericht vom babylonischen Turmbau beschreibt. Nun beginnt das Zeitalter der Isolierung und der Einsamkeit.

Wie eine kontrapunktische Entsprechung zu diesem Verhängnis steht nun im Neuen Testament die Pfingstgeschichte, also der Bericht von der Gründung der Kirche. Da sind sie alle versammelt: Parther und Meder und Elamiter, Griechen und Juden, Intellektuelle und schlichte Gemüter. Sie haben wenig oder nichts miteinander gemein. Zwischen ihnen stehen die Schranken der Nationalität, der Sprachen und sicher auch der Temperamente und der Interessen. Doch als das Wehen des Geistes Gottes über sie hinweggeht, ist die babylonische Entfremdung zwischen ihnen plötzlich wie weggeblasen. Die Übermacht des einen gemeinsamen Herrn wirkt sich wie eine Klammer der Gemeinschaft um sie aus, und auf einmal gibt es wieder Verstehen inmitten aller Verschiedenheit. Das Feuer eines gemeinsamen Bundes durchglutet sie. Und das Glück einer unerhörten Entdekkung, daß sie Brüder und Glieder an einem Leibe sind, reißt ihr Leben in eine neue Bahn.

Ich habe einmal, kniend im Steppensand, mit einigen Hereros in Südwestafrika das Mahl des Herrn gefeiert. Sie hatten nie gehört, daß es eine Stadt Hamburg gibt. Und auch ich wußte vorher nichts von diesem entlegenen Gebüsch, wo sich Fuchs und Hase „Gute Nacht“ sagen. Keiner verstand auch nur einen Laut von der Sprache des andern. Aber als ich mit der Hand das Kreuzeszeichen machte und den Namen „Jesus“ aussprach, strahlten ihre dunklen Gesichter auf. Wir aßen dasselbe Brot und tranken – trotz der Apartheid – aus demselben Kelch, und sie wußten nicht, was sie mir alles an Liebe erweisen sollten. Sie reichten mir ihre Kinder und zogen mich in ihre armen Katen. Wir hatten uns nie gesehen. Soziale und geographische und kulturelle Grenzen standen zwischen uns. Und doch umschlossen uns Arme, die nicht von dieser Welt sind.

Da fiel es mir wie Schuppen von den Augen, und ich begann die Pfingstgeschichte zu begreifen. Ich verstand das Wunder der Kirche.

Habe ich aber damit den Mund nicht doch etwas zu voll genommen? Sieht das, was da im afrikanischen Busch wie ein „Wunder" erscheinen mochte, auf dem Hamburger oder dem Berliner oder dem New Yorker Pflaster nicht sehr viel nüchterner, ja fast beelendend aus? Ist eine „Landeskirche", wenn ich ein bißchen dreist werden darf, wirklich so etwas wie ein Pfingstwunder? Oder ist sie nicht eben eine „Körperschaft des öffentlichen Rechts"?

Als ich vor einigen Jahren einmal einem Buch den Titel „Kirche und Öffentlichkeit" geben wollte, streikte mein Verleger. „Die Kirche", so sagte er, „zieht nicht beim Publikum. Wählen Sie bitte einen anderen Titel. Ich möchte keinen Ladenhüter produzieren." Nun, ich habe den Titel natürlich nicht geändert. Aber ich fragte mich doch: Warum „zieht die Kirche nicht beim Publikum"? Warum scheint sie nicht „anzukommen"?

Wenn wir jetzt, statt uns als Leser und Autor zueinander zu verhalten, in einem Diskussionsklub beisammen wären, würden bestimmt viele Hände zu Wortmeldungen hochgehen. Denn eine solche Frage gibt die bezaubernde Möglichkeit, seinen Kropf zu leeren. Die wütenden Kirchensteuerzahler würden wahrscheinlich den Reigen anführen. Dann würden Kanonen wider die langweiligen Predigten in Stellung gebracht und unter großer Qualmentwicklung abgeschossen. Einige Salven würden auch auf die Bigotten und die Heuchler und die Spießbürger abgeschossen. Einige besonders hochgestochene Intellektuelle könnten sich freilich fast zu gut sein, überhaupt etwas zu sagen. Sie schätzen ihr geistiges Kapital zu hoch ein, um selbst noch eine Polemik damit zu finanzieren, die sich gegen eine restlos überständige Institution wendet.

Nun liegt mir nichts daran, mich als Verteidiger der Kirche wider diese Fronten aufzuspielen. Ich möchte lieber an jene tieferen Einwände heran, die die *Ernsthaften* quälen. Ich möchte auch mein eigenes Leiden an der Kirche nicht verschweigen. Man leidet ja um so mehr an ihr, je mehr man sie liebt[2].

Hans Iwand, der große Theologe, der um seiner Liebe zur Kirche willen von den Nazis abgesetzt und vertrieben wurde, schrieb schon vor mehreren Jahrzehnten (als das Dritte Reich noch nicht ausgebrochen war und das Schiff der Kirche noch

[2] Vgl. das Buch des Verfassers „Leiden an der Kirche. Ein persönliches Wort", Stundenbuch des Furche-Verlages, Hamburg 1965.

in frischen Brisen munter dahinzusegeln schien) die verzweifelten Sätze: „Die Entfremdung der Kirche vom wirklichen Leben nimmt immer mehr zu (Verstehen Sie? Er sagt nicht: die Kirchenfremdheit, der Säkularismus nimmt immer mehr zu; sondern er sagt: die Entfremdung der Kirche vom wirklichen Leben nimmt immer mehr zu!), ihre eigentliche Lebendigkeit ist eine künstliche, in den eigens dazu präparierten Vereinen gezüchtete. Das Evangelium, das die Welt heute braucht, wird als bekannt und fertig vorausgesetzt. Man möchte damit alles mögliche in Gang bringen, wie mit einem Motor. Ich muß gestehen, daß ich oft bei diesem Treiben ganz verzweifelt bin. Denn was nützt es, wenn auch an einigen Punkten noch andere Bestrebungen da sind; sie sind nur die Ausnahmen von der Regel . . . Was wir haben, ist der Staatszuschuß von einigen Millionen für die kirchlichen Behörden. Ich glaube nicht, daß diese brüchigen Verhältnisse noch lange halten . . . und wer weiß, ob dies Ende nicht ein entsetzliches Gericht sein wird. Nichts ist schwerer, als wirklich im Glauben zu leben, ich meine: dem Nichts gegenüber den Mut zu Leben und Arbeit zu gewinnen; denn alle Zukunft steht ja in Gottes Hand."

Nicht wahr, hier spricht ein Liebender, ein Engagierter (und kein billiger Zuschauer im Parkett) von seinem *Schmerz* über die Kirche. Wäre sie nur ein Verein wie andere, so könnte er sagen: Ich trete aus ihm aus. Aber er weiß ja und kommt nicht von diesem Wissen los, daß diese komische Institution das Gelände innehat, in dem die Quellen des Lebens sprudeln. Und gleichzeitig sieht er den Durst der Menschen. Er sieht, daß sie im Nihilismus verschmachten, daß eine große Leere sie angähnt und daß sie sich aus Langeweile und Trostlosigkeit heraus nach etwas sehnen, das ihrem Leben Sinn und Erfüllung schenken könnte. Und siehe: hier könnte das Wasser des Lebens an sie ausgegeben werden. Aber die Quellen sind offenbar verschüttet. Eine erstarrte Institution scheint nur brackiges Tümpelwasser anbieten zu können, das viele als ungenießbar wieder ausspeien oder um das sie einen weiten Bogen machen.

Wer das sieht und wer vor diesem Problem steht, leidet mehr und abgründiger an der Kirche als ein banaler Steuerzahler, den sein Portemonnaie drückt.

Aber es gibt, glaube ich, noch einen tieferen Grund, warum man dem Thema „Kirche" gerne aus dem Wege geht. Die These, die ich hier vertreten möchte, lautet: *Die Kirche ist niemals Selbstzweck.* Um es einmal ganz banal auszudrücken: Wir sind ja keine Christen, damit es eine Kirche geben kann; sondern es gibt eine Kirche, damit wir Christen sein und damit wir unser Heil gewinnen und zu unserer ewigen Bestimmung durchfinden können. Insofern hat die Kirche eine nur dienende Funktion. Wenn jemand allzuviel davon redet, ist das nur verdächtig. Dann könnte ihm vielleicht die Institution näher stehen als der Herr, dem die Institution dient.

Ich weiß, warum ich das heutzutage sagen muß: Manche scheinen nämlich völlig darin aufzugehen, liturgische Ordnungen der Kirche aufzubauen und über die Gestalt der Gottesdienste nachzudenken und sie zu reformieren. Ich will nichts gegen diese ehrenwerten Männer sagen. Aber sie müssen sich doch fragen lassen, ob es wirklich Gottes Wille ist, daß wir hier manchmal allzu selbstzwecklich einen pompösen Kultus zelebrieren, *oder* ob der Gottesdienst nicht dazu da ist, daß er uns eine eiserne Ration und eine Wegzehrung mitgibt für das, was wir draußen – *außerhalb* des Gottesdienstes! – brauchen: wenn wir nämlich auf unserm Kontorschemel sitzen oder an unserer Werkbank stehen oder unsere Briefe ins Diktaphon hineinsprechen. Der Gottesdienst ist doch dazu da, daß wir auf eine neue und gestärkte Weise ins Leben entlassen werden, und daß er uns das Wort des Herrn mit auf den Weg gibt, damit wir unterwegs davon leben können.

Darum singen wir auch am Schluß des Gottesdienstes „Unsern Ausgang segne Gott" und bitten darum, daß das, was wir eben gehört haben, nun unser sehr weltliches Tun und Lassen bestimmen und als Wolke des Segens über uns stehen möge.

Selbst das *Abendmahl* ist nicht eine kultische Handlung, in der wir so etwas wie den „Höhepunkt des Gottesdienstes" und die Verbundenheit der „Kerngemeinde" erleben sollten (was ist das überhaupt?), sondern es war ursprünglich und sollte auch heute sein: eine Stärkung zum Aufbruch, wenn wir wieder zu Kampf und Arbeit und Anfechtung hinaus müssen, wenn wir wie Schafe mitten unter die Wölfe geschickt werden. Das ist keine kultische Feier, sondern die tröstende Vergewisserung, daß der Herr bei uns bleibt, wenn der Kultus *zu Ende* ist und wenn die Welt der Terminkalender, der Telefone und der Motoren uns mit ihren Geräuschkulissen umstellt. Dann sollen wir dessen gewiß sein, daß er auch *diese* Welt regiert, daß er uns Aufgaben der Liebe stellt (in Vorzimmern und Laboratorien und daheim in unserem Haus) und daß er überall am Wegesrand seine Grüße für uns parat hat und uns dessen gewiß werden läßt, daß er unser gedenkt.

So ist die Kirche: daß sie uns also *dient* und etwas mit auf den Weg gibt und daß wir sie dann im Rücken wissen dürfen. Darum schickt Jesus die Seinen auf die Märkte und die Gassen, an die Zäune und in die Randzonen der Gesellschaft, um zu verkündigen und abzuholen. Er sagt nicht: „Geht hin und zelebriert einen Kultus, lobt mich durch stilreine liturgische Gesänge" (so wenig er es gewiß verbieten will, wenn es nur als Dienst der Aussendung geschieht und wenn es nur nicht als erbaulicher Selbstzweck gemeint ist, wenn es nur ja keine fromme Etappe ist, in die wir uns aus der bösen Welt zurückziehen möchten!). Die Kirche ist eine feste Burg, aus der wir Ausfälle in eine Welt machen sollen, in der es Konkurrenzkämpfe im Beruf, Erziehungsnöte mit unseren Kindern, Angst vor dem kommenden Tag, wilde Abenteuer und lustvolle Stunden gibt. Hier stehen wir im Streit mit den Waffen, die uns die Rüstkammer des Wortes gab, und werden wir ermutigt durch Zurufe, die von der Zinne Jerusalems herab zu uns dringen. Aber diese Burg, die den Ausfällen nach draußen dient, ist kein Druckposten, der uns vor den scharfen Winden bewahren und der Entrückung durch heilige Musik und kultische Weltferne überlassen wollte.

Als im Dritten Reich die Verfolgung über die Gemeinde Jesu hereinbrach, gab es Leute, die liturgische Bewegungen inszenierten mit gregorianischen Gesängen und kultischen Gewändern. Das mag für manche von ihnen (sicher nicht für alle und vielleicht nicht einmal für die meisten) so etwas wie ein Druckposten gewesen sein in einer Situation, die das offene Bekenntnis und nicht das heilige „Glasperlenspiel" verlangt hätte. Wo nämlich die Kirche im Angesicht des Antichristen *predigte* und ihre harte, unverkürzte Wahrheit hinausschleuderte, da begannen die Puppen zu tanzen, da wurden die Lämmer Gottes sehr bald von den Wölfen umzingelt und die ganze Hitlerei reagierte sauer, weil sie sich getroffen fühlte. Aber wo man nur fromme Kulte zelebrierte, konnte man ungeschoren bleiben; diese Kreise wollte niemand stören. Dietrich Bonhoeffer aber entlud über diesen frommen Betrieb sein Zorneswort: „Nur wer öffentlich für die Juden betet, darf auch gregorianisch singen."

Ich sehe mit Schrecken und Sorge, wie die Kirche unserer Tage wiederum weithin damit beschäftigt ist, nur Innendienst in der festen Burg zu machen, und wie man sich am vertrauten Nestgeruch der vermeintlich Heiligen genügen läßt. „Die Kirche lebt von ihrem Heroldsauftrag, sie ist die Kompanie Gottes", sagt Karl Barth einmal. „Wo Kirche lebt, muß sie sich fragen lassen, ob sie diesem Auftrag dient oder ob sie Selbstzweck ist. Ist das zweite der Fall, so fängt es in der Regel an, ‚sakral' zu schmecken, zu frömmeln, zu pfäffeln und zu muffeln. Wer eine feine Nase hat, der wird das riechen und schrecklich finden."

Es ist sehr merkwürdig und gibt zu denken, daß wir ausgerechnet in der orthodoxen Kirche Rußlands die *umgekehrte* Bewegung beobachten können. Dort ist es dahin gekommen, daß nicht nur die heiligen, jahrhundertealten Gesänge ertönen und die Ikonen ihre stumme Sprache reden, sondern daß auch mit lebendigen Worten verkündigt wird. Das haben die Machthaber sofort zur Kenntnis genommen und fühlen sich angegriffen. Die „Wölfe" beginnen, ihre Beute zu wittern. *So* ist es mit dem gefährlichen und gefährdenden Wort, das der Kirche anvertraut ist. Und wenn nicht alles trügt, scheint eine Prophezeiung von August Winnig in Erfüllung zu gehen, die er Mitte der dreißiger Jahre aussprach: daß das Heilige Rußland einmal aus der Stummheit seiner Gottesdienste herausfinden und daß ihm das Wort geschenkt werden würde, daß es also zu reden begänne . . .

Daß die Kirche so nur Mittel zum Zweck ist, bringt das Apostolische Glaubensbekenntnis durch eine sehr bezeichnende sprachliche Nuance zum Ausdruck. Es sagt nämlich nicht (wie es das bei den ersten beiden Artikeln tut): „Ich glaube ‚an' eine heilige, allgemeine christliche Kirche"; sondern es sagt nur: „Ich glaube diese Kirche"; ich bekenne die Gewißheit, daß es sie gibt. Und wir dürfen hinzufügen: Ich bekenne das nicht deshalb, weil die Landeskirche, die Oberkirchenräte, weil der Betrieb der Gemeinden und ihrer Organisationen mich einfach davon überzeugt hätten, daß sie Filialen des himmlischen Jerusalems in unserer pluralistischen Gesellschaft seien, und daß hier wirklich mehr und anderes am Werke sei als ein religiöser Interessenverband. O nein, so ist es ja gar nicht! Wer die Kirche bloß von außen sieht, erkennt tatsächlich nur einen Verein unter anderen; und er ärgert sich vielleicht, daß dieser Verein mit besonderen rechtlichen und finanziellen Privilegien ausgestattet ist. Er sieht, wie es hier menschelt und pfäffelt, und vom himmlischen Jerusalem ist herzlich wenig zu spüren.

Nein, ich glaube diese Kirche aus einem ganz anderen Grunde: weil mich nämlich das Wort des Herrn ergriffen und weil es mich an die Quellen des Lebens geführt hat und weil mir nun mit einem Schlage zweierlei klar wird: *einmal*, daß ich dieses schöpferische und verwandelnde Wort nur *hier* gehört habe und auch weiterhin nur *hier* hören kann, daß dieses Wort nur in der Gemeinschaft von Christen zu hören ist, also nur dort, wo zwei oder drei in seinem Namen versammelt sind. Und noch ein *Zweites* wird mir klar: Wo dieses Wort ausgerichtet wird, da findet es auch seine Leute, da wird der Herr „mitten unter ihnen sein", da wird sich das Wunder der Kirche ereignen.

Darum ist sogar von der „heiligen" Kirche die Rede. Sie ist ja nicht deshalb heilig, weil die Menschen, aus denen sie sich zusammensetzt, solche Musterexemplare der Spezies „Mensch" oder weil sie auch nur besonders sympathisch wären. (Ich mag sogar manche Amtsträger der Kirche gar nicht besonders leiden und habe auch von mir selbst nicht den Eindruck, daß der Herr mich in seinem Musterkoffer vorzeigen könnte.) Nein: Wir reden von der „heiligen" Kirche nur deshalb, weil sie von diesem *Worte* ihres Herrn lebt und weil sie der gebrechliche und oft erbärmliche Leib ist, der zu diesem hohen und heiligen Haupte gehört.

Was die Kirche Jesu in diesem Sinne ist, sagt uns die Aussendungsrede. Es ist so, wie wenn der Sendende hier schon zu erkennen geben wollte, daß das Erscheinungsbild der Kirche wahrhaftig nicht imponierend ist. Die Schafe, die mitten unter die Wölfe geschickt werden – nun, diese Tiere sind keine zoologischen Renommierstücke. Sie eignen sich nicht für heraldische Symbole. Da ist der Löwe schon ein ansehnlicheres Wappentier. Aber Jesus will mit diesem zoologischen Bilde von den Lämmern auf etwas ganz Bestimmtes deuten. Er deutet darauf hin, daß die Kirche *wehrlos* sein muß. Ihre Stärke kann nicht darin bestehen, daß sie durch Konkordate und Rechtsverträge eine stabile Position in der Gesellschaft hat, daß sie durch Gotteslästerungsparagraphen vor allzu massiven Angriffen bewahrt wird und den

Schutz eines öffentlichen Tabus genießt. Je mehr sie so unter menschlichem Schutz steht und je mehr sie sich durch Machtgewinn sichert, um so schwächer und belangloser wird sie in Wirklichkeit. Das ist paradox, aber es ist so. Ihre Stärke besteht nur im Vertrauen auf den Hirten und im Glauben an den, der sie sendet. Aber diese Kraft der Geringen (ausgerechnet sie!) wird auch den stärksten Tyranneien trotzen, und dieses Salz des Glaubens wird die Erde vor Fäulnis bewahren.

Wer ist es denn, der den Zwingherren der ideologischen Tyrannis widerstreitet (den Nazis damals und Herrn Ulbricht heute)? Wer ist es denn, der noch hinter Stacheldrähten und in der Dunkelheit der Lager – wie einst der Märtyrer der Bekennenden Kirche, Pfarrer Schneider aus Diekenschied – die Wahrheit des Glaubens auf die Wölfe losspringen und den rechten Mann für sich streiten läßt? Die großen Säulen der Kirche, die hohen Amtsträger, sind dann oft genug geborsten. Und auch der Komfort der Bildung ist wie ein morsches Gewand längst abgefallen, wenn es um Hunger und Todesangst geht. Aber einige waren und sind da und werden immer dasein, die wissen, daß ein anderer als sie selbst der Angegriffene ist und daß er nun seinen Schild über sie hält und als Kraft in den Schwachen mächtig ist.

Wo Jesus durch sein Wort und seinen Geist Kirche gründet, da ist das immer daran erkennbar, daß die Seinen aus ihrem bisherigen Leben herausgerufen werden und daß eine reibungslose Installierung in der Welt (und auch wohl in der „pluralistischen Gesellschaft“) nicht mehr möglich ist. Es war keine Kleinigkeit für Abraham, wenn er aus Vaterland und Freundschaft und allen vertrauten Bindungen hinweggerufen und ins Unbekannte entboten wurde. Und es war keine Kleinigkeit, wenn Jesus denen, die seine Pflugschar ergriffen, verbot, zurückzuschauen (zurückzuschauen auf die Toten, die sie noch begraben, auf das Weib, das sie noch nehmen, und den Acker, den sie noch kaufen wollten). Sie bekamen zwar alles vielfach zurück, was sie so hinter sich ließen, und sie alle wußten am Schluß, daß sie beschenkt worden waren und daß sie die *eine* köstliche Perle gefunden hatten, um deretwillen es sich lohnte, alles andere preiszugeben. Sie alle wußten im Rückblick, daß Gott sich nicht hatte „lumpen“ lassen, und daß sie an dem, was er ihnen schenkte, überhaupt erst erfuhren, was das Leben zu sein vermag und was Glück ist. Aber vorher mußten sie eben durch Sterben und Abschied hindurch. Vorher mußten sie im Vertrauen auf diese Großzügigkeit Gottes alles von sich abwerfen, was ihrem Leben Sinn und Inhalt gegeben hatte. Zuerst mußten sie bereit sein, die große Operation an sich vollziehen zu lassen. Dann erst standen sie als neue Menschen auf.

Vielleicht muß auch unser heutiges Christentum durch dieses Feuer der Läuterung hindurch. Vielleicht werden der Kirche einmal alle jene staatlichen Stützen entzogen, und die Tümpel mit dem brackigen Wasser werden abgelassen. Vielleicht wird nicht nur die kommunistische, sondern auch die sogenannte freie Gesellschaft des Westens sich von diesem Fremdkörper in ihrem Leib befreien wollen oder ihn durch allgemeine Gleichgültigkeit auszuschwitzen trachten. Vielleicht hat Gott diese Pferdekur tatsächlich mit uns vor. Aber gerade dann wird die Stunde der Verheißung anbrechen, weil dann jener heilige „Rest" bleiben wird, mit dem Gott seine Schlachten schlägt. Dann werden wir vor dem Wunder der Kirche stehen, weil nur dann deutlich werden kann, daß sie vom Worte ihres Herrn lebt, *nur* von diesem Wort und von nichts anderem. Dann wird dieses Wort sich vielleicht (wie in Rußland) der Großmütter bedienen, die ihre Enkel den Katechismus lehren. Dann werden im geheimen ordinierte Priester in Katakomben predigen. Und während die großen Dome zerbrochen oder zu Garagen entfremdet sind, wird die Fackel des Wortes im Verborgenen weitergereicht von Hand zu Hand, bis die Stunde kommt, wo die großen Fanale wieder aufleuchten und die Stadt auf dem Berge von allen gesehen wird.

Denn das ist das Wunder der Kirche: daß sie aus allen selbstbereiteten oder von anderen geschaufelten Gräbern wieder aufersteht und daß sich der Rhythmus von Golgatha und Ostermorgen immer neu an ihr vollzieht. In wie viele Begriffsgräber ist sie von den Philosophen eingesperrt worden, wie viele Grabplatten falscher Theologien und pseudo-christlicher Zeitgeister haben das Wort in die Gräber gedrückt. Aber aus allen Verfälschungen, aus allen Häresien hat es sich wieder erhoben und war taufrisch wie am ersten Tag. Keine „Idee" hätte das ausgehalten, ohne kaputtzugehen oder im Mausoleum der Geschichtsbücher einen traurigen Nachruhm zu genießen.

Aber es geht ja auch gar nicht um eine „Idee", sondern es geht darum, daß Christus auferstanden ist und lebt und daß er immer wieder neu an unsere Pforten klopft, wenn wir ihn ausgesperrt haben. Das, das ist das Wunder der Kirche.

Darum taucht die Kirche auch im „Dritten Glaubensartikel" auf, wo von der Auferstehung der Toten die Rede ist. Nicht *sie* lebt, sondern ein anderer lebt in ihr, ein anderer, den alle ihre Jämmerlichkeit nicht zum Verstummen bringen oder in sein Felsengrab einsperren kann. Weil dieser andere in ihr lebt und „mitten unter uns ist", darum ist die Kirche auch nicht nur ein Denkmal der Vergangenheit, in der dieser andere einmal über die Erde ging, sondern darum ist sie der *Zukunft* zugeordnet. Denn sie sieht – als törichte oder als kluge Jungfrau, verschlafen oder wach und bewußt – dem entgegen, der kommen wird, zu „richten die Lebendigen und die Toten". Die Großen der Welt leben im Zeichen des Gehens (und wie deutlich können wir die oft makabren Abgänge dessen beobachten, was einst groß und gefeiert war in der Geschichte!); dieser Herr aber lebt im Zeichen des Kommens.

Nur so ist das Merkwürdigste von allem zu erklären: daß die Märtyrer dieser Kirche nicht nur stumm und „in Haltung" gelitten haben, wenn sie aus einem Leben gerissen wurden, das auch sie liebten; sondern daß sie in den Arenen des Nero, daß sie vor den Guillotinen – wie Gertrud von le Fort es dichterisch gestaltet hat – und selbst in den Kellern der GPU Lobgesänge anstimmten. Denn sie littnn ja nicht, um die Erinnerung an den großen Nazarener hochzuhalten. Sondern sie litten, weil sie der Gegenwart ihrer Henker schon voraus waren und weil sie den Schritt des Kommenden von der anderen Seite her hörten. So konnte ein orthodoxer Priester vor seiner Hinrichtung dem Exekutionskommando zurufen: „Seid mir gegrüßt, ihr Toten; ich gehe zu den Lebendigen."

Denn davon lebten sie: Wem die letzte Stunde gehört, der braucht die nächste Minute nicht zu fürchten. Darum gab ihr Herz noch mehr heraus als die bloß stoische Kraft zum Ertragen; darum konnte es noch *Freude* produzieren und im Kerkerraum sich weiten lassen zu einem Schauplatz, auf dem der Glaubende die Erfüllung sehen darf.

So sollten wir die Kirche lieben, wiewohl sie nur ein irdenes Gefäß ist, das den Schatz des Evangeliums birgt. Wir können nicht sagen: Du gefällst mir nicht, deine Leute gefallen mir nicht, und was du von dir gibst, stößt mich ab; darum halte ich mich fern von dir. Es hat Gott gefallen, seine Perle in dieses kümmerliche Gefäß und seinen Schatz in diesen armseligen, steinigen

Acker zu legen. Wer sich an diesen wenig attraktiven Behältnissen stößt, gibt sehr viel mehr preis als bloß den institutionellen Rahmen für eine Sache, die er anderswo auf sympathischere und gefälligere Weise zu haben hofft. Nein: Wer seine vielleicht arme und etwas sterile Gemeinde am Ort verachtet, verliert auch den Herrn, der ihm im Bettlergewande begegnet und dessen Niedrigkeit er nicht verachten dürfte. Die Herrlichkeit Jesu ist nie in goldene Rahmen gefügt, sondern sie gleicht einer Perle, die wir unter Schmerzen im Geröll suchen müssen.

Der Stall von Bethlehem, diese erste Kirche, war, weiß Gott, ja *auch* keine Kathedrale. Und wer von den Umstehenden hätte geahnt, daß „das Haupt voll Blut und Wunden" ein Angesicht trug, das über der Welt leuchten würde und das uns einmal zum Schild und zum Trost in unserem Tod erscheinen wird, wenn die Gesichter derer, die wir lieben, wie ferne Schatten hinter uns verblassen? Wer hätte das auch nur geahnt, als sich diesem gequälten Munde der Schrei der Gottverlassenheit entrang und alle Zeichen dafür sprachen, daß nun der letzte Akt einer Tragödie zu Ende gespielt war?

Die Herrlichkeit der Kirche (nehme ich den Mund zu voll, wenn ich das jetzt sage?) – die Herrlichkeit der Kirche besteht nicht in ihren Kathedralen und in ihren brausenden Orgeln und ihren imponierenden Kirchentagen. Sondern sie besteht darin, daß sie von dem Wort geheiligt ist, das ein anderer ihr anvertraut hat. Und wenn wir für die Kirche beten, dann tun wir es nicht mit dem Wunsch, daß sie ungeschoren oder gar pompös die Wirren der Zeit überdauere, sondern in der Gewißheit, daß sie vom Wehen des Heiligen Geistes erfüllt ist, so daß sie auf den Kanzeln und an den Särgen und an den Krankenbetten nicht Steine, sondern Brot verteilt, daß ihr Wort nicht zu einem toten Vokabular erstarrt, sondern zu einer Quelle lebendigen Wassers wird.

Das braucht ja nicht in Domen und Hauptkirchen zu geschehen. Vielleicht (ich weiß es nicht!) ist deren Zeit vorüber. Das kann sich aber dort ereignen, wo eine Heilsarmeesoldatin in einer finsteren Kneipe mit einer Dirne spricht, oder wo ein Getriebener und Gehetzter von dem erfährt, der seine Ketten lösen und seiner geschundenen Seele ein neues Aufatmen schenken kann.

Es gibt schauerliche neugotische Kirchen, die jedem Menschen von Geschmack fast physisch wehe tun können. Aber dann sitzt er plötzlich darin, während eine betende Gemeinde ihn umgibt und die Lobgesänge zu den kitschigen Gewölben aufsteigen. Und siehe, es ist alles verwandelt. Das irdene Gefäß ist transparent geworden, es ist kaum noch da, die Herrlichkeit der Kirche strahlt alles Fragwürdige seiner Erscheinung hinweg. Denn es ist nicht ihre *eigene* Herrlichkeit (der Jammer der Neugotik ist ja noch da!), sondern es ist die Herrlichkeit dessen, der in die Mitte getreten ist.

Das ist das Geheimnis der heiligen, allgemeinen, apostolischen Kirche. Das ist es.

ICH GLAUBE DIE AUFERSTEHUNG DES FLEISCHES UND EIN EWIGES LEBEN

Es wird gesät verweslich und wird auferstehen unverweslich. Es wird gesät in Unehre und wird auferstehen in Herrlichkeit. Es wird gesät in Schwachheit und wird auferstehen in Kraft. Es wird gesät ein natürlicher Leib und wird auferstehen ein geistlicher Leib. Gibt es einen natürlichen Leib, so gibt es auch einen geistlichen Leib[1].

1. KORINTHER 15, 42–44

Wie fern liegen uns auch wieder diese Worte „Auferstehung des Fleisches" und „ewiges Leben" – ganz gleich, ob wir durch sonntägliches Sprechen an sie gewöhnt sind, oder ob diese Worte nur eine ferne Erinnerung an das Sprüchlein-Lernen aus unsern Kindertagen bilden! Das, was uns prägt und uns nahekommt, sind ja gar nicht die großen oder gar die sogenannten „letzten" Fragen (wie etwa das Problem, ob es einen Jüngsten Tag gibt und was an ihm los sein wird), sondern die kleinen Dinge:

Morgens kommt uns viel darauf an, daß das Frühstück nicht ganz ohne Behagen verläuft. Denn leise grollt dabei schon die Vorahnung einer etwas delikaten Aufgabe herein, die uns am späten Vormittag bevorsteht, oder es beflügelt uns die Vorfreude auf eine Party, bei der es heute abend hoch hergehen wird. Auch die Zeitung gehört zu diesem Frühstück hinzu. Auf der ersten Seite steht etwas über Nato-Krisen sowie darüber, daß in der Leitung „Peking–Moskau" die Verständigung wieder schwierig ist. Vielleicht kann von daher einmal das Angesicht der Erde verändert werden – so wichtig ist das immerhin. Der Abbau der Mauer zum Beispiel könnte davon abhängen oder auch die Frage, ob unser Planet eines Tages ausgelöscht wird.

Doch es ist merkwürdig: Die meisten Menschen beginnen ihre

[1] Zur Ergänzung des Themas vgl. die Kapitel über die Auferstehung (S. 170ff).

Zeitungslektüre gar nicht mit diesen welthistorischen Perspektiven auf der ersten Seite, sondern sie fangen mit den Lokalnachrichten an: der Presseball im Atlantic, der nächtliche Alarm auf der Hamburger Davidswache, der Skandal im Hause eines Großkaufmanns und eine „welterschütternde" Bemerkung, die Thomas Fritsch gestern abend machte, als er mit Lieschen Müller in den „Vier Jahreszeiten" speiste: *das* ist doch das, was den Morgenkaffee so ungemein verschönt. Denn das Nächste und Kleinste erfüllt unser Leben. Der Lokalteil geht uns mehr an als die erste Seite, und meine Lohntüte oder mein Betriebsklima stehen mir wieder näher als der Lokalteil. Denn gerade je kleiner die Dinge sind, um so näher stehen sie mir. Auch bei den sogenannten Großen dieser Welt ist es nicht viel anders. Als ich in meiner Studentenzeit einmal bei einem der leuchtendsten Genien unserer Zeit eingeladen war, hatte ich mich darauf gefaßt gemacht, auf den Höhen der Menschheit zu wandeln. Aber die erlauchte Gesellschaft zerstritt sich nur über die Frage, ob der große alte Mann zur Erhöhung seines Behagens sich nun Pantoffeln anziehen dürfe oder den Gepflogenheiten der Zivilisation seinen Tribut zollen und also adrett und komplett bleiben müsse.

Es wäre gut, wenn wir uns manchmal diese Rangordnung der Werte, wie sie in unserm Bewußtsein normalerweise besteht, klarmachen würden, um uns dann doppelt zu wundern, daß die Bibel zwar auch das Kleine und Alltägliche kennt – Haß und Liebe und Familienkräche, Intrigen und Orgien, Gelächter und Schluchzen –, daß aber die entscheidenden Signale für alles, was geschieht, doch von sehr ferne her zu kommen scheinen:

Das ist von dem prähistorischen Griff nach irgendeiner verbotenen Frucht die Rede und von Kains Brudermord und von der Sintflut. Und *hier* sprechen wir augenblicklich von der „Auferstehung des Fleisches" und vom „ewigen Leben", wenn dieses langen Weltentages „Reise in die Nacht" an ihr Ziel gekommen sein wird. Dabei drängt sich doch die Frage auf: Von diesen urzeitlichen Zwischenfällen, die in mythische Fernen entrückt sind, und von diesen jenseitig zukünftigen Verheißungen soll *mein* und *dein* Leben hier und in diesem Augenblick bestimmt sein? Ach Unfug, möchte man sagen: Zwischen diesem ersten und diesem letzten Blatt der biblischen Weltzeitung sind eben die „Lokalnachrichten" eingespannt! *Die* sind doch unser Leben und gehen uns an. „Laßt uns essen und trinken, denn morgen sind wir tot" (1. Kor. 15,32), und der Spatz eines fröhlichen Frühstücks in der Hand steht uns näher als die Taube der Auferstehung auf dem Dach. So denken wir doch!

Es ist nun kein Zweifel, daß die Christenheit ein gerüttelt Maß an Schuld daran trägt, daß diese Verzerrung der Wertstufen sich unser aller bemächtigt hat. Dietrich Bonhoeffer hat jedenfalls völlig recht, wenn er vielen Christen vorwirft, der Glaube an ein ewiges Leben sei für sie nur „eine letzte Ausflucht ins Ewige". Sie suchten sich damit so etwas wie eine metaphysische Ausweichposition und einen Fluchtweg aus dem Jammer ihres Lebens, mit dem sie eben nicht fertig würden. Kein Zweifel, daß dann in der Tat das sogenannte „ewige Leben" als Illusion der Schwachen erscheinen muß, und daß alle nüchternen Leute, die mit beiden Beinen im Leben stehen, sich achselzuckend oder sogar etwas angewidert davon abwenden. Kein Zweifel auch, daß Karl Marx etwas Richtiges gesehen hat, wenn er sagt, vielen diene der Glaube an ein Jenseits und einen zukünftigen Himmel nur als Opium, das ihnen mit Hilfe leichter Vernebelungen über die unbewältigte Gegenwart hinweghelfen soll.

Dabei geht es in Wirklichkeit doch um etwas ganz anderes: Es geht um die sehr realistische Verheißung, daß unser kleines Leben und daß auch die Geschichte im großen ein *Thema* hat, um das sich alles bewegt, und daß der Roman der Welt von einer sehr zielsicheren Hand geschrieben wird. Ja, es heißt noch mehr: Es heißt nämlich, daß wir die Möglichkeiten, die uns noch bevorstehen, gar nicht aus dem Zusammenhang der Ereignisse ablesen können, wie sie sich unsern menschlichen Augen darstellen, sondern daß der Herr der Geschichte über Mittel und Wege verfügt, von denen wir keine Ahnung haben, daß er ein Gott der Überraschungen und der Wunder ist und daß wir in seinem Namen Abenteuer höherer Ordnung sein dürfen. Wir kennen freilich nur das „Thema", über das Gott den Roman unseres Lebens schreibt: daß er uns nämlich an seine Ziele bringen und aus allen Fremden ins Vaterhaus zurückholen will. Aber *wie* er das macht und *welche* Umwege er dazu benutzt, zu *welchen* Abenteuern er uns hierbei entbietet, das wissen wir nicht. Wir haben nur die Verheißung, daß wir wie Israel ins Gelobte Land kommen werden, wenn wir als wanderndes Gottesvolk hinter der rauchenden Feuersäule einhergehen, wenn wir also das Thema im Auge behalten, das Gott über unser Leben geschrieben hat, und wenn wir uns durch keine Wüste irremachen und durch keine ägyptischen Fleischtöpfe vom Wege ablocken lassen. Vom Jüngsten Tage her werden wir dann rückblickend all das in seiner Notwendigkeit erkennen, was uns manchmal als Irrweg und Sinnlosigkeit erschien, während wir es durchlebten. Und es mag uns gehen wie Mose (2. Mose 33, 23), der in einer Felsspalte die Epiphanie, den Vorbeizug Gottes erblickte. Aber er durfte ihm nur „von hinten“ nachschauen. Gottes Angesicht selbst konnte er nicht sehen und auch nicht das Wirken seiner Hand.

Aber was hilft uns diese fromme Betrachtung *jetzt*? Noch sind wir ja nicht so weit, sondern segeln munter oder auch bedrückt auf dem Meer der alltäglichen Dinge dahin. Und das „ewige Leben“ und die „Auferstehung des Fleisches“ sind sicher dabei keine Seezeichen oder gar Leuchttürme, auf die wir achten; und sie sind offenbar auch nicht in der Brise enthalten, die uns vorantreibt.

Woran liegt es – so sollten wir uns überlegen –, daß das, was für die Menschen des Neuen Testaments das Ziel und der rettende Port der Lebensfahrt ist, uns so entsetzlich wenig angeht – so wenig, daß kaum ein Mensch ernsthaft damit rechnet oder gar sein Leben darauf gründet?

Zunächst gibt es dafür einen ganz einfachen Grund, den zu verstehen aber enorm wichtig ist. Die Botschaft von der Auferstehung und dem ewigen Leben kann uns nämlich nur dann zu einer aufregenden Sache werden, wenn wir sie als Antwort auf eine Frage erkennen, die uns auch sonst im Leben beschäftigt und sogar elementar umtreibt. Der marxistische Philosoph Ernst Bloch, der ja viel über die Hoffnung nachgedacht und ein großes Werk über sie geschrieben hat, äußert sich dazu einmal in einem sehr bezeichnenden Satz: „Nichts wirkt als Antwort“, so sagt er, „was nicht vorher gefragt worden ist. Daher bleibt so viel Helles ungesehen, als wäre es nicht da.“

Die Frage, die ich daraufhin stellen möchte, lautet so: Sollte die Botschaft vom ewigen Leben vielleicht auch so etwas „Helles“ sein, das wir nur deshalb nicht bemerkt haben, weil irgendeine tiefe Frage in unserm Leben noch gar nicht gestellt wurde und weil Gott vielleicht erst diesen Augenblick der Lektüre dazu bestimmt hat, um sie aus ihrer Versunkenheit emporzuheben?

Welche Frage mag das sein, die dann auf das „ewige Leben“ als ihre Antwort drängt?

Für einen Jünger Jesu Christi ist es noch einigermaßen leicht, bis zu dieser Frage vorzustoßen: Wir wissen uns aus vielen Ketten gelöst, an die wir vorher wie festgeschmiedet waren. Wir wissen etwa, daß uns das Gewissen nicht mehr verklagen darf, weil unsere Schuld vergeben ist und weil wir den Frieden des Herzens gefunden haben. Ja, wir wissen noch mehr: Wenn unser Lebensschifflein im Sturm zu kentern droht, dann wird *er* über die Wogen kommen und uns beistehen. Und wenn wir sterben müssen, wird *er* in unserer letzten Stunde bei uns sein.

Aber sosehr wir auch in seiner Geborgenheit stehen mögen, so wissen wir gleichwohl auch das andere: daß all dies Dunkle ja trotzdem noch da ist und nach uns greift. Gewiß: wir sind auf der Seite des Siegers; aber wir erleiden doch Tag für Tag unsere Niederlagen, die uns bedrücken, Rückfälle in Eitelkeit, Lüge und Triebhaftigkeit, angesichts deren wir manchmal mit Morgenstern sagen möchten, „daß nicht sein kann, was nicht sein darf". Es *darf* doch bei einem Jünger Jesu nicht sein, daß er derart zurückfällt! Aber es ist eben *doch* so! Sollte nicht die Gestalt (das ist genau die Frage, die sich hier ergibt), deren Hand in der unsrigen ruht, die der Stern ist, auf den wir schauen, und der Stab, an dem wir gehen, sollte diese Gestalt uns nicht einem Ziel entgegenführen, an dem der Ansturm der Finsternis endgültig abgeschlagen ist, einem Ziel, wo kein Leid mehr ist und kein Geschrei, wo der Tod nicht mehr regiert und die dunklen Spiegel hinweggetan sind, so daß wir ihn unmittelbar und von Angesicht zu Angesicht sehen können? Wenn wir den tiefen Zwiespalt unserer christlichen Existenz erleben und wenn wir uns als Wanderer verstehen lernen, die das Gelobte Land der Erfüllung nur von ferne sehen und die von einer großen Leidenschaft nach Eindeutigkeit erfüllt sind, *dann* steht jene versunkene Frage in uns auf, deren Antwort das „ewige Leben" ist.

Aber wie steht es mit denen unter uns, die keine Christen sind? Gibt es auch für sie diese versunkene Frage?

Ich glaube, es gibt sie, auch wenn sie von anderer Spielart ist. Und nun muß ich eine „Prophetin" zitieren, deren Name ganz gewiß selten oder nie auf einer Kanzel oder in einem Buch dieser Art genannt wird, nämlich Marlene Dietrich. Wer hätte im Fernsehen oder auf einer Platte noch nicht ihren Song gehört:

Sag mir, wo die Blumen sind?
Mädchen pflückten sie geschwind.

Sag mir, wo die Mädchen sind?
Männer nahmen sie geschwind.

Sag mir, wo die Männer sind?
Zogen fort, der Krieg beginnt.

Sag, wo die Soldaten sind?
Über Gräbern weht der Wind.

Sag mir, wo die Gräber sind?
Blumen blüh'n im Sommerwind.

Sag mir, wo die Blumen sind?

So beginnt das Fragespiel denn von neuem, die Kreislinie fließt in sich selbst zurück. Man könnte fragend immer so weitersingen, während der Schatten des Rätsels um uns her wächst und die Stimme der Singenden bricht.

Aber der Song hört auf, und die Dietrich tritt ab. Dabei schließt sie mit einer Frage: „Wann wird man je verstehn – wann wird man je verstehn?"

Wie abgründig ist diese Frage! Kann man es je verstehen, was Blumen und Mädchen, Sommerwind und Soldaten sollen, wenn das Spiel des Lebendigen immer wieder jäh abbricht, um dann seinen gespenstischen Reigen aufs neue zu beginnen und abermals abzubrechen? Kann man es je verstehen, daß alles, was einmal geliebt und gelacht hat und einen lebendigen, zärtlich-geflüsterten Namen trug, in der Anonymität des ewigen Kreislaufs erlischt?

Nein, man kann es nicht verstehen. Und es ist, wie wenn die große Komödiantin an dieser Frage zerbräche, so wie ihre Stimme bricht.

Aber enthält dieses Versinken in die Namenlosigkeit, in jenes Nichts, aus dem wir kommen und in das wir zurückzufallen scheinen, enthält dieses Versinken in die Namenlosigkeit nicht genau jene Frage nach dem, der mich bei meinem Namen gerufen und für sein Eigentum erklärt und zu ewigem Leben in seiner Gemeinschaft entboten hat? Enthält jenes Versinken nicht jene Frage nach dem, der den Kreislauf gesprengt und mir eine ebene Bahn ins Vaterhaus bereitet hat, so wie er auch das Grab am Ostermorgen gesprengt hat und eben *nicht* nur Blumen darüber hat wachsen und den Sommerwind hat darüber hingleiten lassen? An der Stelle, wo wir fragen mußten: „Weißt du, wo die Blumen sind?", steht nun eine andere Frage: „Weißt du, wer der ist? Er heißt Jesus Christ . . ."

Aber könnten wir denn ermessen, wer er tatsächlich ist, könnten wir auch nur eine Ahnung gewinnen, was Erlösung und neues, in der Ewigkeit gründendes Leben ist, wenn wir nicht vorher eben unter dem erschütternden, zirkulären Leerlauf jenes Schicksals gelitten hätten, das Mädchen und Blumen, Sommerwind und Sodaten auf sein Riesen-Mühlrad bindet und ewig ausgießt und neu schöpft? „Uns hebt die Welle, verschlingt die Welle, und wir versinken", und wir sind Glieder in vieler Geschlechter „unendlicher Kette", so hat Goethe dieselbe Frage empfunden.

Ich möchte ja nicht mißverstanden werden. Ich meine nämlich durchaus nicht: Wenn uns die Welle ins Nichts hinabreißt, würden wir schon nach Christus rufen, dann würde sich die „religiöse" Frage sozusagen automatisch einstellen.

Es ist ganz anders: Als Petrus auf dem Wasser zu gehen versuchte und dann kläglich versank, hätte er niemals nach Christus gerufen, wenn er ihn nicht schon vorher gekannt hätte. Und er hat nach diesem feuchten Erlebnis und nachdem ihm schon die Luft ausgegangen war, seinen Mitjüngern ganz gewiß versichert: Vorher, *ehe* er mich herausriß, wußte ich eben doch noch nicht richtig, wer er war. Ich mußte erst versinken, ich mußte erst die Bodenlosigkeit unter mir spüren, um ihn dann, und *gerade* dann als den Fels zu erleben, auf dem man stehen kann. Ich mußte erst das Nichts vor mir sehen, um zu erkennen, daß er aus Hölle und Tod und Nichtigkeit zu reißen versteht. Ich mußte erst die Erbarmungslosigkeit der verschlingenden Elemente an mir erfahren haben, um zu wissen, was sein Erbarmen bedeutet und was sein Herz ist und welche Macht er hat.

Vielleicht ruft mir der eine oder andere jetzt in Gedanken ein Halt zu. Und ich höre die Frage: Willst du uns jetzt nicht auf eine ganz schlaue Tour zu Christus und damit in den Schoß der Kirche schmuggeln? Auf die Tour etwa, daß du uns Christus als die einzig mögliche Antwort auf allerhand quälende Lebensfragen darstellst? Gibt es nicht auch ganz andere Antworten auf diese Lebensfragen? Hat der Marxismus etwa keine? Haben die Utopien, die von einem Reich der Gerechtigkeit und des Friedens träumen, nicht ebenfalls eine solche Antwort zu geben versucht, indem sie uns auf die Zukunft und auf einen allmählichen Fortschritt vertrösten?

In der Tat, das muß ich zugeben: Es gibt auch diese andern Lösungsversuche für unsere Lebensfragen. Darum verstehe ich das Mißtrauen, das der eine oder andere mir entgegenbringen mag. Ich teile es sogar und möchte seine kritische Frage meinerseits noch verschärfen: Warum mißtrauen wir denn jenen utopischen Vorstellungen (von der klassenlosen Gesellschaft etwa)? Warum mißtrauen wir Vorstellungen, die uns die Lösung aller unserer Schicksalsfragen verheißen? Wir hegen dieses Mißtrauen, wenn ich recht sehe, doch deshalb, weil hier in trotziger Opposition einfach das Gegenteil gefordert wird von allem, was uns hier bedrängt: Wo soziale Ungerechtigkeit ist, soll klassenlose Gleichheit sein; wo jetzt gehungert wird, sollen alle rundum satt werden usw. Ist die Hoffnung dieser Art nicht tatsächlich, wie wiederum Ernst Bloch sagt, oft genug ein bloßer „Gegenaffekt gegen Angst und Furcht", also eine psychologisch nur allzu leicht erklärbare Auflehnungsreaktion?! Müssen wir dann aber diesen Finessen und Schleichwegen unserer Psyche nicht eben mißtrauen?

Diese Folgerung liegt in der Tat nahe. Dann aber müssen wir bereit sein, diese Kritik konsequent zu Ende zu denken, und im Zuge dieser Konsequenz der Frage standhalten: Könnte nicht auch Christus selbst und könnte nicht das ewige Leben *ebenfalls* ein solcher Wunschtraum sein, der zu schön wäre, um wahr zu sein?

Natürlich kann ich nicht beweisen, daß es nicht so ist und daß sich Christus und das verheißene ewige Leben von jenen utopischen Träumen unterscheiden. Aber ich kann auf etwas hinweisen, das uns zu denken geben muß und das es uns jedenfalls nicht leicht macht, jenen Schluß zu ziehen, daß der Glaube an das ewige Leben mit jenen Illusionen zusammen auf der gleichen Ebene zu suchen sei:

Überall nämlich, wo das Neue Testament vom Reiche Gottes und vom ewigen Leben spricht, gibt es erstaunlich wenig „träumerische" Elemente. Die Phantasie wird an die kürzesten Zügel gelegt, und die Aussagen werden in der Regel auf negative Feststellungen beschränkt: Dort – im ewigen Leben – „freit man nicht mehr und wird nicht gefreit" (Matth. 22, 30). Oder auch: „Fleisch und Blut können es nicht ererben" (1. Kor. 15, 50), und der „Tod wird verschlungen sein in den Sieg" (1. Kor. 15, 55). Im Grunde geht es dabei niemals um das ewige Leben als eine Zuständlichkeit, die man beschreiben könnte; sondern seine Pointe ist die, daß wir beim Herrn sein und daß wir *den* von Angesicht zu Angesicht schauen dürfen, dessen Anblick uns hier immer wieder von der Unergründlichkeit des Schicksals verdunkelt wird. Hätten wir nicht – wie wir früher sagten – *jetzt* schon die „erste Rate" seiner Herrlichkeit empfangen, hätten wir nicht *heute* schon am eigenen Leibe erfahren, was das heißt: Sündenvergebung, Geborgenheit in seiner Liebe, Heilung der tödlichen Schmerzen, neuer Atemraum unserer Seele, wäre uns das alles nicht *jetzt* schon in ersten Anzahlungen zuteil geworden: dann würde jene Hoffnung, ihn in seiner Fülle haben zu dürfen, sicher für uns unerschwinglich sein. So aber, wenn wir Christus erlebten, wissen wir, daß er selbst immer noch größer sein wird als seine größten Gaben. Der Gipfel des Verheißenen ist nicht das, was er *gibt*, sondern der Gipfel dessen ist das, was er mir selber *sein* wird, und daß ich ihn in Unmittelbarkeit haben werde. Das heißt ewiges Leben.

Aber da steht ja noch das ärgerliche Wort von der „Auferstehung des Fleisches". Das klingt besonders massiv und wirkt auf uns allzu physisch. Schon Luther hat sich besorgt darüber geäußert, daß die Leute dabei an einen Fleischerladen denken könnten. Die allzu physische Vorstellung dessen hat wohl auch die Christen vor dem Gedanken zurückschrecken lassen, das Krematorium in Anspruch zu nehmen, weil da ja das Fleisch zur Asche vernichtet und so scheinbar an einer Wiedererweckung gehindert wird.

In Wirklichkeit aber meint der biblische Begriff von „Fleisch" gar nicht die physische Stofflichkeit unseres Körpers, sondern eine bestimmte Qualität: „Fleisch" ist nämlich Ausdruck für die Hinfälligkeit des Menschen, für sein Vergehenmüssen. Alles Fleisch ist „wie Gras" (Psalm 103, 15), der Mensch ist von Erde (und das heißt doch: aus dem „Staube") gemacht und wird wieder zu Erde werden (1. Mose 3, 19). Und keine Erlösung erspart uns den Weg des Weizenkorns in die Erde, in der es ersterben und Staub werden muß, um dann zu neuem Leben erweckt zu werden. „Es wird gesät verweslich und wird auferstehen unverweslich" (1. Kor. 15, 42).

Auch hier also bleiben die Aussagen sehr diskret und zurückhaltend. Sie beschränken sich auf gleichnishafte Umschreibung. Es wird alles ganz „anders" sein, als es jetzt ist. Das ist der Kern dessen, was uns gesagt wird. Und auch hier wird der Blick wieder streng konzentriert auf den, der nicht nur den Wind über das Gras hinweggehen läßt, so daß es „nimmermehr ist", sondern der über das Feld der toten Gebeine sein schöpferisches Wort ruft und noch ein anderes und neues Leben für uns in Reserve hält (Hes. 37).

Das großartige, aber sehr heidnische Erinnerungsmal an die Bombenopfer auf dem Ohlsdorfer Friedhof zu Hamburg zeigt nur den Hades, zeigt den düsteren Fährmann Charon, der die Verzweifelten in die Welt der Schatten entführt. Es zeigt nur den Schmerz der Abschiede. Aber es ist gut, daß diese gewaltige Plastik in unserer Stadt steht, daß wir durch sie hindurchdringen müssen, um an ihr zu lernen, was Christus uns gibt: daß er unsere Abschiede zu Heimgängen macht und daß er uns auf der andern Seite des dunklen Unterweltstromes Styx an bergenden Ufern empfängt, daß hier dann *noch* einmal und wieder ganz anders das schöpferische Wort „Es werde" erklingt, und daß es uns dann aus dem Tode ins Leben ruft, so wie es einst die Schöpfung aus dem Chaos hervorgehen ließ.

Ob wir es verstehen, was dieses neue Schöpfungswort am Ende bedeutet? Ich kann es nur gleichnishaft zu umschreiben versuchen, sozusagen mit Hilfe eines kleinen Gedankenexperimentes. Wir alle haben uns irgendwann schon einmal die Frage gestellt: Möchten wir unser Leben eigentlich, wenn das möglich wäre, noch einmal leben? Möchten wir, daß sich alles noch einmal wiederholt? Vielleicht sind wir sehr vitale Leute, die nicht genug kriegen können und die sich dem großen Experiment des Daseins tatsächlich noch einmal zu stellen wünschen. Dann aber ganz gewiß doch nur so, daß wir nach allen gemachten Erfahrungen manches anders machen würden: Vielleicht würde ich einen anderen Beruf ergreifen oder in meinem Beruf ganz andere Initiativen entwickeln. Vielleicht würde ich heiraten oder nicht heiraten oder auch einen anderen Ehepartner wählen. Ich würde mich nicht mehr an diesen oder jenen Menschen hängen, der mir gefährlich geworden ist. Ich würde mehr und anderes aus mir herausholen, nachdem ich über meine Pfunde inzwischen besser Bescheid weiß und eine Ahnung davon habe, wieviel *mehr* ich mit ihnen hätte wuchern können.

In alledem steckt doch das Wissen, daß ich zu etwas anderem entworfen wurde, als ich tatsächlich geworden bin. Im Herzen Gottes lebt mein Bild als etwas anderes, als was ich wirklich *bin* und aus mir gemacht habe. Dieses „eigentliche" Bild seines Sohnes hatte der Vater des Gleichnisses vor Augen und im Herzen, als er den Verlorenen und in der Fremde Verkommenen mit offenen Armen empfing. Darum liebte er ihn. Er sah sein *eigentliches* Bild. Darum erbarmte er sich über die schmerzliche Entstellung dieses Bildes.

Wir durchleben dieselben Vorgänge, wenn wir in der Nachfolge Jesu lernen, was Liebe ist. Dann sehen wir im andern das, was Gott eigentlich mit ihm meinte. Gerade wenn uns vieles an ihm stört (weil er vielleicht eine fragwürdige Figur ist), leiden wir darunter, weil auch Gott an ihm leidet – und nicht nur, *weil* er das tut, sondern auch *wie* er es tut: nämlich im Leiden der Erbarmung. Und es geht uns dann sehr merkwürdig: Wenn wir das Leiden Gottes teilen, werden wir frei zu diesem Erbarmen. Dann sehen wir auch in dem fragwürdigen Menschen nicht mehr den Schmutz, von dem seine Gotteskindschaft verkrustet und verfremdet ist, sondern wir sehen die Perle, die im Staube liegt, die Perle, die teuer erkauft wurde durch den, der dafür das Kreuz auf sich nahm. Dann schlägt unser Herz im gleichen Takt wie das Herz Gottes. Das ist eine unerhörte Befreiung.

Und weil auch *wir* so teuer erkauft sind und weil unser Bild im Herzen Gottes geborgen und bewahrt ist, darum hört seine Treue nie auf, wenn wir als Weizenkorn in die Erde sinken. Dann wird uns sein schöpferisches Wort aufs neue treffen und in seine ewige Gegenwart entbieten: geheimnisvoll verwandelt, aus der Verweslichkeit in eine neue, nicht aussagbare Existenz berufen, und doch in unserer Identität behaftet und wiedererkannt und bei unserem Namen gerufen, den wir schon hier empfingen und zu dem sich Gott auch in Ewigkeit bekennen will.

Mag sich das Was und Wie dieses Fortlebens allem entziehen, was wir denken oder uns vorstellen können: aber wir kennen den, der uns diese Stätte bereiten wird. *Er* jedenfalls ist uns *kein* Rätsel, denn wir haben ihm schon jetzt ins Herz geschaut. Er allein bildet die Klammer um Zeit und Ewigkeit – nichts sonst. Kein noch so kühnes Spähtruppunternehmen des menschlichen Geistes, keine noch so ausschweifende Metaphysik könnte sich diese Klammer zum Gegenstande zwingen. Solche Spekulationen verrennen sich nur in Sackgassen abenteuerlicher und illusionärer Gedankenphantasien. Denn (das ist nun sehr merkwürdig!) die Klammer um diese und die zukünftige Welt ist viel zu nahe, als daß das Fernrohr der Philosophen sie erspähen könnte, wenn es sie im Weltall sucht. Diese Klammer ist ja in dem *Einen,* der jetzt mitten unter uns ist, wo wir in seinem Namen versammelt sind, in dem Einen, der zu mir spricht: „Fürchte dich nicht, glaube nur", in dem Einen, der mir an den Altären in Brot und Wein begegnet und der als Kindlein in Mariens Schoß liegt, obwohl aller Weltkreis ihn nicht umschloß. Seine Arme sind die Klammer, die Zeit und Ewigkeit, die diese und die zukünftige Welt umfangen.

Verstehen wir deshalb, was es heißt, daß diese Geheimnisse den Weisen und Klugen verborgen sind, und daß wir Kinder werden müssen, um zu begreifen, was die Welt im Innersten zusammenhält? Wer betend und vertrauend diesem Herzen nahe ist, der weiß sich schon jetzt dem Staube entnommen (auch der Verwirrung des Staubes!), der *ist* schon dem Leben jener zukünftigen Welt zugeordnet, die ihm Souveränität und Gelassenheit schenkt, wenn die Mächte des Todes und der Verzweiflung nach ihm greifen. „Hier ist auch dem Geringsten der Punkt gegeben", so sagt Ernst Jünger einmal in den „Strahlungen", „an dem er nicht zu Teilen des Getriebes, sondern zum Ganzen in Berührung tritt. Von dort strömt unerhörter Gewinn, auch Souveränität. In Lagen, denen gegenüber die Klügsten versagen und die Mutigsten nach einem Ausweg sinnen, sieht man zuweilen einen mit Ruhe das Rechte raten, das Gute tun. Man kann sich darauf verlassen, daß das ein Mann ist, der betet." Und Peter Wust, der Philosoph, zieht diese Summe seiner Gedankenarbeit, wenn er sagt: „Die großen Dinge des Daseins werden nur den betenden Geistern geschenkt." Die betenden Geister aber sind immer die, denen die zukünftige Welt nahe ist.

Nach drüben ist die Aussicht uns tatsächlich verbaut; „Tor, wer dorthin sein Auge blinzelnd richtet". Aber wir richten es ja auch gar nicht dahin! Wir richten dieses Auge nur auf das Herz von jemandem, der jetzt und in dieser Stunde schon für mich da ist und der mich auch nicht fallenlassen wird, wenn es dereinst über den Styx geht; ja, der noch am äußersten Meer sein wird, an das ich vielleicht entfliehe, und sogar in der Hölle, in die mich meine Verzweiflung versinken läßt (Psalm 139, 8).

Nicht also, weil ich meinen Blick in die Ewigkeit richtete und meine Phantasie auf goldenen Gassen und an kristallenen Meeren umherspielen ließe, glaube ich an das Leben der zukünftigen Welt. Sondern ich glaube allein und nur deshalb daran, weil ich schon jetzt der Geselle dessen bin, der mich nie mehr aus seiner Treue entlassen wird. Darum gehe ich an seiner Hand auch vertrauend ins Dunkle, selbst in das „Nicht-Vorstellbare" und

„ganz Andere“ der zukünftigen Welt. Denn er, der Eine, wird mir dann nicht fremd und wird nicht anders sein; ich werde ihn „wiedererkennen“ als den, dessen Stimme mir seit eh und je vertraut ist wie den Schafen die Stimme ihres Hirten.

Als einer meiner liebsten Studenten im Sterben lag, blieb ich in den letzten Nächten bei ihm in seinem Klinikzimmer. Er mußte durch schreckliche körperliche Qualen und Atemnot und griff immer wieder verzweifelt nach meiner Hand. Plötzlich bimmelte die Sechs-Uhr-Morgenglocke einer katholischen Kapelle in der Nähe. Da strahlte er auf und sagte: „Hörst du die Osterglocken? Jetzt ruft er mich, siehst du, jetzt stehe ich auf.“ Das kümmerliche Glöckchen, das nur einen normalen Erdentag einläutete, wurde ihm in seiner letzten Not zum Signal des Osterfürsten, dem er im Leben vertraut hatte und der ihn nun dem finsteren Tal der Todesangst entriß.

Als der Herr dieses Wunder tat, ihn die Osterglocken hören zu lassen (wo doch nur ein alltägliches Gebimmel war), als er so wieder einmal Wasser in Wein verwandelte und aus kümmerlichen Brotlaiben wunderbare Sättigung wirkte, da wußte der Sterbende, daß er auch *seinen* qualgeschüttelten und nichtigen Leib verklären und in gewandelter Gestalt ewig bei sich halten würde. Und er *war* schon hinübergezogen in dieses ganz Andere, träumend und aller Erdennot entronnen, und grüßte mich schon von der andern Seite wie einen, den er in der Todeswelt zurückließ und dem er zuwinkte im Namen des gleichen Herrn, der die Lebendigen und die Toten empfängt. „Leben wir, so leben wir dem *Herrn*, sterben wir, so sterben wir dem *Herrn* . . .“

In dieser Stunde habe ich begriffen, was Auferstehung des Fleisches heißt. Ein Schimmer der Verklärung glitt schon über diese schmerzentstellten Züge. Und es war mit Händen zu greifen, daß nicht „Freund Hein“ um das Haus schlich, sondern daß der Auferstandene auf dem Plane war und seinen getreuen Knecht träumend hinübergeleitete. Es war mir so, wie der Gottesmann Johann Albrecht Bengel es vor über 200 Jahren einmal in altväterischer Sprache ausdrückte: „Wenn bei der Einfahrt eines Pilgrims in jene bessere Welt die Tür aufsteht, so streicht allemal denen, die es nahe angeht, ein Himmelslüftchen entgegen, das sie stärkt, bis die gute Reise auch an sie kommt.“ Haben wir recht gehört: Hier ist nicht mehr von jenem makabren Sensenmann die Rede, der uns mit knöchernem Finger ergreift, sondern hier wird von einer „guten Reise“ gesprochen.

Hier muß ich nun aufhören und auf viele Gedanken verzichten, die noch aufbrechen. Am Ende dessen, was unser Nachdenken beschäftigte, sollen diese Bilder erlebter Verklärung stehen, auch wenn sie selbst wieder bloß Hinweise und bloß zeichenhafte Grüße aus der ewigen Welt sind. Sie können uns nur helfen und können nur dann an uns mächtig werden, wenn sie uns zu Hinweisen werden auf den, der schon jetzt an den Wiegen und Särgen, aber auch dazwischen in der Welt der Büros und der Fließbänder, auf den Schiffswerften und im abendlichen Kreis der Freunde da ist und auf uns wartet. Er fragt uns so, wie er den reichen Kornbauern im Gleichnis fragte: „Wem wird das alles gehören, was du geschaffen und im Leben erreicht hast?" (Luk. 12, 16ff.) Wer wirst du sein, wenn du allein und ohne Gepäck durch die einsame und enge Pforte des Todes mußt? Bist du einer von denen, die in der Jagd nach Erfolg nur Luftgespinste spinnen und weiter von ihrem Ziel kommen – gerade dann, wenn du alle Ziele deiner Karriere erreichst und dich trotzdem einer schrecklichen Leere ausgeliefert siehst? Bist du einer von denen, die „aufs Fleisch gesät" haben? Denkst du gelegentlich und mit einem einzigen Gedanken an die Stätte, die dir bereitet ist und die dich allem Staub und aller Nichtigkeit entnimmt?

„Heute nacht wird man deine Seele von dir fordern" –, das ist der alarmierende Zuruf, der den Kornbauern zwingt, im letzten Augenblick die Rangordnung aller Themen umzustellen, die ihm während seines Lebenstages etwas bedeuteten oder an denen er achtlos vorüberging. „Heute nacht wird man deine Seele von dir fordern." Wer bist du? Wo stehst du? Heute nacht, heute nacht.

Gesicht in der Menge

Aus der Werkstatt der Herderbücherei

Keine Routine, kein vergrößertes Programm, monatlich zwei Bände seit Gründung der Herderbücherei; dennoch in 14 Jahren über 400 Nummern (4,70 Meter Bücherbrett, also für einen Junggesellen, der nur über ein Zimmer verfügt, beachtliche Raumbeanspruchung) und 10 Millionen verkaufte Exemplare. Eine Bibliothek von einer beachtenswerten Universalität; die Zahl allein macht es eben nicht.
Die Herderbücherei hat sich nicht nur im Hinblick auf die Titelzahl, auch in der Gestaltung des Programms bewußt Grenzen gezogen, und diese Grundhaltung sollte sich geradezu als Tugend erweisen, die der Herderbücherei bis heute wohl ansteht. Sie hat – festhaltend an ihrer Grundkonzeption – ihren eigenen Platz auf dem sicher nicht nur dichtbesetzten, sondern geradezu überquellenden Taschenbuchmarkt –, und diesen Platz hat sie behaupten können.
»Geistiges Profil, fortwährend schärfere Konturen«, so urteilt eine angesehene Schweizer Zeitung. Im Ablauf der Jahre haben die Käufer und Leser das Profil der Herderbücherei gelobt, Studenten, Akademiker, Hausfrauen, Ingenieure, Schwestern, Geistliche, Kaufleute, Beamte, Handelsschüler usw.: alle zusammengenommen hauptsächlich junge Menschen.
Wo steht die Herderbücherei? Links, rechts? Ist sie progressiv, restaurativ, modern, antiquiert? Alle diese Begriffe sind heute ausgelaugt. Bedeutsam scheint uns zu sein beim Durchblättern des letzten Verzeichnisses: eine Fülle von

Titeln und Themen und eine große Anzahl von Verfassern mit Rang und Namen, keineswegs nur Katholiken, sondern evangelische Christen, Orthodoxe, Juden, Liberale, Gläubige und Ungläubige. Eine Bibliothek, in Offenheit und Bereitschaft zum Dialog sich bekennend, bemüht um Klarstellungen (das ist der Titel eines jüngst erschienenen Bandes der Herderbücherei), um Information und eine geistige Geschlossenheit.

Zwischen Autor, Verlag und den Freunden der Herderbücherei besteht eine persönliche Bindung, glücklicher Ausgangspunkt, um Gedankengänge in eine breitere Öffentlichkeit eindringen zu lassen. Das gelingt. Ein bedeutender, angesehener Biologe sagte vor Jahren: »Ich bin glücklich, daß meine noch wenig in der Welt herumgekommenen Texte nun für viele greifbar sind.«

Die Herderbücherei erwirbt so weit als möglich Taschenbuchlizenzen. Das ist heute nicht leicht, weil um solche Lizenzen geradezu gefeilscht wird. Von Anfang an hat sich die Herderbücherei glücklicherweise um Originalbände bemüht, die sie mit großem Erfolg anbieten konnte. Käufer und Leser der Taschenbuchreihe haben solche Bände angeregt, über 100 Bände.

Aus Anlaß des 400. Bandes im August 1971 wurde das Programm gestrafft. Die Sachbücher traten noch mehr in den Vordergrund. Die Bände erhielten ein neues, modernes Gesicht. Die Leser stimmten zu; denn die Herderbücherei konnte eine Zuwachsrate von 63 % registrieren.

Die Wochenzeitschrift »Publik« stellte der Herderbücherei dieses Zeugnis aus:

»Es ist kein Allerweltsprogramm, das die Herderbücherei anbietet, kein literarisches Warenhaus, sondern, um im Bilde zu bleiben, ein Spezialsortiment.«

Veröffentlichungen von Professor D. Dr. Helmut Thielicke, D. D. (Auszug)

DAS BILDERBUCH GOTTES

Reden über die Gleichnisse Jesu. 328 S. ^{1}1957, ^{4}1963 (auch als Taschenbuch). Quell-Verlag, Stuttgart.
Übersetzungen in USA/England, Japan, Schweden, Norwegen, Holland, Brasilien, Dänemark, Italien.

WIE DIE WELT BEGANN

Der Mensch in der Urgeschichte der Bibel. 336 S. ^{1}1960, ^{3}1963 (auch als Taschenbuch). Quell-Verlag, Stuttgart.
Übersetzungen in USA/England, Japan, Dänemark, Schweden, Holland, Italien.

DAS GEBET DAS DIE WELT UMSPANNT

Reden über das Vaterunser aus den Jahren 1944/45. Mit einem Dialog über die Frage: Wie war der Nationalsozialismus in Deutschland möglich? 13., durchgesehene und erweiterte Auflage 1973. Quell-Verlag, Stuttgart.
Übersetzungen in USA/England, Japan, Dänemark, Schweden, Norwegen, Finnland, Holland, Italien, Südafrika.

DAS LEBEN KANN NOCH EINMAL BEGINNEN

Ein Gang durch die Bergpredigt. 256 S. ^{1}1950, ^{8}1965 (auch als Taschenbuch). Quell-Verlag, Stuttgart.
Übersetzungen in USA/England, Japan, Dänemark, Schweden, Finnland, Holland, Italien.

VOM SCHIFF AUS GESEHEN

Tagebuch einer Ostasienreise. 276 S., 3. Aufl. (auch als Taschenbuch), Verlag Gerd Mohn, Gütersloh. Übersetzung in USA.

THEOLOGISCHE ETHIK

Bd. I Theologische und philosophische Grundlegung, 752 S., 2. Aufl.
Bd. II, 1 Mensch und Welt, 666 S., 2. Aufl.
Bd. II, 2 Ethik des Politischen, 811 S.
Bd. III Ethik der Gesellschaft, der Wirtschaft, des Rechtes, der Sexualität und der Kunst, 972 S.

Verlag J. C. B. Mohr, Tübingen. Übersetzungen in USA.
Auszug aus Theologische Ethik, Bd. III: *Sex. Ethik der Geschlechtlichkeit,* 311 S., Verlag J. C. B. Mohr, Tübingen. 1966.

DER EVANGELISCHE GLAUBE
Grundzüge der Dogmatik

Bd. 1. Prolegomena. Die Beziehung der Theologie zu den Denkformen der Neuzeit.
XX, 611 S., Verlag J. C. B. Mohr, Tübingen. 1968.

THEOLOGIE UND ZEITGENOSSENSCHAFT
Gesammelte Aufsätze

317 S., Rainer-Wunderlich-Verlag, Tübingen. 1967.

GESPRÄCHE ÜBER HIMMEL UND ERDE

Begegnungen in Amerika. 272 S. ^{1}1964, ^{3}1967. Quell-Verlag, Stuttgart.
Übersetzungen in USA/England, Finnland, Japan, Italien.

DAS SCHWEIGEN GOTTES

Ein Stundenbuch, 12. Tsd., Furche-Verlag, Hamburg. 1963.

LEIDEN AN DER KIRCHE

Ein persönliches Wort, 187 S., Furche-Verlag, Hamburg. 1965.
Übersetzungen in USA und England.

WIE MODERN DARF DIE THEOLOGIE SEIN?

Vier Modelle heutiger Verkündigung. 112 S. ^{1}1967. Quell-Verlag, Stuttgart.
Übersetzungen in USA/England, Holland, Italien, Japan.

WER DARF LEBEN?

Gesammelte Aufsätze zur Ethik der modernen Medizin.
160 S., Goldmanns Gelbe Taschenbücher, Band 2650. Wilhelm-Goldmann-Verlag, München. 1970.

UND WENN GOTT WÄRE ...

Reden über die Frage nach Gott. 274 S. ^{1}1970, ^{2}1971. Quell-Verlag, Stuttgart.
Übersetzungen in USA/England, Holland, Schweden, Spanien.

VOM GEISTLICHEN REDEN

Begegnung mit Spurgeon. 288 S. ^{1}1961, ^{3}1967. Quell-Verlag, Stuttgart.
Übersetzungen in USA/England, Italien.